Zivi Weltweit

Internationale Alternativen zum Zivildienst

interconnections

Der Verlag sucht weitere zum Programm passende Manuskripte.

Die Webseite zum Buch
Aktuelles & Stellenbörse – ADiA und Zivildienst
www.zivi.org

Impressum

Reihe **Jobs und Praktika**, Band 16, 4. Auflage, 2007, 2006

Jörn Fischer, Oliver Gräf
Zivi Weltweit – internationale Alternativen zum Zivildienst

Umschlag & DTP-Layoutsatz: Anja Semling, linuxnet-online

Fotos Umschlag:
Vorderseite:
Mitte rechts: Christian Lamp, Zivi in Kalomo/Sambia auf der Landwirt-schaftschule Twin Fountain Farm (1998/99)
Unten Mitte: Sebastian Liewer, Zivi in Sao Paulo/Brasilien in der Favela Monte Azul (2005/06)

Rückseite:
Oberes Foto: Bastian Michael, Zivi in San Diego/USA in einer Schule (2001/2002)
Unteres Foto: Jochen Schmidt, Zivi in der Gedenkstätte Kreisau/Polen (1998/99)

Copyright: **Verlag interconnections**
Schillerstr. 44, D-79102 Freiburg i.Br.
T. +49 (0)761 700 650, Fax 700 688

info@interconnections.de
www.interconnections.de

ISBN 3-86040-079-7
ISBN 978-3-86040-079-1

Inhalt

Vorwort zur ersten Auflage

„Was, Du machst Deinen Zivildienst in Uruguay ...?! Wie geht denn so was?" So oder ähnlich waren zumeist die Reaktionen, wenn ich jemandem von meinem Ersatzdienst im Ausland erzählte. Ausgehend davon sah ich die Notwendigkeit eines Ratgebers für Interessenten am Anderen Dienst im Ausland. So beschloss ich noch in Montevideo, die Erfahrungen, die ich rund um diesen Dienst gesammelt habe, in einem Buch zu veröffentlichen. Wie sich bald herausstellte, war ich nicht der einzige mit einem solchen Vorhaben. Durch Zufall erfuhr ich von einem weiteren Auslandsdienstleistenden, der dieselbe Idee hatte. Schnell kamen wir überein, uns zusammenzutun, und so glühten bald darauf die Faxleitungen zwischen Maine/USA und Montevideo/Uruguay. Nach unserer Rückkehr arbeiteten wir dann intensiv an vorliegendem Werk, das letztlich sowohl auf eigenen Erfahrungen als auch auf umfangreicher Recherche beruht und somit ein kompetenter Ratgeber zum Anderen Dienst im Ausland sein soll.

Dass diese Alternative zum Zivildienst in Deutschland existiert, ist auch heute noch kaum bekannt. Dabei handelt es sich genau genommen gar nicht um einen „Zivildienst", sondern rechtlich gesehen um einen Ersatzdienst für den Zivildienst mit teilweise erheblichen Unterschieden, insbesondere was die gesetzlichen Rahmenbedingungen betrifft.

Der zunächst seltsam anmutende Begriff „Anderer Dienst im Ausland" wurde dabei vom Gesetzgeber bewusst gewählt, um zu verdeutlichen, dass es sich nicht um einen Zivildienst handelt.

Aber welche Motive gibt es überhaupt, seine gewohnte Umgebung zu verlassen und für 12 Monate ins Ausland zu gehen? Genügend! Sei es die einzigartige Erfahrung, eine bis dahin fremde Kultur und Lebensweise hautnah mitzuerleben, eine neue Sprache zu erlernen; sei es die Lust am Abenteuer oder der Wunsch etwas wirklich Sinnvolles tun zu wollen. Gründe für einen Auslandsaufenthalt jenseits der Urlaubsreise finden sich genug, und der Andere Dienst im Ausland bietet die einmalige Gelegenheit dazu. Schließlich: Wer weiß, ob man später im Leben noch einmal die Chance erhält, eine längere Zeit im Ausland zu leben? Wer erst mal in einem festen Arbeitsverhältnis steht und möglicherweise eine Familie gegründet hat, wird es äußerst schwierig finden, einen längeren Aufenthalt im Ausland zuverwirklichen. Jetzt oder nie!

Ich hoffe, dass dieses Buch allen Lesern eine echte Hilfe sein wird und wünsche viel Erfolg bei der Suche nach einer geeigneten Stelle. Es muss ja nicht unbedingt Uruguay sein ...

Jörn Fischer

Vorwort zur vierten Auflage

Über sieben Jahre sind vergangen seit Erscheinen der ersten Auflage von „Zivi Weltweit". Ein Zeitraum, in dem sich eine Menge getan hat im Bereich des „Auslandszivildienstes".

Die wichtigste Änderung: Der „Andere Dienst im Ausland" ist nicht mehr der einzige Weg, den Zivildienstersatz in Europa oder Übersee zu absolvieren. „14c" heißt die neue Möglichkeit im Fachjargon, benannt nach dem entsprechenden Paragraphen im Zivildienstgesetz, der zum August 2002 eingefügt wurde. Nun kann auch ein Freiwilliges Soziales (FSJ) oder Ökologisches Jahr (FÖJ) im Ausland als Zivi-Ersatz anerkannt werden – für potentielle Auslandszivis eine gute Nachricht, denn damit werden neue Stellen im Ausland zu deutlich attraktiveren Rahmenbedingungen als bisher geboten.

Doch auch vom klassischen Auslandszivildienst, dem „Anderen Dienst im Ausland," ist Positives zu vermelden: Die Anzahl der Träger ist um fast 100 auf etwa 230 gestiegen, womit auch ein Wachstum der Einsatzstellen im Ausland einher ging. Ob diese Entwicklung anhält, ist angesichts des neuen „14c" allerdings fraglich.

Für die Autoren bedeuten „mehr Träger" hauptsächlich eins: mehr Arbeit! Uns ist es jedoch auch in dieser Auflage gelungen, die für eine Bewerbungsentscheidung notwendigen Angaben über nahezu alle Träger zusammenzutragen. Dabei werden sogar mehr Details als in den Vorauflagen geboten, denn wenn immer möglich wird nicht nur das Einsatzland sondern auch die Stadt oder Region genannt, wo sich die Dienststelle befindet.

Eine weitere erfreuliche Änderung der Rahmenbedingungen: Alle Auslandszivis, egal ob „14b-ler" oder „14c-ler", haben nun Anspruch auf Kindergeld. Ferner sank die Mindestdauer des „Anderen Dienstes im Ausland" von fünfzehn auf elf Monate.

Eines jedoch bleibt gleich: Der Zivildienst im Ausland ist eine einzigartige Lebenserfahrung – egal ob in Montevideo oder Maine! Von dieser Behauptung rücken die beiden Autoren auch fast zehn Jahre nach ihrem „Dienstantritt" an den genannten Orten nicht ab...

„Zivi weltweit" hat sich den Ruf eines Standardwerks erworben. Wir wünschen uns, dass auch diese Auflage einigen Generationen von Auslandszivis auf dem Weg zu einer Dienststelle im Ausland ein zuverlässiger Begleiter sein möge. Und wer nicht nur lesen, sondern auch hören will: Als besonderen Service bieten die Autoren nun unter 0900 510 257 78[1] sogar eine individuelle telefonische Beratung zum Thema Ersatzdienst im Ausland an.

Jörn Fischer

P.S.: Den rechtlichen Status eines Zivildienstes haben beide internationalen Alternativen des Ersatzdienstes bis heute nicht – aus praktischen Gründen verwenden wir weiterhin den Begriff „Auslandszivildienst" als Synonym für die Gesamtheit von „14b" und „14c".

---

[1] 0,89 EUR/Minute aus dem Festnetz der Deutschen Telekom.

Erfahrungsberichte

Im ganzen Buch verteilt werden in loser Folge insgesamt 18 Erfahrungsberichte ehemaliger Auslandsdienstleistender und ein Seminarbericht vorgestellt, die in erster Linie einen realistischen Einblick in die möglichen Arbeitsfelder eines Freiwilligen gewähren, aber auch das alltägliche Leben vor Ort vermitteln sollen. Dabei wird bewusst auf die Nennung des jeweils zuständigen Trägervereins verzichtet, um beim Leser falsche Vorstellungen von einem bestimmten Projekt zu vermeiden. Jeder Dienstleistende hat den Anderen Dienst im Ausland aus seiner persönlichen Sichtweise erlebt, die jedoch nicht auf andere übertragbar ist. Zudem können sich die Bedingungen in der Einrichtung vor Ort so geändert haben, dass der Bericht nicht mehr die Wirklichkeit wiederspiegelt. Ohne Nennung des Trägers bleibt ein Erfahrungsbericht zeitlos. Es wurde eine breite Palette von Erfahrungsberichten aus verschiedenen Ländern und Tätigkeitsbereichen zusammengestellt. Desweiteren wurden den Erfahrungsberichten zwei Zeitschriftenartikel über Auslandsdienstleistende und ihre Arbeit beigefügt.

An dieser Stelle herzlichen Dank allen ehemaligen Auslandsdienstleistenden sowie den Redaktionen der Zeitschriften „contacts", „zivil" und „ZiviZeit", die durch ihr Einverständnis zum Abdruck ihrer Berichte zum Inhalt dieses Buches beigetragen haben.

Übersicht Erfahrungsberichte:

1. Ersatzdienste im Ausland

1.1 Historie

Mit dem 7. Gesetz zur Ergänzung des Grundgesetzes vom 19. März 1956 wurde in Deutschland die allgemeine Wehrpflicht für Männer eingeführt. Dies bedeutet aber nicht automatisch, dass alle tauglichen Männer einen Militärdienst leisten müssen. Im Wehrpflichtgesetz vom Juli 1956 heißt es in § 25:

„Wer sich aus Gewissensgründen der Beteiligung an jeder Waffenanwendung zwischen den Staaten widersetzt und deshalb den Kriegsdienst mit der Waffe verweigert, hat statt des Wehrdienstes einen zivilen Ersatzdienst außerhalb der Bundeswehr zu leisten."

Dies ist in aller Regel der Zivildienst, den die ersten anerkannten Kriegsdienstverweigerer im April 1961 antraten. Doch zum Zivildienst in Deutschland gibt es mittlerweile zwei etablierte internationale Alternativen: Den „Anderen Dienst im Ausland" (ADiA) nach § 14b Zivildienstgesetz (ZDG) und nach § 14c ZDG die Möglichkeit, ein **Freiwilliges Soziales bzw. Ökologisches Jahr (FSJ/FÖJ)** anstelle des Zivildienstes zu leisten.[1] Der Vollständigkeit halber sei an dieser Stelle auch die Möglichkeit erwähnt, statt des Zivildienstes einen mindestens zweijährigen Dienst als „Helfer im Entwicklungsdienst der BRD" bei einem nach § 2 des Entwicklungshelfergesetzes anerkannten Träger zu leisten. Diese in § 14a ZDG genannte Option nimmt jedoch nur eine extrem geringe Anzahl von Personen (in den letzten Jahren weniger als fünf pro Jahr) in Anspruch, weshalb dieser Dienst in vorliegendem Buch nicht weiter erwähnt wird. Die genannten Dienstarten sind dabei ausdrücklich **kein Zivildienst** im Sinne des Gesetzes und somit kein „Zivildienst im Ausland", sondern ein **Ersatzdienst für den Zivildienst** mit unterschiedlichen rechtlichen Grundlagen, der lediglich von der **Pflicht zur Ableistung des Zivildienstes befreit.**

In den Kapiteln 1.2 bis 1.21 werden die Rahmenbedingungen beider Dienstarten umfangreich vorgestellt und verglichen; die beiden folgenden Unterkapitel geben einige allgemeine Informationen zu den beiden Diensten.

1.1.1 Der „Andere Dienst im Ausland" (ADiA) nach § 14b Zivildienstgesetz

Der ADiA ist der „klassische" Ersatzdienst im Ausland, der offiziell seit 1986 existiert. Schon vorher haben anerkannte Kriegsdienstverweigerer allerdings die Möglichkeit gehabt, einen Ersatzdienst im Ausland ähnlich des ADiA zu leisten. Er ist 1970 entstanden aus den Bemühungen junger Deutscher, über freiwillige, soziale Tätigkeiten in den Siegerstaaten des Zweiten Weltkrieges und in Israel aktiv zur Völkerverständigung beizutragen und somit persönlich einen Teil deut-

---

[1] Die entsprechenden Paragraphen des Zivildienstgesetzes finden sich im Wortlaut im Anhang.

scher Wiedergutmachung zu leisten. Dies wurde durch eine sog. Unabkömmlichkeitsstellung ermöglicht, von der bis zur offiziellen Einführung des ADiA fast 1400 anerkannte Kriegsdienstverweigerer Gebrauch gemacht haben. Von 1986 bis 2006 haben etwa 8000 junge Männer diesen Dienst geleistet. Auf dem Papier gab es Mitte des Jahres 2005 etwa 3600 anerkannte Plätze im Ausland, von denen allerdings viele ein Dasein als Karteileiche fristen: Sie werden nicht mehr oder nur sehr sporadisch besetzt. Lediglich etwa 1300 Plätze werden regelmäßig mit „14b-Zivis" belegt. Zum Vergleich: In Deutschland stehen 130.000 Zivildienstplätze zur Verfügung, von denen allerdings im Jahresdurchschnitt nur etwa 80.000 tatsächlich besetzt werden. Der ADiA wird verwaltet im Bundesamt für den Zivildienst und im Bundesministerium für Familie, Senioren, Frauen und Jugend.

1.1.2 FSJ/FÖJ nach § 14c Zivildienstgesetz

Seit dem August 2002 kann die Ableistung eines gesetzlich geregelten Freiwilligen Sozialen Jahres oder eines Freiwilligen Ökologischen Jahres den Zivildienst ersetzen. Der neue § 14c des Zivildienstgesetzes bestimmt, dass anerkannte Kriegsdienstverweigerer keinen Zivildienst leisten müssen, wenn sie sich verpflichten, ein mindestens 12-monatiges FSJ oder FÖJ zu leisten. 14c-Dienstleistende unterliegen demnach den Bestimmungen des Gesetzes zur Förderung eines freiwilligen sozialen (bzw. ökologischen) Jah-

res. Dieser Dienst, im Fachjargon einfach nur nach seinem Paragraphen „14c" genannt, ist ebenso wie der ADiA rechtlich eine Zivildienstausnahme. Die Möglichkeit, auf diese Art und Weise den Ersatzdienst zu leisten, besteht sowohl im Ausland als auch in Deutschland.

Fachleute gehen davon aus, dass die mit dem § 14c ZDG geschaffene Verbindung von Pflichtdienst (Zivildienst) und Freiwilligendienst (FSJ /FÖJ) auch im Zusammenhang mit der Zukunft der Wehrpflicht zu sehen ist. Denn schließlich muss mit einer eventuellen Abschaffung der Wehrpflicht (und damit des Zivildienstes) ein Ersatz für die bislang von den Zivis geleistete Arbeit gefunden werden. Eine stärkere Förderung von Freiwilligendiensten, wie nun indirekt durch die Schaffung des „14c" geschehen, könnte ein möglicher Lösungsansatz sein.

Im Jahr 2005 begannen knapp 750 junge Männer ihren Dienst im Ausland als FSJ oder FÖJ nach § 14c ZDG.

Da das FSJ/FÖJ nicht nur als jugend- sondern auch als bildungspolitische Maßnahme angelegt ist, liegen große Teile der Zuständigkeit bei den Sozialministerien der Bundesländer. Dies gilt entsprechend auch für den Auslandsdienst nach § 14c ZDG, obwohl der Dienst aus Bundesmitteln gefördert wird. Letztere werden vom Bundesamt für den Zivildienst verwaltet, das wiederum eine nachgeordnete Behörde des Bundesministeriums für Familie, Senioren, Frauen und Jugend ist.

Um die Unterschiede zwischen dem Dienst nach § 14b und §14c zu verdeutlichen, sind manche der folgenden

Unterkapitel unterteilt in einen 14b-
und einen 14c-Teil. Kapitel 1.21 bietet
dann eine zusammenfassende Darstellung und gibt Anregungen bei der Entscheidungsfindung, welcher Dienst
denn nun geeigneter sei.

1.2 Tätigkeitsbereiche

Die Einrichtungen, in denen der
Ersatzdienst im Ausland geleistet werden kann, sind – ähnlich wie beim
Zivildienst in Deutschland – recht **vielseitig.**
Bei beiden Dienstarten im Ausland
sind die offiziellen Bestimmungen hinsichtlich der Tätigkeiten vage gehalten.
In einem Merkblatt des Bundesamtes
für den Zivildienst heißt es für die 14-
b-Zivis dazu lediglich: *„Der Dienst
muss das friedliche Zusammenleben
der Völker fördern wollen, die sozial-
praktische Komponente muss im
Vordergrund stehen."* § 14c ZDG
spricht von einer *„ganztägigen, aus-
lastenden Hilfstätigkeit";* das für diesen Fall ebenfalls verbindliche Gesetz
zur Förderung eines freiwilligen sozialen Jahres nennt eine *„überwiegend
praktische Hilfstätigkeit in gemeinwohlorientierten Einrichtungen, insbesondere in Einrichtungen der Wohl-
fahrtspflege [und] in Einrichtungen
der Kinder- und Jugendhilfe...".*
Diese Regelungen lassen genügend
Spielraum für die vielfältigsten Tätigkeiten; in der Praxis gibt es keine rele-
vanten Unterschiede zwischen 14b und
14c hinsichtlich des Tätigkeitsbereichs.
In vielen Dienststellen arbeitet der
Auslandszivi mit Kindern und/oder
Jugendlichen. Dies kann z.B. in **Wai-
senhäusern, Schulen, Kinder- und**

Jugendheimen sein, oder auch in Projekten, bei denen versucht wird, **Straßenkindern** ein würdigeres Leben zu
ermöglichen.
Eine große Anzahl von Trägervereine bieten auch die Gelegenheit, mit
Behinderten zu arbeiten, so z.B. in
Heimen, Schulen oder sogenannten
Lebensgemeinschaften, in denen der
Zivi mit den Behinderten lebt und
arbeitet.
In den genannten Einrichtungen
kann der Dienstleistende dabei sowohl
im Bereich der Betreuung eingesetzt
werden als auch Hausmeistertätigkeiten verrichten.
Ebenfalls werden Dienstplätze im
Alten- und Pflegebereich sowie im
medizinischen Sektor angeboten, z.B.
in **Krankenhäusern.**
Des weiteren gibt es einige Dienststellen in **Kirchengemeinden,** wo der
Dienstleistende aktiv am Gemeindele-
ben teilnimmt.
Ein weiteres, allerdings nicht sehr
häufig zu findendes Betätigungsfeld
eines Auslandsdienstleistenden liegt in
der **Entwicklungszusammenarbeit.**
Außerdem bieten einige wenige
Träger den sogenannten **Versöhnungsdienst** an, der Kontakte zu überlebenden Opfern des Dritten Reiches pflegt
bzw. Projekte in den Ländern fördert,
die besonders unter der Schreckens-
herrschaft des Nationalsozialismus
gelitten hatten.
Auch im **ökologischen Bereich,**
etwa im Umwelt- und Naturschutz sind
einige wenige Dienststellen vorhanden.
Eine Übersicht, in der gezeigt wird,
welcher Trägerverein Dienststellen in
welchen Bereichen vermittelt, findet
sich in der „Land-/Einsatzbereich-Gra-
phik" (Kapitel 4.3).

Erfahrungsbericht – Italien

Benjamin M. Roßbach leistete den ADiA in einem Gemeindezentrum in Italien: Im September räumte ich nach zwanzig Jahren in meinem Elternhaus mein Zimmer, packte allerlei brauchbare und unbrauchbare Habseligkeiten zusammen und machte mich auf den Weg gen Süden. Der „Servizio Cristiano" in Riesi, fernab in Sizilien, war mein Ziel und beherbergte mich seitdem über ein Jahr.

Ein Jahr der Arbeit und Zerstreuung, ein Jahr der Kontakte und Erfahrungen, ein Jahr im sonnigen Süden Europas, einen Katzensprung entfernt von Afrika? Ein Jahr im Zeichen des „Anderen Dienstes im Ausland"!

Der Arbeitsvertrag mit meinem Träger sah für mich einen Einsatz in Sizilien vor; ich hatte die Wahl zwischen dem palermitanischen Zentrum „La Noce" und dem „Servizio Cristiano" im Süden Siziliens. Ich entschied mich für das 1961 ins Leben gerufene Projekt in Riesi. Ein Ort, der nach wie vor stark mit der Mafia, einer sehr hohen Arbeitslosigkeit, einer hohen Abwanderungsquote und einer von all diesen bitteren Wahrheiten und dem gesellschaftsbestimmenden Katholizismus geprägten Mentalität zu kämpfen hat.

Für die Dauer von damals fünfzehn Monaten entsandte mich der Träger an einen Ort, in dem ich nach meinen Möglichkeiten an dem Arbeits- und Gemeinschaftsleben im „centro" teilhaben sollte. (...)

In den ersten Monaten war es unsere Aufgabe einige Gebäude zu renovieren, neue Elektrizitätsleitungen und -anschlüsse zu verlegen, Wände zu verputzen und zu streichen. Diesen ersten gesammelten Erfahrungsschatz konnte ich zum Jahreswechsel bei der Einrichtung eines Chemielabors zum größten Teil schon in Eigenverantwortung einsetzen. (...)

In den letzten Monaten erforderte der Bau des Zentrums zur Verarbeitung landwirtschaftlicher Produkte den Einsatz aller im Bereich der Landwirtschaft und der Gebäudeerhaltung mobilisierbaren Arbeitskräfte, um den ausgedienten Hühnerstall erst teilweise abzureißen, Boden und Grundmauern zu verstärken und schließlich das Dach zu decken. Abgesehen von diesen langfristig zu verfolgenden Projekten, galt es, Tag für Tag kleine Reparatur- und Renovierungsarbeiten durchzuführen, um den Betrieb in Kindergarten, Schule und Gästehaus zu ermöglichen.

Der Einsatz im Bereich der Gebäudeerhaltung hat mir Gelegenheit gegeben, diverse praktische Arbeiten bis zu einem gewissen Grad zu erlernen und auszuführen. Wichtiger als die praktische Tätigkeit erscheint mir jedoch die gewonnene Erkenntnis, dass es auch mit beschränkten Mitteln zu jedem Problem eine Lösung gibt und diese mit einer richtigen Kombination aus Intelligenz, Geduld und Glauben gewiss zu verwirklichen ist.(...)

Ein Jahr „Servizio Cristiano", ermöglichte mir eine Kostprobe des mediterranen Lebens irgendwo zwischen azurblauem Himmel und dem weiten verbrannten Land, in einem, nur im übertragenen Sinne, gottverlassenen Nest namens Riesi, im Herzen Siziliens, umgeben von der endlosen Weite, Bergen und Tälern und schließlich dem Meer. Irgendwo zwischen den Kontinenten und doch mitten im Leben!

Benjamin M. Roßbach

1.3 Einsatzländer

Zur Zeit gibt es in 113 Ländern auf allen fünf Kontinenten Dienststellen für den Ersatzdienst im Ausland. Dabei kann es jedoch sein, dass Stellen in einigen wenigen Ländern aufgrund der Sicherheitslage vor Ort vorübergehend oder auch für einen längeren Zeitraum unbesetzt bleiben, so z.b. im Kongo. Eine Übersicht, welcher Trägerverein Dienststellen in welche Länder vermittelt, zeigt die oben bereits erwähnte „Land- / Einsatzbereich-Graphik".

1.4 Voraussetzungen

Um den Ersatzdienst ableisten zu können, muss der Interessent **anerkannter Kriegsdienstverweigerer** sein. Hinsichtlich des **Alters** ist für beide Dienstarten vorgeschrieben, dass der Dienst vor Vollendung des 23. Lebensjahres angetreten werden muss!

Zudem hat der Bewerber jene Voraussetzungen zu erfüllen, die der Trägerverein, der die Dienststellen im Ausland vermittelt, an seine Dienstleistenden stellt. Diese sind je nach Trägerorganisation unterschiedlich und können z.b. eine abgeschlossene Berufsausbildung, Fremdsprachenkenntnisse oder die Zugehörigkeit zu einer bestimmten Konfession sein.

Ganz allgemein sollte ein Interessent am Auslandszivi Eigenschaften besitzen wie **Offenheit, Anpassungsfähigkeit sowie die Bereitschaft, seine Ansprüche in gewissen Bereichen etwas herunterzuschrauben.** Er sollte sich gründlich mit dem Gedanken auseinandersetzen, anderthalb Jahre im Ausland unter vielfach erschwerten Bedingungen leben zu müssen. Dabei muss er sich über die Probleme, die daraus entstehen können, im klaren sein. Ein Interessent am Ersatzdienst im Ausland sollte sich in konkrete Situationen hineinversetzen können. Dazu gehört z.b. das Fehlen von Freunden und Familie und die Schwierigkeit, neue Freundschaften zu schließen. Als Auslandsdienstleistender hat man oft mit Belastungen sowohl physischer als auch psychischer Art zu rechnen. Wie kann man damit umgehen? Ist man darüber hinaus bereit, unter einfacheren Bedingungen als zu Hause zu leben und finanzielle Abstriche gegenüber dem Zivildienst in Deutschland hinzunehmen? Dies sind nur die wichtigsten Fragen, die sich jeder Interessent gründlich stellen sollte. Ob die Antworten, die er sich darauf gegeben hat, tatsächlich richtig waren, wird sich letztlich erst im Ausland erweisen. Dennoch sollte vor einer endgültigen Entscheidung eine intensive Auseinandersetzung mit besagten Aspekten rund um den Auslandsdienst stattgefunden haben.

1.5 Dauer

ADiA nach 14 b ZDG
Der ADiA nach § 14 b dauert mindestens zwei Monate länger als der Zivildienst, seit Oktober 2004 also **11 Monate**.
In einer Stellungnahme des Bundesministeriums für Familie, Senioren, Frauen und Jugend wird die Tatsache, dass der Dienst im Ausland geleitest wird, wie folgt begründet:
„Die um mindestens zwei Monate längere Dauer des Auslandsdienstes ist unter der Berücksichtigung des Grundsatzes der allgemeinen Dienstgerechtigkeit angemessen. Sie soll ein Ausgleich dafür sein, dass der vertraglich frei vereinbarte Auslandsdienst im Gegensatz zum staatlichen Zivildienst kein „besonderes Gewaltverhältnis" darstellt mit den Besonderheiten klarer Über- und Unterordnung, Weisungsgebundenheit, Disziplinargewalt und Einschränkung der persönlichen Freiheit."
Einige wenige Träger von ihren Dienstleistenden eine längere Verpflichtung als über den gesetzlich vorgeschriebenen Mindestzeitraum von 11

Monaten hinaus. So kann der ADiA in **Einzelfällen bis zu zwei Jahre** dauern, was oftmals mit der Projektplanung im Ausland erklärt wird. Andere Träger hingegen möchten durch die verlängerte Dienstzeit den Freiwilligencharakter noch stärker betonen und somit sicher gehen, dass es sich bei den Dienstleistenden um wirklich einsatzbereite junge Menschen handelt.

FSJ/FÖJ nach § 14c ZDG

Der Ersatzdienst nach § 14 c dauert im Ausland **12 Monate**. Darin enthalten sind allerdings bereits Seminare von insgesamt fünfwöchiger Dauer, sodass diesbezüglich de facto kein großer Unterschied besteht zwischen den beiden Dienstarten. Eine Verlängerung des Auslandsdienstes nach § 14c ist nicht möglich.

1.6 Vergütung

ADiA nach 14 b ZDG
Abgesehen von der Dauer existieren weitere elementare Unterschiede zum Zivildienst in der Bundesrepublik. Diese werden im Gesetzestext deutlich, welcher besagt, *„diesen Dienst* (den ADiA) *unentgeltlich* (zu) *leisten"* (§ 14b ZDG, Abs. 1 Nr. 2). **Unentgeltlich** heißt ohne Inanspruchnahme einer „normalen" Arbeitnehmerentlohnung bzw. eines Zivildienstsoldes. Dabei ist es jedoch erlaubt, ein **Taschengeld** zu beziehen, das je nach Trägerverein bzw. Einsatzstelle stark schwanken kann, aber nie auch nur annähernd die Bezahlung eines Zivildienstleistenden in Deutschland erreicht.

Das Bundesfamilienministerium dazu: „Die Unentgeltlichkeit dieses Auslandsdienstes hat der Gesetzgeber vorgeschrieben, um damit das besondere, freiwillige Engagement der Dienstleistenden in einem völkerverbindenden Versöhnungsdienst zu betonen."

Als grober Anhaltspunkt für die Höhe des Taschengelds können 50 bis 100 EUR monatlich gelten. Dabei wird oft auch das Preisniveau des Gastlandes berücksichtigt, denn ein Glas Bier kostet in London mehr als ein Abendessen in Cochabamba.

Ein sogenanntes Entlassungsgeld, das ein Zivi in Deutschland nach Ablauf seiner Dienstzeit zur „Erleichterung des Übergangs von der Dienstleistung in das zivile Leben" (Bundesamt für den Zivildienst) erhält bleibt seinen Kollegen, die im Ausland tätig waren, verwehrt.

FSJ/FÖJ nach § 14c ZDG

Immerhin „angemessen", so das Gesetz, soll das **Taschengeld** sein, dass die Auslandszivis nach §14c ZDG erhalten. Dabei wird lediglich eine Höchstgrenze definiert, die bei 6 % der in der Rentenversicherung der Arbeiter und Angestellten geltenden Beitragsbemessungsgrenze liegt. Für 2006 bedeutete dies konkret eine Höchstgrenze von 315 EUR. Es liegt also im Ermessen des Trägers, wie viel gezahlt wird, der Höchstbetrag wird allerdings selten erreicht. Als Richtwert können 50 bis 150 EUR gelten.

Ein Entlassungsgeld wird auch hier nicht gezahlt.

1.7 Kosten

Die Organisation eines Dienstes im Ausland verursacht den Trägern nicht unerhebliche Kosten, insbesondere im Fall des 14c. Die finanzielle Unterstützung des Staates reicht bei weitem nicht aus, um die Kosten, die z.B. für Verwaltung, (Sozial-)versicherungen, Seminare etc. entstehen, zu decken. Entsprechend erwarten viele Träger, die ja alle aus dem gemeinwohlorientierten Bereich stammen, eine Kostenbeteiligung durch die Zivis. Eine Möglichkeit, die finanziellen Belastungen auf mehrere Schultern zu verteilen, ist der Aufbau eines Unterstützerkreises, dem Personen aus dem Umfeld des Dienstleistenden angehören, die jeweils monatlich einen relativ geringen Betrag spenden (mehr dazu in Kapitel 5.6.). Zusammengenommen ist ein Betrag von z.B. 100 EUR monatlich dann recht bald erreicht.

Vor dem Hintergrund der mangelnden staatlichen Unterstützung und der Gemeinnützigkeit der Träger sollte man Verständnis für deren Bitte nach finanzieller Unterstützung haben; auch wenn das Bundesamt für den Zivildienst im Falle des 14b darauf hinweist, dass der Abschluss eines Dienstvertrages nicht von finanziellen Leistungen des Dienstpflichtigen an den Träger abhängig gemacht werden darf.

Noch Fragen zum Auslandszivi?! Der direkte Draht zu den Experten:
Individuelle Beratung durch die Autoren unter © **0900 510 257 78**
(0,89 EUR/Minute aus dem Festnetz der Deutschen Telekom)

1.8 Unterkunft und Verpflegung

Unterkunft und oft auch Verpflegung bekommt der Dienstleistende in den meisten Fällen von der Einrichtung, in der er arbeitet, kostenlos gestellt. Dabei sollte man sich jedoch bewusst sein, dass sich diese nach den Gegebenheiten vor Ort richten und somit nicht immer mit hiesigen Verhältnissen zu vergleichen sind. Die meisten Dienstleistenden sind in einem Zimmer untergebracht, das von ihrer Arbeitsstelle gestellt wird, das aber in Einzelfällen auch mit anderen Personen zu teilen ist. Andere leben in Gastfamilien. Nur ein geringer Teil verfügt über eine eigene kleine Wohnung. Allerdings muss man sich hier oft an der Miete beteiligen.

1.9 Urlaub

Für den ADiA nach § 14b existieren keine gesetzlichen Regelungen für den Urlaub, er wird meist vom Trägerverein vorgegeben, der sich aber an keinerlei Vorgaben zu halten braucht. Meist orientieren sich die Träger jedoch an den gesetzlich vorgegebenen Urlaubstagen.

Für den Dienst nach § 14c beträgt der Urlaubsanspruch 24 Tage für die gesamte Dienstzeit. Freie Tage müssen immer in Absprache mit dem Projekt vor Ort genommen werden.

Jobben für Natur & Umwelt
http://shop.interconnections.de

1.10 Pädagogische Begleitung

Die tägliche Arbeit im FSJ bzw. FÖJ ist nur ein Aspekt dieses Dienstes, sie sind auch gedacht als Lerndienste, in dem für das weitere Leben wichtige Kompetenzen erworben werden sollen. Um diesen Charakter eines „Bildungsjahres" zu unterstützen und auf den Dienst vorzubereiten, hat der Gesetzgeber für das FSJ/FÖJ eine pädagogische Begleitung von insgesamt fünfwöchiger Dauer vorgesehen, die genauso für die 14c-Zivis gilt. Diese Seminare gelten bereits als Dienstzeit, die Teilnahme daran ist verpflichtend. Die Seminare zur Vorbereitung des Dienstes dauern dabei länger als die sogenannten Rückkehrerseminare. Manche Träger bieten auch Zwischenseminare während des Dienstes im Ausland an.

Für ADiA-Leistende nach § 14b hingegen ist eine pädagogische Begleitung nicht zwingend vorgeschrieben. In der Praxis wird jedoch auch den meisten ADiA-Zivis ein Mindestmaß an Vorbereitung durch den Träger zuteil.
Weitere, überwiegend inhaltliche Informationen zu den Seminaren auch in Kapitel 5.3.

1.11 Bewerbersituation

Das Verhältnis zwischen der Nachfrage von Interessenten am Ersatzdienst im Ausland und der Anzahl der verfügbaren Stellen lag vor einigen Jahren ungefähr bei zehn zu eins. Dieser Wert, dem die Anzahl der Anfragen beim

Bundesamt für den Zivildienst zum ADiA und die Zahl der vorhandenen Dienststellen zugrunde liegt, kann allerdings nur als grober Anhaltspunkt genommen werden. Mittlerweile hat sich die Zahl der Dienstplätze merklich erhöht, doch auch das Interesse am Auslandsdienst scheint stetig zu wachsen. Sicher ist, dass es immer noch deutlich mehr Bewerber als Plätze gibt. Zudem gilt es regional zu unterscheiden: Für manche Stellen z.b. in vermeintlich weniger attraktiven Ländern gibt es weniger Interessenten; umgekehrt existieren Dienstplätze, bei denen die Bewerberzahlen deutlich höher liegen.

1.12 Rentenversicherung

ADiA nach 14 b ZDG

Freiwillige im ADiA werden auch in dieser Hinsicht im Vergleich zu den Zivildienstleistenden in Deutschland benachteiligt: sie sind weder sozial- noch rentenversicherungspflichtig. Das bedeutet, dass der Trägerverein für den Dienstleistenden keine Beiträge in die staatliche Sozial- bzw. Rentenversicherung einzahlen muss. Das Bundesministerium für Familie, Senioren, Frauen und Jugend hat dafür wieder eine einleuchtende Erklärung parat: Die Zahlung von Rentenversicherungsbeiträgen wird nach § 78 Zivildienstgesetz ausschließlich denjenigen Kriegsdienstverweigerern geleistet, die aufgrund eines Einberufungsbescheides des Bundesamtes für den Zivildienst ihren Dienst leisten. Da der ADiA jedoch im Sinne des Gesetzes kein

Zivildienst ist, und man daher um den ADiA zu leisten, keinen Einberufungsbescheid bekommt, gelten diese Bestimmungen nicht für die Freiwilligen, die den ADiA absolvieren.

Dass während der Ableistung des ADiA für den Dienstleistenden keine Rentenversicherungsbeiträge gezahlt werden, hat bei Eintritt ins Rentenalter konkrete Auswirkungen auf die Höhe der zu erhaltenden Rente. Wer 2006 den ADiA geleistet hat, verliert im Vergleich zu einem Zivi in Deutschland einen späteren Rentenanspruch von immerhin 14,37 EUR monatlich. Folgende Modellrechnung soll dies verdeutlichen.

Die sog. beitragspflichtigen Einnahmen eines Wehr- oder Zivildienstleistenden sind nach § 166, Abs. 1 SGB VI gesetzlich festgelegt mit 60 % der „Bezugsgröße" (ein zentraler Wert der gesamten Sozialversicherung, sie ist das voraussichtliche durchschnittliche sozialversicherungspflichtige Bruttoentgelt aller Versichten; er wird jährlich neu festgelegt und betrug 2006 29.400 EUR / Jahr für Westdeutschland)

Für 2006 galt demnach der Wert von 17.640 EUR für Zivildienstleistende, geteilt durch 29.400 EUR (die Bezugsgröße) macht 0,6 „Entgeltpunkte" für 12 Monate. Das Ganze multipliziert mit dem vom Gesetzgeber festgelegten „aktuellen Rentenwert" von 26,13 EUR (für Westdeutschland; der Betrag, der einer monatlichen Altersrente eines Durchschnittsverdieners in der Arbeiter- und Angestelltenversicherung entspricht, ab dem 1.7. 2005) ergibt 15,68 EUR für einen Zeitraum von einem Jahr. Da wir jedoch beim ADiA nach § 14 b fairerweise von einer Dienstdauer von lediglich 11 Monaten ausgehen, wird das ganze noch multipliziert mit 11, um hernach durch 12 zu teilen. Macht monatlich 14,37 EUR weniger Rente für einen ADiA-Leistenden nach § 14b.

Auslandsdienstleistende nach § 14 b ZDG haben die Möglichkeit, während ihrer Dienstzeit freiwillig Beiträge für sich selbst in die Rentenversicherung zu zahlen, Näheres im Kapitel 5.8.

FSJ/FÖJ nach § 14c ZDG

14 c-Zivis werden von ihren Trägern während ihres Dienstes in der gesetzlichen Rentenversicherung versichert.

1.13 Kranken- und Pflegeversicherung

ADiA nach 14 b ZDG

Der Träger ist gesetzlich verpflichtet, für ADiA-Dienstleistende eine Krankenversicherung für die Dauer des Auslandsdienstes abzuschließen. Dies muss jedoch nicht unbedingt heißen, dass der Trägerverein diese Versicherung auch bezahlt. Gelegentlich vermittelt er diese auch nur; die Beiträge hat dann der Dienstleistende zu tragen. Die Höhe der Beiträge für die Krankenversicherung schwankt je nach Einsatzland und Versicherungsgesellschaft; als Richtwert kann jedoch ein Betrag von etwa 40-50 EUR monatlich genommen werden.

Im Krankheitsfall im Ausland hat der Zivi die Kosten für einen Arztbesuch oder Krankenhausaufenthalt meist zunächst vorzustrecken, nach Vorlage der Rechnung bei der Krankenversicherung erhält er dann eine Erstattung.

Nach dem Dienst ist man wieder bei seiner alten Krankenkasse über die eigenen Eltern familienversichert, sofern man studiert oder in einer schulischen Ausbildung steht. Zudem kann der ADiA, da als Ersatz zum Zivildienst anerkannt, zur Verlängerung des Familienversicherungsanspruches ab dem 25. Lebensjahres angerechnet werden. Dies allerdings nicht für die Dienstzeit des ADiA, sondern nur für die Zeit der Zivildienstdauer im Inland. Solange man sich also in einem Studium oder in einer schulischen Ausbildung befindet, kann man bis zum 25. Lebensjahr plus 9 angerechnete Monate bei den Eltern familienversichert bleiben.

Der Träger hat den Fortbestand des Versicherungsschutzes in der sozialen oder privaten Pflegeversicherung zu gewährleisten, ggf. über eine anwartschaftliche Weiterversicherung. Eine Gewährleistung ist auch gegeben, wenn der Freiwillige eine Bescheinigung seiner Krankenversicherung vorlegen kann, die bestätigt, dass der Dienstleistende in der Zeit seines ADiA für den Fall der Pflegebedürftigkeit im Inland pflegeversichert ist. Die Ausstellung dieser Bescheinigung liegt im Ermessen der Versicherungen, wird in der Mehrzahl der Fälle jedoch gewährt. Dadurch kann der Beitrag zur Pflegeversicherung in Höhe von etwa 7 EUR monatlich gespart werden.

Für die Aufrechterhaltung des Kranken- und Pflegeversicherungsschutzes im Inland, etwa für die Zeit eines Heimatbesuches, sind die Dienstleistenden selbst verantwortlich.

FSJ/FÖJ nach § 14c ZDG

14-c-Zivis sind Mitglieder der gesetzlichen Kranken- und Pflegeversicherung, die Beiträge zahlt der jeweilige Träger. In Ländern der Europäischen Union und in einigen anderen europäischen Staaten, mit denen die Bundesrepublik ein entsprechendes Sozialabkommen unterhält, haben die Dienstleistenden dann Anspruch auf die Leistungen des öffentlichen Gesundheitssystems des jeweiligen Landes. Da dieses aber nicht unbedingt deutschen Standards genügen muss und Zuzahlungen aus eigener Tasche durchaus möglich sind, schließen einige Träger auch für Zivis, die ins europäische Ausland gehen, zusätzlich private Krankenversicherungen ab.

Dadurch, dass 14c-Zivis während ihres Dienstes Mitglieder der gesetzlichen Krankenversicherung bleiben, sind sie natürlich auch bei etwaigen Heimatbesuchen in der BRD versichert.

1.14 Arbeitslosenversicherung

ADiA nach 14 b ZDG

Für 14b-Zivis werden keine Beiträge in die Arbeitslosenversicherung gezahlt, sie sind nicht arbeitslosenversichert.

Über den Anspruch der Auslandsdienstleistenden auf Arbeitslosengeld bzw. -hilfe im Fall der Arbeitslosigkeit nach ihrer Rückkehr gab es einen Rechtsstreit durch mehrere Instanzen. Ein Urteil des Sozialgerichts Marburg (Aktenzeichen: S5-Ar-814/92), hat dem klagenden Auslandsdienstleistenden dabei teilweise Recht gegeben.

Wichtig für den Erhalt von Arbeitslosengeld ist jedoch, dass der Antragsteller am Tage vor Dienstantritt arbeitslos gemeldet war. Des weiteren haben nur diejenigen Anspruch auf Arbeitslosengeld bzw. -hilfe, die vor Dienstantritt eine berufsqualifizierende Ausbildung abgeschlossen hatten oder bereits gearbeitet haben und dann vor Dienstantritt offiziell arbeitslos gemeldet waren.

FSJ/FÖJ nach § 14c ZDG

Über den Träger werden die Beiträge in die Arbeitslosenversicherung des 14c-Zivis gezahlt. Auch hier gilt der letzte Absatz des obigen Abschnitts über die Bedingungen des Erhaltes von Arbeitslosengeld.

1.15 Unfallversicherung

ADiA nach 14 b ZDG

Der Träger ist gesetzlich verpflichtet, für Dienstleistende eine Unfallversicherung (Erwerbsunfähigkeitsversicherung) über die Dauer des Auslandsdienstes abzuschließen.

Die Mindestversicherungssumme bei Invalidität muss 51.200 EUR, im Todesfall 15.350 EUR betragen. Auch hier sind die Kosten für eine Versicherung mit diesen Konditionen je nach Versicherungsgesellschaft sehr unterschiedlich. Als Anhaltspunkt kann von einer Gesamtprämie von 150 EUR für 11 Monate ausgegangen werden.

FSJ/FÖJ nach § 14c ZDG

14-c-Zivis sind über den Träger gesetzlich unfallversichert.

1.16 Reisekosten

Die Kostenübernahme von An- und Rückreise liegt ganz im Ermessen der Trägervereine und wird daher unterschiedlich gehandhabt. Auf einen staatlichen Zuschuss braucht man dabei aber nicht zu hoffen. Bei der Mehrzahl der Trägervereine würde es den finanziellen Rahmen sprengen, die Reisekosten vollständig zu übernehmen. Allerdings wird in vielen Fällen ein Zuschuss gewährt.

1.17 Kindergeld

Alle Auslandszivis bzw. deren Eltern sind während ihres Dienstes, im Gegensatz zu Zivildienstleistenden in Deutschland, kindergeldberechtigt. Die Regelung gilt seit dem 1. Januar 2002.

1.18 Abbruch

In den Fällen beider Dienstarten gilt: Wird der Dienst im Ausland vorzeitig beendet, muss der Zivildienst in Deutschland weitergeleistet werden. Dabei wird die bereits geleistete Dienstzeit im Ausland abzüglich zwei Monate auf den noch zu leistenden Dienst in Deutschland angerechnet. Näheres über einen Abbruch des ADiA im Kapitel 9, „Abbruch des Anderen Dienstes im Ausland", und im folgenden Erfahrungsbericht von Michael Goebel.

Noch Fragen zum Auslandszivi?!

Der direkte Draht zu den Experten:

Individuelle Beratung durch die Autoren unter ℂ **0900 510 257 78**

(0,89 EUR/Minute aus dem Festnetz der Deutschen Telekom)

Erfahrungsbericht aus Argentinien

Michael Goebel hat den Anderen Dienst im Ausland nach fünf Monaten abgebrochen. Bis dahin arbeitete er in einer Einrichtung für Behinderte in Argentinien:

Die Gefahren des „Anderen Dienstes im Ausland" liegen auf der Hand, und ich gehöre wohl zu denjenigen, die sie zu spüren bekommen haben.

Rückblickend kann ich jedoch nur jedem raten, sich trotz dieser Gefahren und der vielen Hindernisse im Vorfeld darauf einzulassen. Man befindet sich mit Beginn des ADiA außerhalb der Reichweite des Bundesamtes für den Zivildienst und damit auch jenseits von dessen Reglements und der dem Dienstleistenden zugestandenen Rechte. Das kann sich natürlich insofern positiv auswirken, als dass die jeweilige Dienststelle einem bei der Arbeits(-zeit)gestaltung relativ freie Hand läßt und man je nach Wunsch „eine ruhige Kugel schieben" oder genau die Arbeit machen kann, die einen interessiert – das ist demzufolge, was ich von anderen gehört habe, oft der Fall. Man sollte daher auch damit rechnen, mit viel Pech der Willkür seiner Vorgesetzten ausgeliefert zu sein. Das manifestierte sich in meinem Fall in einer schwammigen Arbeitszeitfestlegung, undefinierten Arbeitsfeldern und, da ich in der Einrichtung selbst wohnte, dem ständigen Verfügbarkeitsanspruch. Das führte dazu, dass ich jeden Morgen eine neue, andere Aufgabe zugeteilt bekam und nie das Gefühl hatte, Verantwortung mitzutragen oder eine andere Rolle zu spielen als die der temporären Aushilfskraft. Nach und nach hatte ich immer weniger Legitimationsmöglichkeiten für meine langweiligen Hausmeisterjobs. Oft kamen um zehn Uhr abends irgendwelche Lieferungen, die wir dann eine Stunde lang auszuladen hatten, oder wir wurden am Freitag informiert, dass wir am Wochenende an einem Seminar teilnehmen sollten. Das wurde zwar nie als „Verpflichtung" ausgesprochen, ich hatte aber das Gefühl, dass dabei bewusst auf die Überzeugungsarbeit meines Gewissens und Pflichtbewusstseins gesetzt wurde. Dem wagte ich ärgerlicherweise nicht zu widersprechen. Das wird, hat man sich einmal mit dem Gedanken „das wird schon nicht so schlimm" darauf eingelassen, mit der Zeit natürlich auch immer schwieriger. Bei vielen kleinen Dingen, die einzeln betrachtet nicht besonders schwerwiegend erschienen, habe ich mich nicht gewehrt und somit dazu beigetragen, dass sich langsam ein System etablierte, bei dem ich glaubte, den kürzeren zu ziehen. Bis das Fass übergelaufen ist. Es ist sehr schwer die Grenze zu finden zwischen einer vermeintlich kleinkarierten Auslegung der Arbeitszeit und den Tätigkeiten einerseits und dem Bestehen auf Rechten und Abmachungen andererseits. Die Formalitäten des Abbruchs erwiesen sich nach meiner Rückkehr als unproblematisch. Das Bundesamt für den

Zivildienst stellte mir keinerlei Hürden in den Weg. Von den fünf Monaten wurden mir, wie vorgesehen, drei auf die verbleibende Dienstzeit in Deutschland angerechnet, so dass ich noch zehn weitere Monate in einem Münchner Krankenhaus gearbeitet habe[1]. Ich bin froh, nach Argentinien gegangen zu sein, bereue aber meinen frühzeitigen Abbruch nicht.

Michael Goebel

[1] Der Dienst wurde zu einem Zeitpunkt geleistet, als der Zivildienst in Deutschland noch 13 Monate und der ADiA mindestens 15 Monate dauerte.

1.19 Nach dem Dienst

Sobald der Auslandszivi (egal, ob nach § 14b oder § 14c) seinen Dienst über die gesetzlich festgelegte Dauer beendet hat, zeigt der Trägerverein beim Bundesamt für den Zivildienst an, dass der Dienst ordnungsgemäß geleistet wurde. Geschieht dies bis zur Vollendung des 24. Lebensjahres des Dienstleistenden, so erlischt seine Pflicht in Friedenszeiten Zivildienst zu leisten – sofern kein Verteidigungsfall (§ 79 ZDG) eintritt. Später erhält der Zivi auch noch vom Bundesamt für den Zivildienst eine Bestätigung über die Ableistung des Dienstes. Dieses Dokument sollte als offizieller Nachweis gut aufbewahrt werden.

1.20 Studienplatz-vergabe

Bei der Vergabe von Studienplätzen durch die Zentrale zur Vergabe von Studienplätzen (ZVS, www.zvs.de) bekommen Kriegsdienstverweigerer, die einen Ersatzdienst im Ausland geleistet haben, denselben Bonus wie Wehr- bzw. Zivildienstleistende, so dass sie in dieser Hinsicht also den Zivildienstleistenden in Deutschland gleichgestellt sind. Es kann sehr sinnvoll sein, sich bereits vor oder während seines Dienstes für einen Studienplatz zu bewerben; Näheres im Kap. 5.7.

1.21 Welcher Dienst für mich?!

ADiA nach § 14b ZDG oder FSJ/FÖJ nach §14c ZDG?! Interessenten am Ersatzdienst im Ausland werden sich diese naheliegende Frage schon bald nach der ersten Beschäftigung mit dem Thema stellen. Die wichtigsten Unterschiede werden hier nochmal im Überblick dargestellt: Zunächst sei erwähnt, dass der ADiA nach § 14b deutlich weniger reglementiert ist als der Dienst nach § 14c, der als FSJ bzw. FÖJ ja relativ genaue gesetzliche Vorgaben macht.

Beides hat Vor- und Nachteile: Dass der ADiA auf der Grundlage eines privatrechtlichen Vertrages zwischen Träger und Dienstleistendem geleistet wird, kann einen großer Vorteil sein, birgt aber auch gewisse Risiken. Indem der Staat kaum Vorgaben macht, können z.b. unkonventionelle Abmachungen, etwa über flexible Arbeits- und Urlaubszeiten getroffen werden. Andererseits hat man als ADiA-ler auch deutlich weniger Rechte als der FSJ-Zivi, auf die man im Zweifelsfall pochen kann. Wer sich als FSJ-Dienstleistender von der Einrichtung vor Ort z.b. durch extreme Arbeitszeiten ausgenutzt fühlt, kann seine Dienststelle und ggf. seinen Träger auf die im FSJ-Gesetz geregelten Arbeitszeiten hinweisen. Ob dies tatsächlich eine Änderung bringt, ist eine andere Frage, doch zumindest dem Träger sollte daran gelegen sein, dass seine Zivis im Ausland einen gesetzeskonformen Dienst leisten.

Ein wichtiger Punkt ist die Sozialversicherung, hier bestehen deutliche Unterschiede: 14-c-Zivis sind sozialversichert, 14-b-Zivis sind es nicht! Dass dies durchaus relativ weitreichende finanzielle Konsequenzen haben kann, etwa im Bereich der Rentenversicherung, wurde an anderer Stelle bereits erwähnt. Aus Sicht der Interessenten dürfte die Tatsache, dass beim ADiA für ihn keine Beiträge in die gesetzliche Sozialversicherung fließen, das gravierendste Argument gegen den Dienst nach § 14b ZDG sein. Dass die Sozialversicherungspflicht im Dienst nach § 14c zu ganz anderen Problemen führen kann und sie von der Ministerialbürokratie als Begründung dafür angeführt wird, dass der Dienst nach § 14c nicht länger als 12 Monate dauern darf und damit, im Gegensatz zum ADiA, keine Verlängerungsoption bie-

tet, sei hier nur am Rande erwähnt. Hinsichtlich der Dauer sei daran erinnert, dass der ADiA mit in der Regel elf Monaten formell zwar einen Monat kürzer ist als der Dienst nach § 14c, allerdings sind beim 14c bereits Seminare von insgesamt fünfwöchiger Dauer enthalten, sodass diesbezüglich kein großer Unterschied besteht zwischen den beiden Dienstarten. Während die pädagogische Begleitung, also die Seminare, im Dienst nach § 14c verpflichtend sind in einem Umfang von insgesamt fünf Wochen, werden beim ADiA nicht immer Seminare angeboten, die meist auch nicht so umfangreich ausfallen. Da die (verpflichtenden) Rückkehrerseminare im Dienst nach § 14c meist recht zeitnah an das offizielle Dienstende anschließen, muss der Zivi in diesen Fällen meist auch recht bald nach Deutschland zurück. Insbesondere für Dienstleistende in Übersee ist dies schade, eine monatelange Abschiedsrunde mit dem Rucksack quer durch den Kontinent ist dann in der Regel nicht drin.

Hinsichtlich des Taschengeldes gibt es einen leichten Vorteil für den Dienst nach § 14c: Hier muss ein Taschengeld gezahlt werden, im 14b-Dienst ist dies nicht immer garantiert. Oft wird das Taschengeld im Dienst nach § 14c etwas höher ausfallen. In beiden Diensten kann es passieren, dass man vom Träger gebeten wird, durch Aufbau eines Unterstützerkreises (vgl. Kapitel 5.6) einen Beitrag zur Finanzierung des Dienstes zu leisten.

Eine abschließende Empfehlung für einen der beiden Dienste soll an dieser Stelle nicht ausgesprochen werden, obwohl der Dienst nach § 14c aus Sicht der meisten Dienstleistenden sicher attraktiver wirkt. Wer unbedingt den Ersatzdienst im Ausland leisten möchte, sollte seine Entscheidung jedoch nicht mit der Wahl einer bestimmten Dienstart verknüpfen. Angesichts der großen Nachfrage nach Stellen im Ausland muss man in diesem Punkt flexibel sein.

Nes Ammim Deutschland e.V.
Bergesweg 16
40489 Düsseldorf
Tel.: 0211-405975-0, Fax: -3
e-mail: info@nesammim.de
Internet: www.nesammim.de

Nes Ammim („Zeichen für die Völker", Jesaja 11,10) ist ein internationaler christlicher Ort im Nordwesten Israels. Die Gründer wollten als Christen nur wenige Jahre nach der Nazi-Zeit einen neuen Anfang in der Beziehung zum jüdischen Volk machen, sich aktiv am Aufbau des Staates Israel beteiligen und gute Nachbarn für alle Menschen im multikulturellen Umfeld Galiläas werden. Die heutigen europäischen Bewohner führen die Gründungsidee im Rahmen eines Freiwilligen Friedensdienstes weiter und setzen sich für Verständigung und Frieden zwischen den Völkern, Religionen und Kulturen ein.

Seit 2004 unterstützt und begleitet Nes Ammim jüdisch-arabische und jüdisch-christlich-arabische Friedensinitiativen, deren Begegnungen dort stattfinden. Die Volontäre leben in dem Dorf Nes Ammim zusammen, arbeiten dort z.B. im 3-Sterne-Hotel, dem technischen Service (Instandhaltung aller Art), dem Gartenbau, der Verwaltung oder der Studienabteilung und nehmen an einem arbeitsbegleitenden Studienprogramm teil. Gute Englischkenntnisse und eine stabile Gesundheit werden vorausgesetzt. Bewerber/innen mit abgeschlossener Berufsausbildung und/oder entsprechender Qualifikation werden bevorzugt. Der Träger übernimmt Kranken- und Unfallversicherung, ein Taschengeld sowie Unterkunft und Verpflegung. Von den Bewerbern wird der Aufbau eines Unterstützerkreises erwartet.

Der Freiwillige Friedensdienst kann geregelt als ADiA oder FSJ (in diesen Fällen werden Reisekosten übernommen) oder ungeregelt (unter oder über einem Jahr Dauer, bei älteren Bewerber/innen oder als Paar/Familie) geleistet werden. Schriftliche Bewerbungen unter Beifügung eines Lebenslaufs und einer Motivation für Nes Ammim/Israel für ein FJS bis Mitte Februar eines Jahres (Einsatzbeginn August/September), sonst ganzjährig möglich.

2. Chancen und Risiken des Ersatzdienstes im Ausland

Der Auslandszivildienst kann eine große Chance sein, doch birgt er genauso gewisse Risiken in sich. Diese ergeben sich aber nicht nur für den Dienstleistenden; auch anderen am Dienst Beteiligten können sich Möglichkeiten auftun.

In erster Linie profitiert der Dienstleistende jedoch am meisten von dem Dienst. Ihm bietet sich die großartige Chance, einen Abschnitt seines Lebens in einem Land zu verbringen, das er vorher nicht kannte, und er hat dabei noch die Möglichkeit, sinnvolle Arbeit zu verrichten. Damit verbunden ist das Kennenlernen einer ihm bis dahin wahrscheinlich unbekannten Kultur, wozu z.B. auch das Erlernen einer neuen Sprache gehört. Schon allein das hautnahe „Erleben" einer anderen Lebensweise ist ungemein bereichernd und lohnt, den Dienst im Ausland zu leisten. Zudem sammelt man während eines solch langen Auslandsaufenthaltes wichtige Erfahrungen, die einen selbständiger, reifer und unabhängiger werden lassen; Erfahrungen die beim Zivil- oder Wehrdienst in Deutschland in diesem Maße nicht gemacht werden können.

Der Dienst im Ausland bietet weiterhin die Möglichkeit, etwas wirklich Sinnvolles zu tun – nicht, dass der Zivildienst in Deutschland nicht sinnvoll wäre, doch hat man im Ausland eher das Gefühl, wirklich etwas bewegen zu können. Gerade bei Pro-jekten in der sog. Dritten Welt wird cinem deutlich, dass man, nicht nur als Arbeitskraft in einer ungeheuer wichtigen Funktion tätig ist, aus der man Befriedigung erfährt. Dazu schreibt Benjamin Gundlach, der seinen Ersatzdienst in Kenia geleistet hat: „So sehr ich mich über die Nachhaltigkeit meiner Arbeit auch freuen mag – die eigentliche Entwicklung hat auf einer ganz anderen Ebene stattgefunden. Sinn und Ziel meines Aufenthaltes in Kenia waren für Mr. Mwey, Meto, Chege, James, Bishop, Llonah, all die anderen und mich nicht bautechnische und gedruckte Hinterlassenschaften eines Ausländers, sondern all die gemeinsam verbrachten Stunden, der Austausch und (nicht zuletzt) die gemeinsame Arbeit."

Abgesehen von den bereits genannten Aspekten können der Auslandsaufenthalt und die dabei erworbenen Sprachkenntnisse die späteren Berufsaussichten erheblich verbessern. Weiterhin kann Auslandsdienst für diejenigen, die mit dem Gedanken spielen, später auch beruflich ins Ausland zu gehen, eine Art Testphase sein, aus der man die Erkenntnis gewinnen kann, ob einem das Leben und Arbeiten im Ausland überhaupt liegt.

Neben den Chancen birgt der Auslandsdienst aber auch Risiken für den Zivi. Schließlich wird ein Schritt ins Ungewisse getan, denn die wenigsten Dienstleistenden werden bereits die

Möglichkeit gehabt haben, länger als einige Monate Auslandserfahrung zu sammeln. Vielleicht stellt man vor Ort plötzlich fest, dass man seine Fähigkeiten falsch eingeschätzt hat und gar nicht geeignet ist, diesen Dienst zu leisten. Als Konsequenz daraus bleibt einem, entweder den Dienst bis zum Ende durchzuziehen oder ihn vorzeitig abzubrechen. Beides kann unangenehme Folgen haben. Sich einzugestehen, nicht in der Lage gewesen zu sein, den Dienst zu beenden bzw. die Umstände so zu ändern, dass man den Dienst hätte weiterführen können, ist nicht einfach. Möglicherweise wird man einen frühzeitigen Abbruch später bereuen und sich wünschen, mehr Ausdauer bewiesen zu haben. Wenn man andererseits den Dienst trotz scheinbar unlösbarer Probleme weiterführt und sich die restlichen Monate bis zum Dienstende durchquält, läuft man Gefahr, sich später fragen zu müssen: Warum habe ich mir das noch angetan?

In einigen Fällen kann der Dienst im Ausland auch zum finanziellen Risiko werden, insbesondere wenn der Dienstleistende, wie bei manchen Trägervereinen der Fall, die Kosten für Kranken- und andere Versicherungen, Anreise, evtl. sogar Unterkunft vor Ort aus eigener Tasche zahlen muss. Schwieriger wird es noch, wenn die Eltern nicht in der Lage oder willens sind, einen Teil dieses Dienstes finanziell zu unterstützen. Allerdings sollte heutzutage, im Gegensatz zu früheren Jahren, kein Dienst mehr an möglichen finanziellen Engpässen des Zivis scheitern. Dazu hat nicht zuletzt die gesetzliche Entscheidung zur Weiterzahlung des Kindergelds beigetragen. Dennoch sollte man vor dem Dienst gut kalku-

lieren, welche Kosten auf einen zukommen.

Auch die Einrichtung vor Ort profitiert von dem Dienst. Mit dem Dienstleistenden bekommt sie eine günstige Arbeitskraft, die sie flexibel einsetzen kann. Andererseits nimmt sie auch Schwierigkeiten auf sich: Eine kontinuierliche Arbeit ist mit Auslandsdienstleistenden aufgrund der begrenzten Dienstzeit nur schwer möglich. Jedes Jahr muss erneut ein Zivi in die Arbeit eingewiesen werden, was nicht immer problemlos vonstatten geht. Gerade in Projekten, in denen der Dienstleistende mit Kindern und Jugendlichen oder auch Behinderten arbeitet und dabei auch verantwortungsvolle Aufgaben bei der Betreuung übernimmt, kann der ständige Wechsel der Bezugspersonen Schwierigkeiten mit sich bringen.

Außerdem fällt es gerade in kleinen Dienststellen oftmals schwer, dem Dienstleistenden eine entsprechende Unterkunft bereitzustellen.

Doch warum entscheiden sich trotz angeführter Probleme viele Einrichtungen für einen Freiwilligen aus einem für sie fremden Land, statt eine einheimische Arbeitskraft einzustellen? Weil sie die Chance erkannt haben, die diese Art des Dienstes auch ihnen bietet: Mit Hilfe des Dienstleistenden beleben sie ihre Einrichtung durch ein internationales Element, das zur Völkerverständigung beitragen kann. Dieser Aspekt ist für viele Projekte wesentlich, gerade für solche, die mit Kindern und Jugendlichen arbeiten; wichtiger noch als z.B. eine kontinuierliche Arbeit, die durch eine ortsansässige Arbeitskraft sicher besser gewährleistet wäre. Neben dem Dienstleistenden und der

Einrichtung vor Ort profitieren auch die am Dienst beteiligten Länder; nämlich Deutschland und das jeweilige Gastland. Der Freiwillige hat die Chance als Repräsentant der Bundesrepublik den Einwohnern des Landes, in dem er den Dienst leistet, ein positives Bild von Deutschland zu vermitteln und somit eventuell bestehende Vorurteile abzubauen. Darüber schreibt Christoph Vatter, der den ADiA in einem Heim für schwererziehbare Kinder und Jugendliche in Belgien geleistet hat:

„Ich glaube, durch meine Tätigkeit und Erlebnisse dort viel zu Völkerverständigung und Frieden in Europa – gerade unter jungen Menschen – beigetragen zu haben. So begrüßte mich zum Beispiel ein fünfzehnjähriger Schwererziehbarer monatelang mit „Heil Hitler, sale boche!", bis er mich dann mit „l'allemand" und schließlich mit meinem Vornamen Christoph anredete, da er den Menschen in mir, unabhängig von der Nationalität, erkannt hatte." Auslandsdienstleistende sind folglich exzellente Botschafter Deutschlands. Des weiteren besteht natürlich auch für das Gastland die Chance, dass der Dienstleistende einen positiven Eindruck von diesem Land mitnimmt und diesen auch nach Deutschland weitervermittelt.

Mit dem Ersatzdienst im Ausland sind also Chancen und Risiken verbunden, wobei bei näherer Betrachtung erstere überwiegen.

Erfahrungsbericht – Kenia

Benjamin Gundlach leistete den ADiA in einem Entwicklungshilfeprojekt in Kenia:

An einem der sanften, grünen Hügel liegt das von der Kirche unterstützte Projekt, bei dem es sich um eine Berufsschule handelt, die sich in drei voneinander völlig unabhängige Abteilungen gliedert: Ausbildung, Produktion und Geschäftsbereich. (...)

Mein geplanter Arbeits- und Einsatzbereich waren die Gebiete „Water Spring Protection" und „Low-Cost-Housing Programme", beides Felder, die eine gewisse bautechnische Grundkenntnis voraussetzen. Das erste Gebiet befaßt sich mit dem Schutz von Wasserquellen, die ungeschützt oftmals durch Tiere und Menschen verschmutzt werden und sich somit zu Krankheitsquellen wandeln. In letzter Zeit kamen immer mehr Bewohner der ländlichen Gebiete um Kapsabet mit der Bitte um Unterstützung bei der Fassung dieser Quellen, so dass vom Projekt eine kleine Gruppe zusammengestellt werden sollte. Da es aber an Fundis und der notwendigen Fachkenntnis fehlte, belief sich die Arbeit zunächst auf Informationssammlung, dem Knüpfen von Kontakten und der Entwurf und Planung eines kostengünstigeren Fassungstypes. Nach Beginn der ersten Arbeitsphase wurden „Public Lectures" gehalten, in denen die „Rural

Communities" über die Gefahren und Risiken ungefaßter Quellen aufgeklärt werden sollten. Wenn es zum Bau kam, übernahm ich auch die Organisation der Materialien und der Arbeit mit Einbeziehung der Auftraggeber, sowie die Begleitung am Bau der Quellenfassungen als „gleichgestellter Arbeiter". Kurz: Mein Aufgabenbereich befaßt sich in diesem Gebiet um die Anleitung des Projektes unter Aufsicht des Projekt-Managements.

Im Bereich des Low-Cost-Housing-Programmes wurde nach Wegen und Mittlen gesucht, mit denen der Hausbau in dem Gebiet der Nandi Hills kostengünstiger gestaltet werden konnte. Durch Einsatz billiger Baumaterialien und durch die Nutzung von Baustoffen, die vor Ort gefunden werden konnten, sowie durch einfache Konstruktionen konnten eine Reihe kostengünstiger Häuser errichtet werden. Meine Aufgabe sollte sich hier auf die Beratung der Interessierten belaufen, bei denen Konstuktionsmerkmale und der Einsatz der vom Projekt hergestellten Produkte besprochen wurden... (...)

Aber nach dem kenianischen Prinzip der Unbestimmtheit hat sich diese Eingrenzung nicht lange gehalten und mein Arbeitsbereich ist... expandiert. So habe ich mich nicht nur mit dem bautechnischen Wasserquellenschutz befaßt, sondern mich in der ersten Zeit mit der Übersetzung eines Buches herumgequält, das sich mit dem Umwickeln von Lichtmaschinen beschäftigt, um diese als Generatoren für Wind- und Wasserkraft einsetzen zu können. Außerdem habe ich Plakate und Informationsmaterialien für das Small Business Centre des Projektes entworfen, mit dem „Produktionsmanagerassistenten" ein Umfragebogen entworfen, an diversen Sitzungen des Produktion Department Staffs teilgenommen, Vorträge in Schulen über „Environmental conversation issues und water spring protection" gehalten, einen Antrag für finanzielle Unterstützung des Projektes an United Nations Environment Programme verfaßt und mich mit „anderen Kleinigkeiten" beschäftigt. Darüber hinaus hatte ich das Glück, durch meine Arbeit und die erforderliche Zusammenarbeit mit der hiesigen Diözese die Field Officer der Regional Office bei ihren Fahrten in die Nandi Hills zur Projektbegleitung und für die Nachbereitung begleiten zu können und bin weit herumgekommen. Dabei bin ich Gegenden vorgedrungen, die den Standard- und Alternativtouristen verschlossen bleiben, und in denen der Mzungu (Weißer) – zumindest für die Kinder – noch eine richtige Attraktion darstellt... (...)

Benjamin Gundlach

3. Wege zum Ersatzdienst im Ausland

Was muss der Interessent am Auslandszivildienst tun, um an eine Dienststelle im Ausland zu gelangen? Dabei gibt es im Ablauf zunächst keine Unterschiede verglichen mit denjenigen, die vorhaben, ihren Zivildienst in Deutschland zu leisten. Nachfolgend wird der gesamte Ablauf beschrieben, angefangen mit der Erfassung über Kriegsdienstverweigerung bis hin zum Vertrag mit einem Trägerverein.

Ein Schaubild am Ende dieses Kapitels verdeutlicht die Schritte auf dem Weg zum Ersatzdienst im Ausland.

3.1 Erfassung

Im Alter von 17 Jahren erhält jeder männliche Deutsche, mit ständigem Aufenthaltsort in der Bundesrepublik Deutschland, von seiner Stadt- oder Gemeindeverwaltung ein Schreiben, in dem ihm mitgeteilt wird, dass seine Daten dem zuständigen Kreiswehrersatzamt übermittelt wurden.

Ab sofort unterliegt man der sogenannten Wehrüberwachung. Von diesem Zeitpunkt an benötigt man eine Genehmigung, wenn man beabsichtigt, sich länger als drei Monate im Ausland aufzuhalten. Zuständig dafür ist das Kreiswehrersatzamt.

Die Wehrüberwachung dauert bis zur Anerkennung als Kriegsdienstverweigerer und geht nahtlos in die sog. Zivildienstüberwachung über, wobei aber keine wesentlichen Unterschiede zur Wehrüberwachung existieren.

3.2 Zurückstellung

Bald darauf erhält man vom Kreiswehrersatzamt einen Fragebogen zur Musterungsvorbereitung, in dem die derzeitige schulische bzw. berufliche Situation darzulegen ist. Eine entsprechende Schulbescheinigung bzw. eine Kopie des Ausbildungsvertrags ist dem ausgefüllten Fragebogen beizufügen, der dann wieder an das zuständige Kreiswehrersatzamt geschickt werden muss. Daraufhin wird man vorläufig, d.h. bis zum voraussichtlichen Ende der Schulzeit bzw. der Ausbildung, von der Wehrpflicht zurückgestellt.

3.3 Trägervereine kontaktieren

Ist die Entscheidung für den Ersatzdienst im Ausland schon gefallen, so ist dies ein guter Zeitpunkt, um sich bereits nach einer geeigneten Dienststelle umzusehen, da sich die Vorbereitungszeit durchaus auf ein bis anderthalb Jahre belaufen kann. **Frühzeitiges Informieren ist daher ratsam!**
Nachfolgend Hinweise zur Beschaffung der nötigen aktuellen Adressen der Träger; näheres dann in Kapitel 4.,

in dem auch die Organisationen vorgestellt sind, die Stellen im Ausland anbieten.

ADiA nach § 14b ZDG

Das Bundesamt für den Zivildienst hält eine Liste aller Organisationen bereit, die den ADiA anbieten und die regelmäßig aktualisiert wird. Es ist ratsam, diese Liste dort anzufordern, da voraussichtlich neue, in dieser Auflage des Buches noch unerwähnte Träger hinzugekommen und andere weggefallen sind. Erhältlich beim Bundesamt für den Zivildienst (Sibille-Hartmann-Str. 2-8, 50964 Köln, Tel.: 02 21 / 36 73-44 75, 45 60, service@baz.bund.de; auch online unter www.zivildienst.de).

FSJ/FÖJ nach § 14c ZDG

Frühzeitiges Kümmern um einen Dienstplatz im Ausland ist wichtig, aber eine zu frühe Vertragsunterzeichung kann im Dienst nach 14 c fatale Folgen haben, denn: **Vor der Vertragsunterzeichnung mit einem 14-c-Träger muss zwingend die Anerkennung als Kriegsdienstverweiger (s. Kap. 3.4) vorliegen.** Eine Anrechnung des geleisteten FSJ/FÖJ als Zivildienstersatz ist sonst nicht möglich! Es gab Fälle, in denen diese Regelung aus Unwissenheit nicht erfüllt wurde, woraufhin der Betroffene erneut seinen Zivildienst machen musste.

Hinsichtlich der Adressen der Träger des 14c-Dienstes im Ausland ist es auch knapp vier Jahre nach dessen Einführung den zuständigen Stellen, also einerseits dem Bundesamt für den Zivildienst und dem Bundesministerium für Familie, Senioren, Frauen und Jugend, andererseits den Sozialministerien der Bundesländer, noch nicht gelungen, eine vollständige Liste der Organisationen zusammenzustellen, die diesen Dienst im Ausland anbieten. In Kapitel 4 sind nach mühevoller Recherche alle den Autoren bekannten 14c-Träger aufgelistet. Eine Garantie auf Vollständigkeit können wir aufgrund der Informationspolitik der zuständigen Behörden jedoch nicht geben.

Anfragen nach §14c-Trägern im Ausland können gerichtet werden an das Bundesamt für den Zivildienst (Adresse s.o.), an das Bundesministerium für Familie, Senioren, Frauen und Jugend (Adresse s. Adressverzeichnis bzw. www.zivi.org) sowie an die zuständigen Behörden der einzelnen Bundesländer (überwiegend die Sozialministerien, Adressen im Adressverzeichnis). Letztere werden, wenn überhaupt, nur Informationen zu den in ihrem Bundesland anerkannten Trägern geben können. Der Wohnsitz, ergo das Bundesland, des Interessenten ist für die Trägerauswahl trotz der Länderzuständigkeit vollkommen unerheblich. Weder gesetzliche Bestimmungen noch die jeweiligen Voraussetzungen der Träger schränken die Bewerber auf einen regionalen Träger ein. Ein Niedersachse kann über einen in Bayern zugelassenen Träger den Dienst nach § 14c ZDG leisten – und umgekehrt. Dass das Kontaktieren von ca. 18 Behörden (16 Länderministerien und mit BAZ und BMFSFJ zwei Bundesbehörden) nur um möglicherweise eine halbwegs vollständige Aufstellung der Träger des 14-c-Dienstes im Ausland zu erhalten mit einem relativ großem Aufwand verbunden ist, ist klar. Selbstverständlich kann man sich mit der Bitte nach einer Auflistung der §14c-Auslands-Träger an die zuständigen Bundesstellen wenden. Dann bekommt man meist eine bunte Broschüre und bzw. oder eine Adressliste zugeschickt, aus denen die Träger aber nicht auch nur ansatzweise hervorgehen. Auf Nachfragen wird wahlweise behauptet, es handele es sich eben doch um die Liste der §14c-Träger im Ausland oder aber es gebe eine solche Liste gar nicht.

Das BMFSFJ antwortete auf die Anregung der Autoren, eine solche Liste zusammenzustellen unter anderem mit folgendem Argumenten: „Sollte eine Liste – wie von Ihnen gewünscht – aufgelegt werden, so würde dies einen nicht zu verantwortenden Verwaltungsaufwand nach sich ziehen, einschließlich des erforderlichen Änderungsdienstes. Dies ist auch unter dem Gesichtspunkt des kostensparenden Verwaltungshandelns der öffentlichen Hand gegenüber den Steuerzahlerinnen und Steuerzahlern nicht zu verantworten. (...) Zusammenfassend läßt sich feststellen, dass diejenigen, die an einer Dienstleistung nach § 14c ZDG interessiert sind, mit den vorhandenen Informationsmöglichkeiten ausreichend versorgt sind." Der letzte Satz kann sich nur auf dieses Buch beziehen, aber nicht auf die Informationspolitik der zuständigen Behörden ... Und was das BMFSFJ unter „kostensparendem Verwaltungshandeln" versteht, wird mit einem Hinweis, man möge sich aufgrund der Zuständigkeit der Länder an die dortigen Anlaufstellen wenden, auch klar.

Dass damit der insgesamt 16-fache Verwaltungsaufwand auf Ebene der Länder ensteht, interessiert einen Bundesbeamten natürlich nicht.

An dieser Stelle der Aufruf an die Leser dieses Buches: **Generiert Ver-**waltungsaufwand! Schickt e-Mail-Anfragen an die zuständigen Stellen (s. Adressverzeichnis) und bittet freundlich um Preisgabe der Adressen der 14-c-Träger im Ausland! Dabei können die Landesministerien natürlich nur die Träger kennen, die in ihrem Bundesland anerkannt sind. Wer keine, unvollständige, irreführende oder falsche Informationen durch die üblichen Öffentlichkeitsarbeitsabteilungen der Ministerien erhält, bitte um Weiterleitung seines Wunsches an das „zuständige Fachreferat." Man schreibe bei Anfragen an Länderministerien dazu, dass das BMFSFJ in diesem Punkt auf die Zuständigekeit der Länder verweist. Wenn auch dort die zuständigen Referate die Informationen zurückhalten, frage man nett nach einer Begründung. Die witzigsten **Bürokratenant-**worten und die **dreistesten Beamtenausreden** dann bitte an den Verlag weiterleiten:
info@interconnections.de
ein „Best of" gibt es dann in der nächsten Auflage von „Zivi weltweit"... Die Gewinner werden auf **www.zivi.org** bekanntgegeben.

3.4 Kriegsdienstverweigerung

Wer den Eratzdienst im Ausland leisten will, muss – ebenso wie Zivildienstleistende – anerkannter Kriegsdienstverweigerer (KDV) sein. Um als KDV anerkannt zu werden, ist ein entsprechender Antrag zu stellen. Dieser wird an das zuständige Kreiswehrersatzamt gesandt, das den Antrag an das Bundesamt für den Zivildienst weiterleitet.

Da die Planung des Auslandszivildienstes erfahrungsgemäß sehr viel Zeit in Anspruch nimmt, ist es ratsam, so früh wie möglich zu verweigern. Auch kann ein Vertrag mit einem Trägerverein erst dann geschlossen werden, wenn die Anerkennung als KDV vorliegt. Der KDV-Antrag kann zwar bereits sechs Monate vor dem 18. Geburtstag gestellt werden, doch ist die Musterung Voraussetzung dafür, dass der Antrag überhaupt bearbeitet wird. **Vor der Musterung kann also keine Anerkennung als KDV erfolgen,** auch wenn der Antrag bereits gestellt ist.

Da im Moment der Trend zu einem späten, sog. einberufungsnahen Musterungstermin geht (d. h. zwischen Musterung und Einberufung liegt ein relativ geringer Zeitraum), sollte man sich um eine vorzeitige Musterung bemühen. Dazu reicht ein entsprechendes Schreiben an das zuständige Kreiswehrersatzamt, wobei man sein Vorhaben, den ADiA nach § 14b ZDG bzw. ein FSJ/FÖJ nach § 14c ZDG als Begründung für die Bitte um eine vorgezogene Musterung angeben kann. Der KDV-Antrag kann zwar auch noch nach der Musterung gestellt werden, dabei muss einem aber bewusst sein, dass ab 14 Tagen nach der Musterung der Einberufungsbescheid zur Bundeswehr kommen kann. Dies natürlich nicht, wenn die Schulzeit bzw. die Ausbildung noch nicht beendet sind. Den KDV-Antrag kann man zwar auch nach der Einberufung noch stellen, er hat jedoch keinerlei aufschiebende Wirkung.

Im Hinblick auf die zeitaufwendige Planung für den Anderen Dienst im Ausland ist es empfehlenswert, die Musterung **so rasch wie möglich** hinter sich zu bringen und sich rasch um die Anerkennung als Kriegsdienstverweigerer zu bemühen.

Zu einem vollständigen Antrag auf Kriegsdienstverweigerung gehören folgende Unterlagen:

✔ Anschreiben
✔ Lebenslauf
✔ Begründung

Anschreiben:

Das Anschreiben ist ein formloses Schreiben, in dem der Antragssteller seine Absicht mitteilt, den Kriegsdienst zu verweigern. Wichtig ist es, sich auf Artikel 4, Absatz 3, Satz 1 des Grundgesetzes zu berufen, der das Grundrecht auf Kriegsdienstverweigerung garantiert. Dort heißt es nämlich: *„Niemand darf gegen sein Gewissen zum Kriegsdienst mit der Waffe gezwungen werden."*

Es ist ratsam, auf dem Anschreiben seine Personenkenn-Nummer (PK-Nr.) anzugeben, die zusammen mit der Erfassung zugeteilt wurde. Auch auf der Vorladung zur Musterung (falls man diese schon erhalten hat) ist die PK-Nr. zu finden.

Lebenslauf:

Der Lebenslauf ist in ausführlicher und fortlaufender Form aufzuführen. Er muss Namen, Geburtsdatum, und -ort beinhalten. Informationen über Eltern und mögliche Geschwister oder über eine schon selbst gegründete Familie sollten gegeben werden. Der eigene Werdegang in Schule und Beruf, die Wohnsituation, Hobbys, Vereinsmitgliedschaften und Interessen sind wichtig. Der Lebenslauf sollte keine zeitlichen Lücken aufweisen, zur Begründung passen und diese ergänzen. Folgendes kann noch aufgeführt werden: Mitarbeit in sozialen oder politischen Projekten, Mitgliedschaft in Jugendgruppen wie z. B. Pfadfinder etc. Auch sein Erfassungs- und Musterungsdatum kann im Lebenslauf genannt werden. Die eigenhändige Unterschrift darf nicht fehlen. Der Lebenslauf muss nicht, kann aber handschriftlich geschrieben werden.

Begründung

Die Begründung ist das Entscheidende an der Kriegsdienstverweigerung. Dabei ist der Umfang wichtiger als der Inhalt ist. Sie muss überzeugen, und es muss deutlich werden, dass es sich bei der Entscheidung um eine Gewissensentscheidung handelt. Man kann zwar auch darlegen, dass man Krieg für ein ungeeignetes Mittel hält, um Konflikte zwischen Staaten auszutragen; wesentlich ist es jedoch, darzustellen, den Militärdienst nicht mit seinem Gewissen vereinbaren zu können.

Es soll eine ausführliche Gewissensentscheidung sein, die von persönlichen Erfahrungen handelt und deutlich macht, wie man zu dieser Gewissensentscheidung gekommen ist: Familienschicksale, Erziehungsprobleme, Kriegserlebnisse und Erinnerungen in der Familie, Schule, Freundeskreis, Besuch von Kriegsdenkmälern, Auseinandersetzung mit dem Thema Frieden – Krieg allgemein usw. Dabei sollte man sich in die konkrete Situation, einen Menschen töten zu müssen, hineinversetzen. Läßt das mein Gewissen zu? Wenn nein, warum nicht? Und: Welche Folgen hätte das für mich, wenn ich doch jemanden töten müßte bzw. getötet hätte?

Man soll die Entwicklung der persönlichen Gewissensentscheidung anhand der eigenen Lebenssituationen und -abschnitte darstellen. Wann, wie und welche Motive brachten mich zu meiner Gewissensentscheidung?

Die Gebote der Bibel, Bücher oder Filme, die einen bewegt haben, der Besuch von Ausstellungen, die Auseinandersetzung mit Persönlichkeiten der Zeitgeschichte: dies alles können Schritte auf dem Weg zur Gewissensentscheidung gewesen sein.

Die eigenen Gründe sind nicht zu kurz darzulegen. Es soll kein schematisches Herunterschreiben oder Abschreiben vorformulierter Aussagen sein, sondern eine persönliche Formulierung, die man in der „ICH"-Form schreiben sollte.

Wer mehr Informationen oder Hilfe braucht, wende sich an einen Pfarrer oder an eine Beratungsstelle für Kriegsdienstverweigerer. Eine Liste aller Beratungsstellen findet sich bei www.zivi.org. Die Begründung kann bei einer leserlichen Handschrift auch handschriftlich verfaßt werden. Wieder darf die eigenhändige Unterschrift nicht fehlen.

Anerkennung/Ablehnung/Zweifel

Ein KDV-Antrag kann auf drei Arten vom Bundesamt für den Zivildienst beschieden werden: Entweder als Anerkennung, Ablehnung, oder aber es bringt „Zweifel" an.

Die **Anerkennung** als Kriegsdienstverweigerer erfolgt, wenn

✔ der Antrag vollständig ist
✔ die dargelegten Beweggründe eine Anerkennung als Kriegsdienstverweigerer rechtfertigen
✔ keine Zweifel am Wahrheitsgehalt der Angaben bestehen

Zur Zeit werden 95 % der vollständigen Anträge anerkannt.

Eine **Ablehnung** erfolgt bei

✔ unvollständigem Antrag
✔ ungeeigneten Beweggründen

Gegen eine Ablehnung kann Klage erhoben werden.

Zweifel werden angebracht, wenn das Gesamtvorbringen des Antragstellers Zweifel am Wahrheitsgehalt seiner Ausführungen begründet. Der Antrag wird dann an den Ausschuß für Kriegsdienstverweigerung beim zuständigen Kreiswehrersatzamt weitergeleitet.

Die Bearbeitungsdauer des Antrages beim Bundesamt für den Zivildienst ist unterschiedlich, doch normalerweise liegt die Anerkennung als Kriegsdienstverweigerer nach ungefähr zwei Monaten im Briefkasten. Wer sie schon früher benötigt, kann mit dem Bundesamt für den Zivildienst Kontakt aufnehmen und um eine schnellere Bearbeitung bitten, wobei die Erfolgsaussichten ungewiss sind. Unterstützung bei der Kriegsdienstverweigerung bieten auch die entsprechenden Beratungsstellen der Kirchen; s. www.zivi.org.

3.5 Musterung

Wie bereits im Abschnitt über die Kriegsdienstverweigerung ausgeführt, sollte man sich um eine frühzeitige Musterung bemühen.

Diese ist eine körperliche und geistige Tauglichkeitsuntersuchung, bei der z.b. die Seh- und Hörfähigkeit getestet werden, man wird vermessen und gewogen, es ist eine Urinprobe abzugeben usw. Im Verlauf folgt die sogenannte Hauptuntersuchung, die keine großen Unterschiede zu einer normalen medizinischen Untersuchung aufweist. Dafür besteht keine freie Arztwahl – die Untersuchung wird vom Musterungsarzt durchgeführt.

Die Tauglichkeitsgrade der ärztlichen Untersuchung sind wie folgt aufgeteilt:

T 1: voll verwendungsfähig
T 2: verwendungsfähig mit Einschränkung für bestimmte Tätigkeiten
T 4: vorübergehend nicht wehrdienstfähig
T 5: nicht wehrdienstfähig

Einen Tauglichkeitsgrad T 3 gibt es nicht.

Nach der ärztlichen Untersuchung wird der Gemusterte bei der sog. „Eignungs-Verwendungsprüfung" nach seinem Verwendungswunsch für den Wehrdienst befragt. Dabei sollte der Kriegsdienstverweigerer keinerlei Angaben machen, da das den Antrag auf Kriegsdienstverweigerung negativ beeinflussen kann. Wer vor der Musterung noch keinen Antrag auf Kriegsdienstverweigerung gestellt hat, sollte dies bei der Musterung tun, wobei nur ein Vordruck auszufüllen ist. Dies ist allerdings nur der Antrag auf Kriegsdienstverweigerung; Lebenslauf und Begründung sind dann nachzureichen.

Zur Musterung sollten Personalausweis oder Reisepass mitgebracht werden sowie leichte Sportkleidung wie z.B. eine Turnhose. Brillenträger soll-

ten ihre Sehhilfe und den Brillenpass mitnehmen.
Wer seinen Musterungstermin aus unaufschiebbaren Gründen nicht einhalten kann, erbitte eine Terminverlegung beim Kreiswehrersatzamt.

Gründe können z.b. eine wichtige Klausur in der Schule sein, aber auch ein bereits gebuchter Urlaub. Das Ergebnis der Musterung wird sofort nach der Untersuchung bekanntgegeben.

Erfahrungsbericht – Rumänien

Stefan Ihrig und Konrad Petrovsky leisteten den ADiA in Rumänien, wo sie in einem Projekt für alte Menschen arbeiteten:

Im Dr. Carl Wolff-Heim waren wir auf verschiedenen Stationen eingeteilt – teils auch im Nachtdienst – und hatten so Gelegenheit, uns mit den verschiedenen Arten der Altenarbeit vertraut zu machen. Zwar arbeiteten wir im Pflegedienst genauso wie die Angestellten, hatten aber darüber hinaus noch genug Möglichkeiten, auf die persönlichen Bedürfnisse der alten Menschen einzugehen, wie z.b. durch ein Gespräch oder durch einen Spaziergang.

Die Arbeit im Altenheim gestaltet sich in Rumänien insofern als etwas besonderes, als dass man die Mehrsprachigkeit der Heimbewohner als auch deren nationalen Sympathien und Ressentiments berücksichtigen muss. Das friedliche Zusammenleben von Rumänen, Ungarn und Deutschen täuscht oftmals über lang gepflegte Vorurteile und Aversionen hinweg. Gerade als Deutscher ist es erstaunlich zu erfahren, wie sich die eigene Nation im Ausland darstellt bzw. gesehen wird, besonders in einem Land, dessen Kultur jahrhundertelang von Deutschen mitgeprägt wurde. Als „Reichsdeutscher", wie man hier nostalgisch-respektvoll bezeichnet wird, fühlt man sich sehr oft genötigt, gängige Auffassungen über das eigene Land richtigzustellen. Das Deutschlandbild hier ist das eines „Landes der tausend Möglichkeiten", dessen Bevölkerung man zwar nicht liebt, zu der man aber respektvoll aufblickt. Dieses Bild, das hier recht grob umrissen ist, herrscht nicht nur unter Heimbewohnern vor, sondern erstreckt sich auch auf weitaus jüngere Bevölkerungsgruppen.

Der zweite Punkt, der die Zeit im Heim zu etwas Außergewöhnlichem, bis dahin Unbekanntem machte, war die Zusammenarbeit mit unseren rumänischen Kolleginnen. Die Bereitschaft, mehr als das minimal Erwartete zu leisten, sich voll und ganz auf seine Arbeit zu konzentrieren und frei von alltäglichen Sorgen an die Arbeit zu gehen und sich gelassen, ausgeglichen und aufnahmebereit zu verhalten, ist nur selten anzutreffen. Was bei uns als selbstverständlich vorausgesetzt wird, ist hier kaum möglich. In einem Land, das wirtschaftlich und politisch noch nicht als stabil gelten kann, ist die Verzahnung von Politik, Wirtschaft und Gesellschaft so extrem, dass jede politische Entscheidung direkte Auswirkungen auf das familiäre und persönliche Wohlergehen haben kann. Der Begriff eines „sozialen Engagements" ist hier kaum bekannt und wird auf ganz andere Art und Weise als in Deutschland verstanden; doch werden wir auf diesen Punkt im folgenden noch weiter eingehen.

Anfang März haben wir uns entschlossen, unsere Arbeit ganz anders zu gestalten und den Begriff der „Völkerverständigung" wörtlich zu nehmen. Nachdem wir die ersten sechs Monate relativ fest eingeteilt waren und uns nur innerhalb des gegebenen Spielraums einbringen konnten, arbeiten wir nun sozusagen von „Tür zu Tür". Zusammen mit einer Angestellten der orthodoxen Kirche, die seit über 15 Jahre privat zu alten und hilfsbedürftigen Leuten und Familien geht, zogen wir durch die Stadt und versuchten, diesen Leuten ihr trauriges und entbehrliches Leben erträglich zu gestalten – mehr war leider zur dieser Zeit nicht möglich. Je nach Fall bezahlten wir Rechnungen, erledigten Behördengänge, verwalteten die Finanzen, kauften Lebensmittel und Medikamente ein, hielten die Wohnung weitgehend sauber, wuschen die Kleider oder kochten für die Menschen. Immer wieder kamen Pflegefälle vor, die deshalb zu solchen geworden waren, weil diesen Menschen unglaublicherweise ab einem bestimmten Alter ärztliche Behandlung schlichtweg versagt wird. Um diese kümmerten wir uns persönlich oder halfen den Angehörigen, ihnen eine Minimalpflege zukommen zu lassen. Obwohl wir leider nicht mehr als improvisieren konnten, freuten wir uns doch über die Unterstützung, die wir von mehreren Seiten bekamen, wie z.B. von unserer Heimleiterin, einer Pfarrgemeinde und mehreren Privatpersonen, die sich immer wieder bereit erklärten, länger andauernde Hausarbeiten zu übernehmen. Auch haben wir selber schon einige, wenn auch angesichts des Notwendigen, bescheidene Hilfsgüter aus Deutschland organisieren können. Was hier benötigt wird, ist im Grunde genommen alles, da die Renten (zwischen 25 EUR und 40 EUR monatlich) und Gehälter (ca. 90 EUR monatlich) kaum ausreichen, um sich zu ernähren, geschweige denn, um sich Haushaltswaren zu kaufen. Beispielsweise waschen die meisten Leute ihr Geschirr mit Waschpulver, weil Spülmittel zu teuer sind. Das Hauptgericht der Alten besteht zumeist aus Brot, Milch und Tee. Gemüse versucht man auf lange Zeit einzuteilen, Fleisch ist unerschwinglich. Glücklicherweise wird hier von der Diakonie eine Art „Essen auf Rädern" angeboten, und zwar unabhängig von nationaler Zugehörigkeit. Somit ist die Nahrungsmittelversorgung für einige sichergestellt, auch wenn diese den Großteil der Rente verschlingt. (...)

Stefan Ihrig und Konrad Petrovsky

3.6 Vertrag mit einem Trägerverein

Nach der Musterung steht als nächstes der Vertrag mit einem Trägerverein (s. Kap. 4) an, da das Bundesamt für den Zivildienst schon bald nach der Tauglichkeitsuntersuchung (sofern die Schule bzw. die Ausbildung schon beendet ist) die Heranziehung zum Zivildienst ankündigt. Nach Erhalt dieses Schreibens wird eine zweimonatige Frist gewährt, in der man sich einen geeigneten Platz selbst suchen kann. Ist bis Ende der Frist noch kein Vertrag mit einem Trägerverein zustande gekommen, so ist die Frist verlängerbar, wenn ein Vorvertrag mit dem Träger vorgelegt oder glaubhaft gemacht werden kann, dass man mit ihm in aussichtsreichen Verhandlungen steht. Sofern dem Zivildienstpflichtigen ein Einberufungsbescheid zum Zivildienst bereits vorliegt, ist ein Zivildienstersatz nicht mehr möglich. Findet sich kein geeigneter Trägerverein, bei dem der Dienst geleistet werden kann, so ist der Zivildienst in Deutschland abzuleisten.

Im Falle des Dienstes nach § 14 b ZDG handelt es sich bei dem Kontrakt um einen frei zu vereinbarenden privatrechtlichen Vertrag zwischen Trägerverein und Dienstleistendem. Der Umfang des Vertragsinhaltes ist von Träger zu Träger unterschiedlich. Es werden Datum von Dienstbeginn und -ende genannt; eventuell Hinweise darauf, wer die Kosten für die Versicherungen übernimmt; wie ein möglicher Abbruch geregelt wird; der Tätigkeitsbereich des Freiwilligen wird umrissen usw. In einigen Verträgen wird auch ganz konkret auf Arbeitszeiten, Freizeit- und Urlaubsregelungen, Taschengeld und Hinweise auf Übernahme der Reisekosten eingegangen.

Im Vertrag für die FSJ-Zivis nach § 14c sind hingegen die Rechte und Pflichten des Zivis und des Trägers enthalten, die das Gesetz zur Förderung eines Freiwilligen Sozialen Jahres vorschreibt. Letztlich handelt es sich dabei um die oben bereits genannten Punkte, zumeist vermutlich ergänzt um die Bestimmungen zu Ablauf und Umfang der pädagogischen Begleitung.

Ist der Vertrag unter Dach und Fach, stellt der Träger beim Bundesamt für den Zivildienst einen Antrag auf Nichtheranziehung, damit der Auslandsdienstleistende nicht zum Zivildienst in Deutschland herangezogen wird. Das Bundesamt für den Zivildienst bestätigt dies dem Zivi und dem Träger nochmals schriftlich. Während der Dauer des Ersatzdienstes im Ausland wird man sinnvollerweise von den in § 23 Abs. 2 Zivildienstgesetz bezeichneten Pflichten befreit; einer besonderen Genehmigung zum Verlassen Deutschlands bedarf es also nicht. Nach Beendigung des Dienstes leben diese Pflichten jedoch wieder auf.

---

http://shop.interconnections.de
Bücher zu Ferienjobs, Praktika, Austausch u. Begegnungen,
Zivildienst, Interrail, Stipendien und Studium.

Erfahrungsbericht – Chile

Wolfram Spreer leistete seinen Dienst bei einem Straßenkinderprojekt in Santiago de Chile:

Bei dem Projekt, in dem ich gearbeitet habe, handelt es sich um eine Tagesstätte für Straßenkinder aus dem Südosten der Hauptstadt Santiago de Chile. In einem Team von fünf Mitarbeitern boten wir den Kindern ein Nachmittagsprogramm aus verschiedenen didaktischen (Hausaufgabenhilfe, Alphabetisation, Basteln) und Erholungselementen. Zudem bekamen die Kinder ein Mittagessen und ein Nachmittagsvesper. Sie hatten die Möglichkeit, sich zu duschen, und ihre Kleider zu waschen. Außerdem verteilten wir Kleiderspenden unter ihnen. Zusätzlich zu der Arbeit in der Tagesstätte gingen wir auch auf die Straße, um Kinder dort anzusprechen, mit ihnen über ihre Probleme zu reden, ihnen von unserem Projekt zu erzählen und ihr Vertrauen zu gewinnen. Um eine Reintegration in die Familie zu vereinfachen, setzten wir uns auch mit den Eltern der Kinder in Verbindung, um vorhandene Probleme gemeinsam anzugehen. Dazu hatten wir auch eine Arbeitsgruppe für Mütter, in der sie sich sowohl praktisch (nähen, backen), als auch theoretisch (Gesundheitsinfos, psychologische Betreuung) weiterbilden konnten.

Ziel der Arbeit war die Reintegration der Kinder in die Gesellschaft. Dazu wollten wir sie von der Straße holen, und durch sinnvolle Beschäftigung langsam an Normen und Werte der Gesellschaft heranführen. Durch die Beschäftigung mit dem sozialen Umfeld der Kinder (z.B. Einschulung, finanzielle Hilfe für die Eltern...) versuchten wir schließlich, den Weg in ein kindgerechteres Leben zu ebnen.(...)

Um 14 Uhr begann unser Nachmittagsprogramm mit der Ausgabe des Mittagessens an die Kinder. Danach sollten sie dazu angehalten werden, ihr Geschirr zu waschen und die Tische abzuwischen. Wir hatten einige Brettspiele und ein Tischfußballspiel zur Verfügung, mit dem sich die Kinder nach dem Essen beschäftigen konnten. Ab 15 Uhr boten wir den Kindern ein Nachmittagsprogramm, das jedoch am Anfang meiner Beschäftigung noch wenig strukturiert war. Im Laufe der Zeit versuchten wir dann möglichst viele regelmäßige Gruppen einzurichten. So öffneten wir zu Beginn eine Malgruppe, die von einem Kunstlehrer betreut wurde, der einmal die Woche kam. Auch eine Theatergruppe wurde eingerichtet. Auf diese kreativen Angebote legten wir viel Wert, da es eine Möglichkeit war, das Verhalten der Kinder zu beobachten und mit ihnen ins Gespräch zu kommen. Darüber hinaus wollten wir sie ermutigen, etwas aus sich herauszugehen und ihre Scheu abzulegen. Diese Programmpunkte waren für viele eine wichtige Übung zur Stärkung des Selbstvertrauens. Eher unregel-

mäßig boten wir verschiedene Bastel- und Werkgruppen an. Vom Eine-Welt-Laden in Weil der Stadt erhielt das Projekt eine Spende, mit der wir Werkzeuge einkaufen konnte, um eine regelmäßige Holzbastelgruppe einrichten zu können. Die handwerkliche Beschäftigung stellte den Gegenpol zu der Destruktivität dar, die die Kinder auf der Straße lernten und die ihr Leben weitgehend bestimmte. Unser Ziel war es, ihnen beizubringen, dass durch konzentriertes Arbeiten etwas hergestellt werden kann, dessen Ergebnis man hinterher sehen kann. Außerdem versuchten wir Qualitäten wie Gruppenarbeit und Organisationsvermögen, sowie den Respekt vor der Arbeit des anderen zu fördern. Einmal pro Woche machten wir entweder einen Ausflug oder boten eine sportliche Aktivität. Meist endete das Programm gegen 18 Uhr, nachdem aufgeräumt wurde und die Kinder noch ein Vesper bekommen hatten, bevor sie wieder gingen.(...)
Ich denke, dass die Erfahrungen, die ich in Chile gesammelt habe, für mich sehr wichtig sind. Das Kennenlernen einer anderen Kultur, Sprache und Lebensweise hat mich nachhaltig geprägt. Es wäre wünschenswert, wenn immer mehr Jugendliche in meinem Alter eine solche Erfahrung machen könnten – unabhängig von sozialer Schicht oder Nationalität.

Wolfram Spreer

Quelle: Dokumentation des Evangelischen Jugendwerks Bezirk Zuffenhausen

Schubkarrenrennen: Sebastian Schaaf, Zivi in Kilkenny/Irland (1998/99)

3.7 Schaubild

Das Schaubild zeigt vereinfacht die Schritte auf dem Weg zum Ersatzdienst im Ausland.

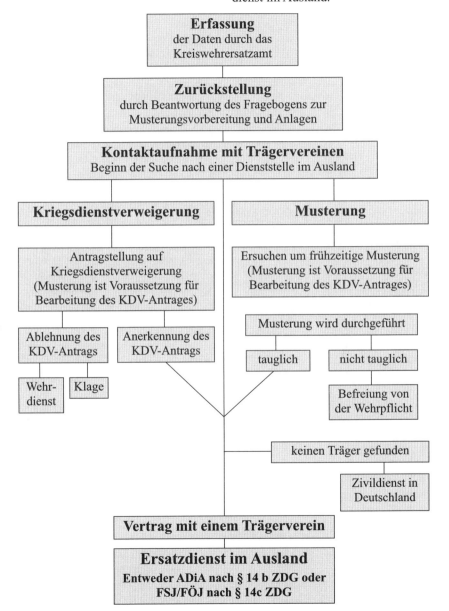

4. Trägervereine

4.1 Allgemeines

Die Träger sind die „Vermittler" des Ersatzdienstes im Ausland. Mit einer dieser in Deutschland ansässigen Organisationen schließt der Auslandszivi einen Vertrag ab. Sie unterhalten den Kontakt zur Dienststelle im Ausland und regeln die Verwaltungsangelegenheiten mit dem Bundesamt für den Zivildienst. **Nur wer über einen solchen Träger den Dienst leistet, bekommt ihn im Nachhinein als Zivildienstersatz anerkannt!**

ADiA nach § 14b ZDG
Als Träger für den ADiA „können juristische Personen anerkannt werden, die ausschließlich, unmittelbar und selbstlos steuerbegünstigten Zwecken im Sinne der §§ 51 bis 68 der Abgabenordnung dienen (und) Gewähr dafür bieten, dass ihre Vorhaben den Interessen der Bundesrepublik Deutschland dienen (...)", heißt es in § 14b Zivildienstgesetz, Abs. 3 Nr.1 und 2. Hinter dieser Formulierung verbergen sich Vereinigungen unterschiedlichster Art:

✔ Hilfsorganisationen, die Projekte im Ausland unterstützen
✔ Vereinigungen mit christlich-konfessionellem Bezug wie Kirchengemeinden, Missions- oder Diakonische Werke; Städtepartnerschaftsvereine
✔ Vereine aus der Friedensbewegung und Organisationen, die den inter-

kulturellen Jugendaustausch fördern.
Ganz wenige Trägervereine bieten über 50 Dienstplätze im Ausland an, die meisten jedoch eine deutlich geringere Anzahl, viele davon weniger als 10 Plätze. Insgesamt stehen etwa 1300 Einsatzplätze für den ADiA zur Verfügung, die regelmäßig besetzt werden.
Über die Anerkennung eines Trägers entscheidet auf dessen Antrag das Bundesministerium für Familie, Senioren, Frauen und Jugend im Einvernehmen mit dem Auswärtigen Amt (Vgl. zur Trägeranerkennung Kapitel 8). Gegenwärtig sind etwa 230 Träger für den Anderen Dienst im Ausland anerkannt, die insgesamt etwa 1300 Einsatzplätze für den ADiA anbieten, die regelmäßig besetzt werden.

FSJ/FÖJ nach § 14c ZDG
Die Trägerlandschaft für das FSJ/FÖJ als Zivi-Ersatz ist deutlich kleiner als für den ADiA. Dies hängt damit zusammen, dass der Dienst nach § 14c für einen Träger mit deutlich mehr Verwaltungsaufwand (und damit auch mit höheren Kosten) verbunden ist als beim ADiA. Fast alle 14c-Träger bieten lediglich das FSJ an, das ökologische Jahr als Zivi-Ersatz im Ausland kann derzeit nur über Träger Nr. 259 und möglicherweise in Zukunft über Nr. 22 geleistet werden (Vgl. Kapitel 4.5). Die Trägeranerkennung beim Dienst nach § 14c ZDG ist nicht im Zivildienstgesetz geregelt, sondern im

Gesetz zur Förderung eines freiwilligen sozialen/ökologischen Jahres, das diesbezüglich recht hohe Auflagen vorschreibt. Als Träger für ein FSJ im Ausland können hier juristische Personen zugelassen werden, die diesen Dienst entsprechend den gesetzlichen Rahmenbedingungen anbieten und „Freiwillige für einen Dienst im Ausland vorbereiten, entsenden und betreuen, Gewähr dafür bieten, dass sie aufgrund ihrer nachgewiesenen Auslandserfahrung ihre Aufgabe auf Dauer erfüllen und den ihnen nach dem Gesetz obliegenden Verpflichtungen nachkommen, ausschließlich und unmittelbar steuerbegünstigten Zwecken im Sinne der §§ 51 bis 68 der Abgabenordnung dienen, ihren Sitz in der Bundesrepublik Deutschland haben." So steht es in § 5, Absatz (2) des oben genannten Gesetzes. Damit könnte theoretisch könnte jeder 14b-Träger auch 14c-Träger werden, doch die Anzahl der Organisationen, die diesen Schritt nach Einführung des § 14c auch gegangen sind, ist aus dem genannten Grund des hohen Verwaltungsaufwandes überschaubar.

Für die Anerkennung der Träger ist hier nicht das Bundesamt für den Zivildienst zuständig, sondern die Landesbehörden im Bundesland des Sitzes des Trägers. Diese sind überwiegend die Sozialministerien bzw. deren nachgeordneten Behörden.

Erfahrungsbericht – Israel

Christian Schossig berichtet über seine Erfahrungen in einer Wohngruppe für Körperbehinderte in Israel:

Vor einigen Tagen war es soweit: Wadia und Nasser, die beiden Alteingesessenen der Wohngruppe, hatten ihr Rehaprogramm abgeschlossen und kehrten nun wieder in ihre Familien zurück. (...)

Im Rückblick muss ich sagen: die beiden netten Rollstuhlfahrer haben mir, dem frischgebackenen Abiturienten, einen unkomplizierten und angenehmen Einstieg in das Zusammenleben und Arbeiten mit Körperbehinderten bereitet.

Wadia und Nasser leiden seit ihrer Kindheit an Muskeldystrophie. Angesichts dieser langsam fortschreitenden Muskelrückbildung war es erstaunlich, wie viele Arbeiten im Haus die beiden bewältigen konnten. Dazu kam, dass vor allem der 22jährige Nasser ein sehr verantwortungsbewusster Mann ist. Mit seiner Menschenkenntnis und guten Bildung – er gehört zu den wenigen unserer Behinderten, die das Taujee, den palästinensischen Schulabschluss, haben – gab er einen unproblematischen Wohngenossen ab.

Wadia stand dem großen Nasser in Statur und Alter nach, aber er behauptete sich mit seiner Aufgewecktheit und den kräftigeren Armen. Zusammen mit meinem Mitarbeiter Youssef Kunkar haben wir zu jener Zeit eine traute Kleinfamilie abgegeben.

Die Muskeldystrophiker haben uns immer wieder Überraschungen präsentiert. Ich kam nicht mehr aus dem Staunen heraus, als ich Nasser am Abend seines Ankunftstages schwer atmend und mit vor Anstrengung zusammengebissenen Zähnen aus seinem Rollstuhl aussteigen und in der Wohnung herumlaufen sah. Es war geradezu atemberaubend, diesen fast 1,90 m großen Mann wie einen schwankenden Mast auf hoher See mit konzentriertem Gesicht durch die Räume balancieren zu sehen. Dieses allabendliche Lauftraining hat er während der ganzen Zeit, die er bei uns war, beibehalten. Das verlieh ihm eine gewisse Hoffnung: solange er sich selbständig aufrichten und laufen konnte, hatte er vor seiner Krankheit noch nicht kapituliert. Eine andere Verblüffung bereitete mir die Cleverness und Lernfähigkeit der beiden. In nur zwei Stunden lernte Wadia Canasta. Und Nasser fing mit dem Schachspielen bei Null an und besiegte nach einem halben Jahr seinen Lehrmeister. (...)

Zu den Fähigkeiten, die Nasser und Wadia sich im Rahmen des Rehaprogrammes langsam aneigneten, gehörte beispielsweise auch, sich eine gewisse Übersicht über den Haushalt und seine Bedürfnisse zu verschaffen. War der Kühlschrank nicht ausreichend bestückt oder mangelte es an anderen Stellen im Haus, wurde das von ihnen immer rechtzeitig registriert und angesprochen. Auch den Speiseplan der Woche stellten die beiden relativ selbständig auf. Die Verwirklichung – in Worten: das Kochen – war und ist ein fester Programmpunkt des Tages, an dem die gesamte Wohngruppe teilnimmt. Die Leitung übernahm meistens Nasser, der schon nach kurzer Zeit von allen Jugendlichen als der kompetenteste Koch anerkannt wurde.

Aber nicht nur in unserer Küche hat der Weggang der beiden Gentlemen ein klaffendes Loch zurückgelassen. Auch in der Werkstatt – einen Steinwurf von der Wohnung entfernt – wurden nun die beiden von den Zurückgebliebenen vermißt. Selbstbewusst hatten Wadia und Nasser ihren Platz in der von Frauen dominierten Stickabteilung gefunden. Die traditionelle palästinensische Stickerei war zwar nicht die Traumausbildung der beiden. Aber nachdem sie sich versuchsweise hinter eine Nähmaschine gesetzt hatten, zeigte sich leider, dass die Arbeit als Schneider mehr Kraft und Ausdauer erfordern würde, als ihnen zur Verfügung stand. Im Sticken haben sie dagegen während der halbjährigen Ausbildung soviel Perfektion erlangt, dass sie in Zukunft selbständig Auftragsarbeiten ausführen werden. Dadurch haben sie ein kleines Einkommen, mit dem sie ihre Familien mitunterstützen können. (...)

Christian Schossig

Erfahrungsbericht – Frankreich

Dominik Rigoll berichtet über seine Erfahrungen aus einem Pariser Vorort, wo er den ADiA in einer Kirchengemeinde leistete:

Als deutscher „objecteur" (Kriegsdienstverweigerer) gefiel mir mein Job mitten in der Pariser Banlieue sehr gut. In Epinay einer wahrlich multikulturellen Gemeinde, deren praktizierende Mitglieder wohl nur zu etwa 50% aus „typischen Franzosen" bestehen dürfte – die andere Hälfte setzt sich aus Portugal, Spanien, Vietnam und aus den französischen Gebieten in Übersee zusammen – vereint die Leute vor allem eins: Ihr Glaube an Jesus Christus und ihre Begeisterung für eine lebendige Kirche. Es ist auch eine sehr junge Gemeinde – was kein Kunststück ist, denn Epinay-Sous-Sénart ist eine der jüngsten Städte Frankreichs: 43% der Bevölkerung ist unter 25!

Meine Arbeit hier umfaßte, etwas vereinfacht, zwei Aufgabenbereiche. Teilweise war ich bei einer Begegnungsstätte für Gastarbeiter angestellt, einer kleinen, der Gemeinde nahestehenden Organisation. Dort bot ich Stunden zur Verbesserung der Deutschkenntnisse für Schüler an, half den jüngsten (bis 10 Jahre) bei den Französisch- Hausaufgaben und brachte erwachsenen Ausländern Französisch bei. Letztere Aufgabe erwies sich nicht nur als der anstrengendste Teil der Arbeit, sondern auch als der interessanteste.

Der Hauptteil meiner Beschäftigung lag allerdings in der Gemeindearbeit. Da galt es, vom allwöchentlichen Pfarrblättchen bis zum großen Weihnachtsfest alles mitzuorganisieren. Gleich zu Anfang bestand meine Hauptaufgabe darin, möglichst bald eine Gruppenstunde für Jugendliche zwischen fünfzehn und achtzehn Jahren anbieten zu können. Nach nunmehr gut zwei Monaten, standen wir, mit zehn mehr oder minder motivierten Mitgliedern und, Gott sei Dank, vier freiwilligen Helfern gar nicht so schlecht da. Es wurde viel unternommen, man aß, diskutierte und lachte gemeinsam oder ging einfach etwas spazieren. Pläne wurden auch kräftig geschmiedet: Aufenthalt in Taizé, eine organisierte Pilgerfahrt nach Lourdes, Graffitis, ein Theaterstück, und, und, und. Wichtig war zunächst nur, dass die Jungs und Mädels weg von der Straße waren und statt Drogen zu nehmen, lieber mal über Gewalt(losigkeit) diskutierten. Über Gewalt wissen sie, so ist zumindest meine Erfahrung – leider nur allzugut Bescheid.

Dominik Rigoll

Quelle: „zivil, Zeitschrift für Frieden und Gewaltfreiheit", Ausgabe 4/96

4.2 Der passende Träger

In Kapitel 4.5 werden alle Träger für den Ersatzdienst im Ausland vorgestellt. Dabei werden Angaben zu Einsatzland und Tätigkeitsbereich gemacht; ebenso wird auf Voraussetzungen für die Bewerber und Fragen der Kosten eingegangen.

Durch diese Informationen lässt sich bereits eine Vorauswahl für bestimmte Organisationen treffen. Wer genaueres über ein Projekt wissen will, kann ausführlichere Auskünfte bei den Trägern selbst einholen. Häufig helfen deren Websites weiter. Anfragen per e-Mail sind üblich, wer sich für ein Anschreiben per Post entscheidet, sollte grundsätzlich einen ausreichend frankierten Rückumschlag oder zumindest eine Briefmarke, die die voraussichtlichen Portokosten deckt, beilegen.

Von den Bewerbern sind zudem bestimmte Voraussetzungen zu erfüllen, die je nach Träger wechseln: Manche nehmen ausschließlich Interessenten aus dem eigenen Umfeld, einige nur aus der Region, bei anderen muss der Bewerber bereits eine abgeschlossene Berufsausbildung oder gute Fremdsprachenkenntnisse vorweisen usw.

Es muss also eine geeignete Einrichtung gefunden werden, deren Ansprüchen man genügt und die den eigenen Vorstellungen am ehesten entspricht.

Bei der Wahl einer geeigneten Dienststelle im Ausland werden Einsatzland und Tätigkeitsbereich naturgemäß die wichtigste Rolle spielen, doch sind bei der Suche noch weitere Faktoren zu berücksichtigen: Kann ich mich mit dem Träger, seiner Arbeit und seinen Zielen identifizieren? Es wird schwer fallen, sich für einen Dienst bei einem Träger zu motivieren, hinter dessen Zielsetzungen man nicht steht. Dies gilt insbesondere für alle konfessionell gebundenen Träger.

Ein Hinweis auf anerkannt „gute" Arbeit des Trägers ist das Gütesiegel der Agentur QUIFD (Qualität in Freiwilligendiensten, www.quifd.de). Allerdings sind unter den rund 260 Anbietern des Ersatzdienstes im Ausland nur rund acht Gütesiegelträger zu finden; sie sind in Kapitel 4.5 mit dem QUIFD-Logo gekennzeichnet. Dass alle anderen Träger einen qualitativ minderwertigen Dienst anbieten, wäre mit Sicherheit ein falscher Schluss. Bei Vereinen, die dieses Qualitätssiegel nach einem umfassenden Prüfprozess erhalten haben, ist jedoch gesichert, dass gewisse Mindeststandards bei der Organisation des Dienstes eingehalten werden. Auch das liebe Geld kann eine Rolle bei der Wahl des richtigen Trägers spielen. Nicht jeder Interessent ist willens oder in der Lage, die Kosten für Krankenversicherung, Impfungen, Anreise, evtl. Visa usw. aus eigener Tasche zu berappen, so wie manche Träger es verlangen.

Zur Entscheidungsfindung bezüglich der Dienstart, also die Frage ob ADiA oder FSJ/FÖJ, s. auch Kap. 1.21. Weiteres zur Kontaktaufnahme mit den Trägern in Kapitel 3.3

Internationale Freiwilligendienste

http://shop.interconnections.de

Erfahrungsbericht – Thailand

Über Simon Freund und Dirk Heidersbach die den ADiA in Thailand bzw. Kambodscha geleistet haben, erschien ein Artikel in der Zeitschrift „ZiviZeit" 3/96.

(KNA) Sie haben gelehrige Schüler, von denen Lehrer in Deutschland nur träumen können. Doch die beiden jungen Männer aus dem rheinischen Brühl sind nicht nach Thailand und Kambodscha gekommen, um ihrem Beruf nachzugehen, sondern um im Rahmen des „Anderen Dienstes im Ausland" ihre 12 Monate abzuleisten – zwei von 408, die zur Zeit jenseits der deutschen Grenze anderen Menschen auf diese Weise helfen. Beide sind im Einsatz für Flüchtlinge, mit deren Situation sie sich schon zu Hause auseinandersetzten. Sie haben nämlich bei der Aktion „Brühl hilft Kambodscha" mitgearbeitet, mit der Christen die Flüchtlingsarbeit der thailändischen Caritas-Organisation COERR (Catholic Office for Emergency Relief and Refugees) unterstützen.

„Angestellt bin ich offiziell als Englischlehrer für die etwa 700 Flüchtlinge, allesamt politische Dissidenten aus Burma", schreibt Simon Freund aus dem Lager Ratschaburi, zwei Stunden Autofahrt sowohl von der Hauptstadt Bangkok als auch von der Grenze nach Burma entfernt.

Da Thailand die Genfer Flüchtlingskonvention von 1951 nicht unterzeichnet hat, existieren offiziell auch keine Flüchtlinge. „Meine Schüler fallen also in Kategorie „illegale Einwanderer"", stellt Freund fest. Die Konsequenz: Sie können jederzeit verhaftet und ausgewiesen werden. Nur auf internationalen Druck wurde das Flüchtlingslager überhaupt eingerichtet und COERR, zur Betreuung übergeben. Vielleicht die Hälfte der Flüchtlinge, schätzt der „14b-ler", hat die Chance, in ein Drittland auswandern zu können.

In dieser ungewissen Situation unterrichtet Simon Freund Englisch, verwaltet das Schulmaterial, erledigt Schriftverkehr, hält Kontakte mit den thailändischen Innenministerium, kümmert sich um die Anlage eines Spielplatzes. „Denn die Anzahl der Kinder im Camp wächst stetig, die Bildungs- und Beschäftigungsangebote sind aber in keiner Weise hinreichend." Ganz wichtig sind persönliche Gespräche: „Die vom Schicksal hart getroffenen Menschen brauchen mehr als nur Englischunterricht und unseren – bisher vergeblichen – Versuch die Camp-Autoritäten von der Notwendigkeit zu überzeugen, eine Beratungsstelle für die einzurichten, die unter traumatischen Erlebnissen wie Folter und Drogensucht leiden." Überall fehlt Geld: Sogar das Milchpulver für Säuglinge musste reduziert werden. Seife gibt es überhaupt nicht mehr. Trotzdem empfiehlt Freund: „Jedem, der nach sinnvoller und bereichernder Arbeit sucht, empfehle ich, die Koffer zu packen und außerhalb der europäischen

Wohlstandsinsel zu lernen und zu helfen."
Englisch unterrichtet auch Dirk Heidersbach in einem von COERR getragenen Projekt. In der kambodschanischen Hauptstadt Pnom Penh hilft er bei der Qualifizierung von Einheimischen, die beim Wiederaufbau des Landes dringend gebraucht werden. In Heidersbachs Schule wird außer Englisch auch Thailändisch, Schneidern und Maschineschreiben gelehrt. Da er Kambodschanisch spricht, ist er ein begehrter Gesprächspartner, hilft bei Bewerbungen, Anträgen und anderer Korrespondenz. Ein Aufgabenbereich außerhalb der Schule ist die Hilfe für vietnamesische Bootsflüchtlinge, die sich entlang der Flüsse rund um Pnom Penh niedergelassen haben und deren unzureichende Einkommensquelle der Fischfang ist.

Heidersbach: „Weil die Kambodschaner die Vietnamesen nicht mögen, um es sachte zu formulieren, können diese Leute nichts als Gleichgültigkeit von der Regierung erwarten und werden in jeder Beziehung vernachlässigt und vergessen." Die Kinder sind die Hauptleidtragenden. Sie haben weder genug zu essen noch können sie eine Schule besuchen. Mit Hilfe von COERR wird derzeit eine medizinische Grundversorgung aufgebaut. Heidersbach hat seine Entscheidung keine Minute bereut. Die Lernenden sind hochmotiviert. „Viele frustrierte Lehrer könnten hier mit Freude unterrichten."

Quelle: „ZiviZeit", Ausgabe 3/96

Erfahrungsbericht – Schottland

Carsten Beta ging nach Schottland, um den ADiA in einer sogenannten Camphill-Einrichtung zu leisten, einem Projekt für Behinderte:
Also auf nach Bonny Scotland! Mich erwarteten ein fremdes Land, neue Menschen, eine andere Sprache, dazu ein turbulenter, vom frühen Morgen bis in die späte Nacht ausgefüllter Alltag, der im völligen Gegensatz stand zu allem, was das kopflastige Schreibtischdasein des frischgebackenen Abiturienten ausgemacht hatte. Zivildienstgesetz, Zustimmungen oberster Landesbehörden, Versicherungen und Verträge waren schnell in Vergessenheit geraten, denn in Camphill arbeitet man nicht, in Camphill lebt man, und zwar sehr intensiv. Einen herkömmlichen Arbeitsalltag gibt es dort nicht, aber dafür auch keinen Feierabend. Auch wenn es sich um eine sogenannte Behinderteneinrichtung handelt, so liegt die Aufgabe doch nicht im pflegerischen oder primär therapeutischen

Bereich, sondern vielmehr im alltäglichen Zusammenleben mit den Behinderten. Die Aufgabe besteht aus dem täglichen Miteinander im Haushalt oder in der Werkstatt, ist Aufgabe, ist Therapie. Auch medizinische Hintergründe sind zunächst bedeutungslos. Oft kennt man sie nicht einmal. Es spielt keine Rolle, ob die Fachleute Paul als schizophren einstufen. Manche Psychologen sind auch der Ansicht, er habe autistische Züge. Es ist nicht wichtig. Paul ist eben Paul. Man kennt ihn, er hat seine Eigenarten, wie sie jeder mehr oder weniger extrem ausgeprägt hat. Und so kann man die erstaunliche Erfahrung machen, wie der Begriff des Behinderten, die Abgrenzung zwischen „behindert" und „normal", allmählich etwas Absurdes wird, wie sie im täglichen Umgang etwas kaum zu Definierendes, beinahe Sinnloses ist. An solchen und vielen weiteren Erfahrungen und Erlebnissen war diese Zeit reich. Es wurde ein sehr bewegter, schöner, zeitweise aber auch schwieriger Lebensabschnitt, der überdies voll interessanter Bekanntschaften war.

Carsten Beta

Erfahrungsbericht – Honduras

Konrad Lehmann hat den ADiA in einer Einrichtung für Kinder und Jugendliche in Honduras geleistet:
Ich leistete meinen Dienst in einem Rancho, einer großen Organisation in Honduras: 523 Kinder, 172 Angestellte und 22 Volontäre leben und arbeiten hier. Und er ist eine vitale Organisation: Zwei wichtige Bauvorhaben wurden dieses Jahr abgeschlossen, und die Kinderzahl hat sich um 42 erhöht. Das heißt: Der Rancho produziert seine eigenen Neuigkeiten. Es kommen neue Kinder, Volontäre, Angestellte, es gehen Kinder, es werden Feste gefeiert, es wird geplant, gebaut, gewachsen. Und von alledem sollen die Paten und Spender erfahren, damit sie wissen, wozu ihr Geld genutzt wird, und wo mehr gebraucht wird. Das ist meine Aufgabe.
Ich versuchte also, wichtige Ereignisse und Entwicklungen mitzubekommen, recherchierte, photographierte und brachte das Geschehene auf Papier. Schon das Recherchieren kann zeitraubend sein, denn nicht immer sind die Leute da, wo man sie sucht. Dasselbe gilt fürs Photographieren: Manchem Kind bin ich über den Rancho nachgelaufen, und ein Gruppenphoto von fünf Brüdern, die alle in verschiedenen Sektionen untergebracht sind, stellte meine Geduld vor

ungekannte Aufgaben. Und vor allem musste ich dann darauf warten, dass der Film entwickelt und später die gewünschten Kopien abgezogen wurden. Das Photolabor, das ich von meinem Vorgänger übernommen hatte, machte meine Aufgabe interessanter und kreativer, aber auch arbeitsreicher und leider nicht schneller. Das Schreiben ging für gewöhnlich schnell. Aber alles, was ich verfaßte, übersetzte ich ins Englische.

Das konnte dauern. Ich verpackte meine Berichte in Monatschroniken, wobei keine vor dem zehnten des Folgemonats fertig war.

Ich mochte diesen Job. Er fordert, was ich am besten kann: Schreiben und Fremdsprachen. Meine Tätigkeit war abwechslungsreich und ich konnte unabhängig arbeiten: Ich wusste nicht einmal, wer mein Chef war. Im Anfang hatte ich die Enttäuschung zu verkraften, dass sich letztlich niemand darum kümmerte, was ich tat und ob ich es überhaupt tat. Den Eindruck habe ich immer noch. Aber jetzt störte mich das nicht mehr. Statt auf Motivation von außen zu warten, motivierte ich mich selbst durch meinen Ehrgeiz. Wie gesagt: Ich mochte meinen Job, und ich wollte ihn gut machen.

Daneben gab immer wieder Sonderaufgaben zu erledigen. Zum Beispiel fanden im August die „ferias de sciencia", eine Art Projekttag, statt, bei dem Schülergruppen wissenschaftliche Experimente erarbeiteten. Als einer der wenigen studierten Naturwissenschaftler auf dem Rancho wurde ich von mehrere Lehrern um Hilfe gebeten. Ich schlug Wassererwärmung mit Sonnenenergie und Stromerzeugung mit Windenergie vor – und fand mich in den nächsten Wochen in den Werkstätten wieder, wo ich einen Kasten für den schwarzen Schlauch zur Wassererwärmung und eine gewaltige Windmühle zum Antrieb eines Dynamos bastelte.

Außerdem hatte ich den Photoclub meines Vorgängers übernommen. Er hatte in der Casa Personal ein Photolabor eingerichtet und mit fünf Mädchen eine Arbeitsgruppe „Fotográficos NPH" gegründet. Einmal in der Woche gingen wir in die Dunkelkammer oder wanderten nach La Venta um zu photographieren. Obendrein war mir das Labor bei meiner Arbeit sehr nützlich, denn ich vervielfältigte dort die Bilder für meine Berichte.

Auch zur Weihnachtszeit gab es Sonderaufgaben. Für die Grußkarten, die alle Paten zu Weihnachten erhalten, wurden von allen Kindern Photos gemacht. Auch das war meine Aufgabe: 523 mal „Mira aquí! Sonríe, por favor!" – Klick!

All das machte den Aufenthalt so spannend. Ständig gab es neue Herausforderungen, ständig konnte man etwas lernen.

Konrad Lehman

4.3 Land-/Einsatz-bereich-Graphik

Die Graphiken auf den folgenden Seiten zeigen überblickartig die Informationen, die einen Interessenten am Auslandsdienst zu Beginn der Stellenauswahl am meisten interessieren dürften: In welchem Einsatzbereich und in welchem Land bietet welcher Träger Dienstplätze.

Die in den Kästchen dargestellten Zahlen sind die Nummern der Trägervereine, die den Dienst in den entsprechenden Ländern im jeweiligen Tätigkeitsbereich anbieten. Im Kapitel 4.5 sind unter dem Träger mit der entsprechenden Nummer dann weitergehende Angaben zu finden. Die hochgestellten Zusätze bei den Trägernummern geben

Auskunft über die Dienstart: b = ADiA nach § 14b ZDG, c = FSJ / FÖJ nach § 14c ZDG, ● = keine genauen Angaben erhältlich, kann also sowohl 14b als auch 14c sein.

Bei dieser Graphik handelt es sich um eine Momentaufnahme zu Beginn des Jahres 2006. Die Dienststellen sind aber recht häufigen Änderungen unterworfen; neue kommen hinzu, andere fallen weg. Ergänzende eigene Recherchen sind daher ratsam. Dennoch gibt sie einen guten Überblick über die Verteilung von Dienstplätzen in bestimmten Einsatzbereichen und Ländern.

Der Tätigkeitsbereich „Verschiedenes" umfasst solche Arbeitsbereiche, die nicht in die anderen genannten Kategorien passen oder Dienststellen, zu denen keine näheren Angaben erhältlich waren.

Forum für Internationale Friedensarbeit e.V.
Wilhelm-Nieswandt-Allee 100
45326 Essen
Tel. 0201/368912, Fax 0201/8309447
www.gosouth-comeback.de

„Go South and Come Back" – Nord-Süd-Partnerschaftsgruppen im Ruhrgebiet suchen Nachwuchs in der Mitarbeit. Zum Kennenlernen ihrer Arbeit, organisieren sie kurz- und langfristige Praktika im entwicklungspolitischen Ausland (weltweit). Viele Gruppen bieten auch den Zivildienst nach § 14b (einige auch nach § 14c) an. Auf Anfrage richten die Gruppen eine Zivildienststelle neu ein. Die Arbeit ist im Rahmen eines sozialen Projektes zu leisten, meist in einer Schule oder in einer Kirchengemeinde. Das Klientel sind Kinder und Jugendliche. Wichtige Voraussetzungen bei der Bewerbung im Rahmen von „Go South and Come Back" sind Sprachkenntnisse für das jeweilige Land, räumliche Nähe zum Ruhrgebiet und die Offenheit, sich eine Zeit lang auf ein einfaches und anders kulturelles Leben einzustellen.

Näheres über die einzelnen Gruppen, Bewerbung und Einsatzstellen auf der Webseite. (Siehe auch Farbtafel IVa)

Europa – Mitarbeit in Einrichtungen für/in:

Einsatzbereich Land	Kinder u. Jugendliche	Behinderte	Senioren	Kirchengemeinden	Verschiedenes
Albanien	12^b 213^b			257^c	257^c
Belgien	$199^{b,c}$ 254^c 256^c	14^c $199^{b,c}$ 256^c	111^b		1^c 14^c 38^b 43^b 126^c $158\bullet$
Bosnien-Herzegowina	$217\bullet$				8^b $118\bullet$ 126^c $217\bullet$
Bulgarien					126^c
Dänemark	$199^{b,c}$	$199^{b,c}$			256^c
Estland	$199^{b,c}$	$199^{b,c}$			1^c 9^b
Finnland	$199^{b,c}$	$199^{b,c}$			43^b 58^c 112^b 254^c
Frankreich	$199^{b,c}$ 258^c	40^b $199^{b,c}$ $209\bullet$ 247^b 258^c	14^c 258^c		1^c 14^c 16^b 26^b $34^{b,c}$ 36^b $38^{b,c}$ 58^c 78^b 88^b 112^b $113\bullet$ $118\bullet$ 126^c 146^b 157^b $158\bullet$ 164^b 166^b 172^b $174\bullet$ 187^c $188\bullet$ 197^b 254^c 256^c
Griechenland		70^b $199^{b,c}$			36^b 70^b
Großbritannien	58^c 60^b 111^b 187^c $199^{b,c}$ 254^c	112^b $199^{b,c}$	14^b 36^b 254^c	257^c	1^c 14^b 16^b $34^{b,c}$ 59^c 101^b $113\bullet$ 124^b 133^b 152^c 166^b 187^c 256^c 257^c
Irland	$199^{b,c}$	112^b $199^{b,c}$			1^c $34^{b,c}$ 126^c
Italien	$199^{b,c}$	$199^{b,c}$			1^c $34^{b,c}$ 36^b 59^c 83^b $118\bullet$ 141^b 197^b 254^c
Kroatien	$217\bullet$	$199^{b,c}$			$217\bullet$
Lettland	$199^{b,c}$	$199^{b,c}$			9^b 92^c
Litauen					1^c 177^c
Niederlande	$199^{b,c}$				1^c 14^c 43^b 256^c
Nordirland				$211\bullet$	36^b 122^b 126^c

Norwegen	$199^{b,c}$	14^b $199^{b,c}$			14^b 57^b
Österreich	$199^{b,c}$ 214^b	$199^{b,c}$			59^c 200^b 214^b
Polen	15^b	14^c $199^{b,c}$	14^b		1^c 14^c 38^c 110• 118• 137^b 141^b 197^b
Portugal	$199^{b,c}$	$199^{b,c}$			1^c 51^b 113• 127^b 197^b
Rumänien	2^b 3^b 13^b 28^b 58^b 151^b 165^b 217• 252^b 253^b	$199^{b,c}$	253^b		1^c 11^b 53• 113• 116^b 118• 123^b 126^c 136^b 165^b 166^b 168^b 185^b 197^b 217• 245^b 252^b 253^b
Russland	14^b 39^c 45^b 86^b 113• $199^{b,c}$ 217• 255^c	14^b 45^b $199^{b,c}$ 255^c	14^b 39^c 255^c		1^c 6^b 7^b 14^b $34^{b,c}$ 38^c 53• 56^b 57^b 86^b 101^b 113• 114^b 166^b 194^b 217• 251^b 254^c
Schweden	$199^{b,c}$	$199^{b,c}$		256^c	38^c 141^b 187^c
Schweiz	$199^{b,c}$	$199^{b,c}$			62• 124^b 126^c 157^b 166^b 174• 187^c
Slowakei					1^c 9^b 92^c 118• 196^c
Spanien	58^c 111^b 187^c $199^{b,c}$	$199^{b,c}$	111^b		59^c 66^c 68• 111^b 118• 166^b 187^c 188• 212^b 231^b 254^c
Tschechien	$199^{b,c}$		14^c		1^c 14^c 245^b
Türkei	46^b	$199^{b,c}$			109^c 166^b 187^c
Ukraine	14^b	14^b	14^b		1^c 14^b 37^b 53• 114^b 156^b
Ungarn	111^b $199^{b,c}$		111^b	257^c	1^c 113• 224^b 257^c
Weißrussland	14^b	14^b	14^b		5^b 14^b

Nordamerika – Mitarbeit in Einrichtungen für/in:

Land / Einsatz-bereich	Kinder u. Jugendliche	Be-hinderte	Senioren	Kirchen-gemeinden	Verschiedenes
Kanada	199[b,c]	199[b,c]			16[b] 34[b,c] 38[c] 118● 166[b] 196[c]
USA	199[b,c]	111[b] 199[b,c]		113● 257[c]	14[c] 34[b,c] 38[c] 59[b] 73[b] 75[b] 118● 122[b] 126[c] 133[b] 138[b] 166[b] 254[c] 257[c]

Lateinamerika – Mitarbeit in Einrichtungen für/in:

Land / Einsatz-bereich	Kinder u. Jugendliche	Be-hinderte	Senioren	Kirchen-gemeinden	Verschiedenes
Argentinien	107[b] 186[b] 193[b] 199[b,c] 228[b] 229[b]	199[b,c]			5[b] 38[b] 54[b] 55[b] 59[c] 83[b] 93[b] 113● 116[b] 124[b] 169[b] 181[b] 188● 193[b] 196[c] 197[b] 228[b] 239[b] 242[b]
Belize					232[b]
Bolivien	28[b] 50[b] 111[b] 120[b] 160[b] 229[b] 234[b]			85[b]	34[b,c] 38[c] 54[b] 56[c] 99[b] 111[b] 116[b] 188● 122[b] 126[b] 136[b] 145[b] 150[b] 156[b] 171[b] 199[b,c] 207[c] 216[b] 222[b] 223[b] 225[b] 227[b] 239[b] 250[b] 254[c]

Brasilien	32^b 42^b 71^b 91^b 120^b 125^b 142^c 145^b 154^b 157^b 186^b 193^b $199^{b,c}$ 210^b 219^b 229^b 246^b	$199^{b,c}$		119^b 170^b	36^b 38^c 54^b 59^c $61\bullet$ $68\bullet$ 79^b 96^b 100^b 101^b $113\bullet$ 114^b 116^b $118\bullet$ 122^b 126^b 136^b 150^b 156^b 166^b 167^b 168^b 169^b 179^c 181^b 193^b $199^{b,c}$ 226^b 242^b 250^b
Chile	72^b $87\bullet$ 128^c 157^b 159^b 193^b $199^{b,c}$ 229^b	$199^{b,c}$	87^b		38^b 52^b 54^b $110\bullet$ 124^b 171^b 178^c 184^b 193^b 212^b
Costa Rica	$199^{b,c}$				38^c
Dom. Rep.					38^c
Ecuador	204^b 230^b 260^b	$209\bullet$ 221^b 230^b		$209\bullet$	17^b $34^{b,c}$ 96^b $110\bullet$ 116^b 122^b 150^b 215^b 221^b 230^b 235^b
El Salvador	198^b				57^b
Guatemala	175^b 198^b 208^b				$34^{b,c}$ 38^b $169b$
Haiti	198^b				77^b 167^b
Honduras	35^b 97^b 198^b				254^c
Kolumbien					$38c$ $110\bullet$ 254^c
Kuba				$18\bullet$	
Mexiko	106^b 117^b 198^b $199^{b,c}$ 254^c				24^b $34^{b,c}$ 59^c 96^b 145^b 176^c 181^b $217\bullet$
Nicaragua	41^b 140^b 148^b 198^b 206^b		148^b		10^b 38^b 58^b 108^b 126^b 139^b 143^b 144^b 145^b $147\bullet$ 148^b 197^b

	Einsatzbereich	Behinderte	Senioren	Verschiedenes
Panama				38^c 188•
Paraguay	241^b			5^b 38^c 124^b 166^b 169^b
Peru	60^b 186^b 191^b 193^b 199^b,c 209• 241^b 161^b 199^b,c		211• 257^c	5^b 54^b 82^b 101^b 105^b 155^b 157^b 181^b 193^b 207^c 217• 222^b 257^c
Uruguay	199^b,c			187^c 231^b
Venezuela	89^b			38^b,c

Afrika – Mitarbeit in Einrichtungen für/in:

Land / Einsatzbereich	Kinder u. Jugendliche	Behinderte	Senioren	Kirchengemeinden	Verschiedenes
Ägypten	203^b				101^b 113• 166^b 199^b,c
Äthiopien			18•		47^b 113^c 168^c
Botswana					80^b 167^b 168^c
Burkina Faso					162^b 237^b
Gambia					53^b 174•
Ghana	44^b 58^b 229^b			170^b	101^b 110• 116^b 118•
Kamerun				170^b	43^b 150^b 171 212^b 240^b
Kenia	199^b,c			243^b	53• 67^c 112^b 122^b 168^c 188• 231^b
Kongo					67^c 80^b 116^b 168^c
Madagaskar	20^b				20^b
Malawi					114^b 167^b 196^c
Mali					68• 182^c
Mosambik					19^b 114^b 127^b 132^b 168^c
Namibia	199^b,c 218^b				80^b 225^b
Nigeria					63^c

Land	Kinder u. Jugendliche	Behinderte	Senioren	Kirchengemeinden	Verschiedenes
Ruanda					80^{b} 150^{b} 254^{c}
Sambia	121^{b} 192^{b}				$110\bullet$ 120^{b} 150^{b} 196^{c}
Senegal					84^{b} 152^{c}
Sierra Leone					29^{b}
Südafrika	111^{b} 187^{c} $199^{b,c}$	47^{b} $199^{b,c}$		170^{b} 243^{b} 257^{c}	$34^{b,c}$ $38^{b,c}$ 43^{b} 54^{b} 59^{b} 90 150^{b} 183^{b} 187^{c} 189^{b} 248^{b} 257^{c}
Tansania	31^{b} 95^{b} $199^{b,c}$			$18\bullet$ 57^{b} 244^{b}	4^{b} $68\bullet$ 80^{b} 92^{c} 96^{b} 109^{c} $118\bullet$ 131^{c} 166^{b} 167^{b} 168^{c} 196^{c} 259^{c}
Togo					43^{b}
Tschad					131^{c}
Tunesien	202^{b}	30^{b} 202^{b}			
Uganda	190^{b}				$34^{b,c}$ 67^{c} 92^{c} $118\bullet$ 129^{c} 181^{b} $188\bullet$ 254^{c}
Zimbabwe	153^{b}				

Asien – Mitarbeit in Einrichtungen für/in:

Einsatzbereich / Land	Kinder u. Jugendliche	Behinderte	Senioren	Kirchengemeinden	Verschiedenes
Afghanistan					109^{c}
Bahrain					$188\bullet$
Bangladesch					$65\bullet$ 122^{b}
China	$199^{b,c}$				
Georgien	$199^{b,c}$				
Indien	186^{b} 229^{b} $199^{b,c}$	$199^{b,c}$			19^{b} 23^{b} $34^{b,c}$ $110\bullet$ 115^{b} 134^{b} 220^{b} 222^{b} 233^{b}
Israel	14^{c} 57^{b} 98^{b} $113\bullet$	36^{b} 49^{b} 64^{b} 94^{b} 102^{b} 180^{b} 249^{b}	49^{b} 195^{b}	74^{b} 76^{b} $211\bullet$	9^{b} 14^{c} 25^{b} 48^{b} 49^{b} 59^{c} 104^{b} $118\bullet$ 133^{b} 166^{b} 167^{b} 195^{b} 196^{b}

Japan	$199^{b,c}$					21^b 38^c 61• 68• 171^b
Jemen						149^b
Jordanien						167^b 171^b
Kambodscha						145^b
Kasachstan					69^b	156^b 166^b
Kirgisistan	$199^{b,c}$		145^b			$34^{b,c}$ 130^b 166^b
Korea	205^b				18•	166^b
Libanon		$199^{b,c}$				104^b 171^b
Malaysia						38^c
Mongolei						132^b
Nepal						103^b 109^c
Pakistan	28^b					109^c
Palästina						104^b 166^b
Philippinen	186^b					$34^{b,c}$ 68• 83^b 132^b 178^c
Russland	14^b 39^c 45^b 86^b 113• $199^{b,c}$ 217• 258^c	14^b 45^b $199^{b,c}$ 258^c	14^b 39^c 258^c			1^c 6^b 7^b 14^b $34^{b,c}$ 38^c 53• 56^b 57^b 86^b 101^b 113• 114^b 166^b 194^b 217• 251^b 254^c
Singapur						244^b
Sri Lanka	27^b 229^b 236^b					80^b 135^b 163^b
Syrien						104^b 254^c
Taiwan	$199^{b,c}$					61•
Thailand	61• $199^{b,c}$					38^c 114^b 166^b
Türkei	46^b	$199^{b,c}$				109^c 166^b

Australien/Ozeanien – Mitarbeit in Einrichtungen für/in:

Land	Einsatz-bereich	Kinder u. Jugendliche	Be-hinderte	Senioren	Kirchen-gemeinden	Verschiedenes
Australien	$199^{b,c}$	111^b $199^{b,c}$	111^b 173^b			59^c 81^c 122^b 239^b
Indonesien						92^c 188•
Mikronesien						201^c
Neuseeland		$199^{b,c}$	$199^{b,c}$			
Papua-Neuguinea						81^c 116^b 185^b

4.4 Alphabetische Liste der Trägervereine

Bei der hinter dem Trägerverein angegebenen Zahl **handelt es sich um die Nummer**, unter der im folgenden Kapitel der jeweilige Träger vorgestellt wird.

Träger des „Anderen Dienstes im Ausland" nach § 14b Zivildienstgesetz:

Anbieter des FSJ/FÖJ im Ausland nach §14c Zivildienstgesetz:

4.5 Trägerorganisationen

Im folgenden werden sowohl die Anbieter des ADiA nach § 14b ZDG als auch des FSJ/FÖJ nach § 14c ZDG vorgestellt; aus dem Hinweis rechts der Adresse geht immer hervor, welcher Dienst angeboten wird. Die Informationen zu den Träger umfassen Angaben zu Einsatzland und Tätigkeitsbereich; ebenso wird auf Voraussetzungen für die Bewerber und Fragen der Finanzierung eingegangen. Dabei sei angemerkt, dass die meisten Träger für kostenlose Unterkunft und Verpflegung vor Ort sorgen.

Nachfolgende Informationen sind einem konstanten Wandel unterlaufen und müssen daher nicht immer topaktuell sein.

Sortierung nach aufsteigenden Postleitzahlen:

Initiative Christen für Europa e.V. Initiative Christen für Europa e.V. - ICE § 14c   1

Wachwitzer Höhenweg 10

01328 Pappritz/Dresden

Tel.: 03 51 / 215 00 20

Fax: 03 51 / 215 00 28

ice.dresden@freiwilligendienst.de

www.freiwilligendienst.de

Arbeitsgemeinschaft engagierter Christen. Unterhält politisch-soziale Bildungswerke, die den Jesuiten verbunden sind. Sie ist einer der größten Träger für den Dienst im Ausland; betreut Projekte jedoch ausschließlich in Europa, so in Belgien, Estland, Frankreich, Großbritannien, Irland, Italien, Litauen, Niederlande Polen, Portugal, Rumänien, Russland, Slowakei, Tschechien, Ukraine und Ungarn. Auch die Arbeitsfelder sind vielfältig: Stellen existieren u.a. in Alten- und Behindertenheimen, in der Jugendarbeit, in Frauenhäusern, in Kinderheimen und in der Obdachlosenbetreuung, wobei soziales Dienen und gesellschaftliche Mitverantwortung immer im Vordergrund stehen.

Die Bewerbung bei der ICE beinhaltet einen handgeschriebenen Lebenslauf mit Lichtbild, eine Beschreibung der Motivation für den Dienst sowie eine Referenz einer im öffentlichen / schulischen/kirchlichen Leben stehenden Person. Die Auswahl der Bewerber erfolgt nach der schriftlichen Bewerbung bzw. nach einem Orientierungsseminar, das dem Bewerber umfassende Informationen bietet.

Der Freiwillige gründet einen Freundes- und Förderkreis, der mithelfen soll, die Kosten für Versicherungen, Unterkunft, Taschengeld etc. zu tragen (s. auch Kap. 5.6). Dienstbeginn immer im Juli eines jeden Jahres; Ausnahmen für einen anderen Dienstbeginn sind im allgemeinen nicht möglich.

Rumänieninitiativgruppe e.V.  **§ 14b 2**
Heringstr. 4
02625 Bautzen
Tel./Fax: 035 91 / 49 07 42
info@rig-bautzen.de
www.rig-bautzen.de

Unterstützung und Begleitung der Arbeit eines Kinderheimes im rumänischen Siebenbürgen. Das Arbeitsgebiet des Dienstleistenden liegt hauptsächlich in der freizeitpädagogischen Betreuung der Kinder, wobei die angestrebte Mindestanstellungsdauer bei dieser Organisation zwei Jahre beträgt.
Der Bewerber sollte den hohen physischen und psychischen Anforderungen, die sich aus der Arbeit mit Waisenkindern ergeben, gewachsen sein. Da der Einsatzort in ungarischsprachigem Gebiet liegt, wäre es von Vorteil, wenn der Freiwillige vor seinem Dienstantritt Ungarisch lernen würde.
Es wird ein monatliches Taschengeld von 130 EUR im ersten Jahr gezahlt, im zweiten Jahr 180 EUR. Zweimal jährlich bekommt der Dienstleistende eine Fahrtkostenerstattung in Höhe von 100,- EUR. Zusätzlich ist der Träger in der Lage, die Beiträge für die Krankenversicherung zu übernehmen.

Europas Kinder **§ 14b 3**
Verein für internationale
Kinder- und Jugendarbeit
OV Zittau e.V.
Sachsenstr. 14
02763 Zittau
info@europas-kinder.de
www.europas-kinder.de

Der Verein engagiert sich in einem Kinderheim in Homorod, in der Nähe von Brasov (Rumänien), wo auch der Zivi zum Einsatz kommt.

Evangelisch-Lutherisches **§ 14b 4**
Missionswerk
Paul-List-Str. 19
04103 Leipzig
Tel.: 03 41 / 994 06 43
LMW.Leipzig@t-online.de
www.lmw-mission.de

Von drei Landeskirchen getragenes Missionswerk. Geboten wird eine Dienststelle in Tansania, wo der Freiwillige in einem Bauprojekt der Partnerdiözese tätig ist. Bewerber sollten aus dem Bereich Mecklenburg, Sachsen oder Thüringen stammen und bereits über gute Englischkenntnisse und handwerkliche Fähigkeiten verfügen. Kostenübernahme von Versicherungen, Anreise etc., auch Taschengeld.

TOS § 14b 5

Dienste International e.V.
Lange Str. 26
04103 Leipzig
tdi.leipzig@tos-ministries.org
www.childrenhope.de

Barmherzigkeitsdienste und aktive Evangelisation stehen im Mittelpunkt. In Projekten in Paraguay, Peru, Argentinien und Weißrussland wird in einem Straßenkinderprojekt, einer Kindertagesstätte und in einem Zentrum für Rehabilitation gearbeitet. Bewerbungsvoraussetzungen sind eine aktive Mitgliedschaft in einer Gemeinde, Grundkenntnisse in Spanisch bzw. Russisch, Vorbereitungszeit in einer deutschen Partnereinrichtung, pädagogische Kenntnisse und handwerkliches Geschick.

Eine Welt e.V. Leipzig § 14b 6

Stockartstr. 11
04277 Leipzig
Tel.: 03 41 / 301 01 43
Fax: 03 41 / 391 91 06
sebastian@einewelt-leipzig.de
www.einewelt-leipzig.de

Die konkrete Arbeit mit Menschen steht im Vordergrund der Arbeit. In Samara (Russland) wird ein Projekt der Entwicklungszusammenarbeit unterstützt. Das erste Engagement galt einem Veteranenkrankenhaus. Dann konzentrierte sich die Arbeit auf das deutsche Kulturzentrum. Am Anfang hauptsächlich bauliche Maßnahmen. Zunehmend wurde gemeinsam mit den Menschen der Gemeinde zusammen gearbeitet.
Grundkenntnisse der russischen Sprache, Engagement in entwicklungspolitischen oder interkulturellen Zusammenhängen, Erfahrungen im Jugendaustausch mit Osteuropäern werden bei Bewerbern gerne gesehen.

Freunde Baschkortostans e.V. § 14b 7

Große Klausstr. 11
06108 Halle
Tel./Fax: 03 45 / 512 59 61
kontakt@freundebaschkortostans.de

1997 in Halle gegründet; Halle ist Partnerstadt der Hauptstadt Baschkortostans

(Russland), Ufa. Der Jugendaustausch ist das wichtigste Projekt des Vereins. Grundkenntnisse in Russisch sind erwünscht.

Friedenskreis Halle e.V.   **§ 14b**   **8**
Große Klausstr. 11
06108 Halle 7
hoffmann@friedenskreis-halle.de
www.friedenskreis-halle.de
Verschiedene friedensbewegte Bürgerinitiativen fanden sich zum Friedenskreis Halle zusammen. Die Stelle ist in Bosnien-Herzegowina im Bereich Jugendpolitik, Menschenrechte und Konfliktbearbeitung. Gute Englischkenntnisse sowie Computerkenntnisse werden erwartet.

Diakonie Mitteldeutschland e.V.   **§ 14b**   **9**
Ökumenischer Friedensdienst
Johannisstr. 12
06844 Dessau
Tel.: 03 40 / 25 546-22
Fax: 03 40 / 25 546-20
luehning@diakonie-ekm.de
harland@diakonie-ekm.de
Wohlfahrtorganisation der Evangelischen Kirchen in Mitteldeutschland. Die Einsatzstellen sind in Estland, Lettland, Slowakei und Israel.

Eine-Welt-Haus e.V.   **§ 14b**   **10**
Unterm Markt 13
07743 Jena
Tel.: 036 41 / 44 30 57
welthaus@einewelt-jena.de
www.einewelt-jena.de
Tritt für ein gerechtes Zusammenleben der Menschen im Norden und Süden unserer Erde ein. Der Einsatzort liegt Nicaragua, in der Partnerstadt Jenas San Marco. Mit engagierten Menschen aus beiden Städten werden Entwicklungshilfe-Projekte im ökologischen und sozialen Bereich sowie im Gesundheitssektor durchgeführt. Die Tätigkeit liegt beim mitarbeiten im landwirtschaftlichen Entwicklungshilfeprojekt „Agropecuario" das das Eine-Welt-Haus dort betreibt. Das Landwirtschaftsprojekt unterstützt Bauern in mehreren Gemeinden in der Trockenzone von San Marco. Spanische Sprachkenntnisse und die Bereitschaft, in einer medizinischen Einrichtung zu arbeiten werden gefordert.

Freundeskreis Rumänienhilfe Chemnitz e.V.   § 14b   11
„Hoffnung durch Hilfe"
Postfach 509
09005 Chemnitz
detlev.ficker@rumaenien-hilfe.de | www.rumaenienhilfe-chemnitz.de
Dienststelle in Rumänien, Voraussetzungen: Rumänische, ungarische oder englische Sprachkenntnisse, handwerkliche Fähigkeiten.

Christliches Glaubenszentrum Lichtenstein e.V.   § 14b   12
Paul-Zierod-Str. 6-12
09350 Lichtenstein
Tel.: 037 20 / 477 10
Fax: 037 20 / 477 110
info@gclev.de
www.gclev.de
Im Dienste der Versöhnung von Christen aller Gemeinden. Die Stelle befindet sich in einem christlichen Kindergarten in Pequin, einer Kleinstadt in Albanien. Die Tätigkeit liegt im praktischen Bereich innerhalb des Kindergartens oder auch in der Dorfarbeit.

Domus Rumänienhilfe   § 14b   13
Deutschland e.V.
Uferstr. 17
09557 Flöha
verein@domushilfe.de
www.domushilfe.de
Eine Dienststelle im ungarischen Gebiet in Rumänien in einem Wohnprojekt für Jugendliche. Der Freiwillige hilft sowohl bei der Betreuung der Jugendlichen als auch im Baubereich. Bewerber sollten eine positive Einstellung zum Christentum haben. Kostenübernahme von Kranken- und Unfallversicherung, sowie zweier Heimreisen.

Aktion Sühnezeichen Friedensdienste e.V   § 14b, § 14 c   14
Auguststr. 80
10117 Berlin
Tel.: 030 / 283 95 – 184
Fax: 030 / 283 95 – 135
infobuero@asf-ev.de | www.asf-ev.de

Gegründet 1955 von evangelischen Christen. Die Anerkennung der historischen Schuld der Deutschen zwischen 1933 und 1945 war Ausgangspunkt der Gründung. Aktion Sühnezeichen will Brücken bauen über alte Gräben und neue Grenzen hinweg und damit Wege eröffnen, auf denen die Menschen zueinander finden. ASF gehört zu den größten Trägern für den Ersatzdienst im Ausland und bietet beide Dienstarten an. Zu den Einrichtungen, in denen der Dienst geleistet werden kann, zählen Projekte in Belgien und Norwegen (u.a. Arbeit mit Behinderten, Flüchtlingen und Migranten), Frankreich (u.a. offene Altenarbeit, Arbeit mit Obdachlosen, in Antirassismus- und Flüchtlingsprojekten), Großbritannien (u.a. Mitarbeit in einer internationalen Begegnungsstätte, jüdischen Museen und Altenheimen), Israel (u.a. Mitarbeit in einer Gedenkstätte, Arbeit mit Kindern und Jugendlichen) und den Niederlanden (u.a. Arbeit in Antirassismusinitiativen, Arbeit in Auffanghäusern und mit Drogenabhängigen). Auch in Osteuropa gibt es eine ganze Anzahl Dienststellen für den Ersatzdienst, so z.B. in Polen (u.a. Mitarbeit in der internationalen Jugendbegegnungsstätte Auschwitz, in Gedenkstätten und mit Alten und Behinderten), Tschechische Republik (offene Altenarbeit in der Jüdischen Gemeinde in Prag, Zusammenarbeit mit Roma-Organisationen) und in Russland, Ukraine und Weißrussland (Arbeit mit jüdischen NS-Verfolgten, in der Alten- und Behindertenbetreuung, in Kindergärten). Auch in den USA gibt es verschiedene Projekte. So kann man z.B. in einer Einrichtung für Obdachlose oder ethnische Minderheiten arbeiten; auch offene Altenarbeit mit jüdischen Überlebenden oder Bildungs- und Erinnerungsarbeit in Holocaustmuseen ist möglich.

Für eine Bewerbung werden 15 EUR Bewerbungsgebühr erhoben; Bewerber, bei denen Aussicht auf Annahme besteht, werden zu einem Auswahlseminar eingeladen, welches zwei Mal jährlich (Februar und Oktober) stattfindet.

Der Freiwillige soll einen Förderkreis aus 15 Leuten gründen, die bereit sind, monatlich je 10 EUR zu zahlen und so die Kosten für Versicherungen etc. zu finanzieren. Bei Abschluss eines Vertrages soll der Dienstleistende einen einmaligen Solidaritätsbeitrag von 650 EUR an Aktion Sühnezeichen zahlen.

Kindergarten und Bildungsstätte Hedwig e.V.   **§ 14b**   **15**
z. Hd. Thesi v. Werner
Claire-Waldoff-Str. 3
10117 Berlin
Kindergarten-Hedwig@t-online.de
www.morawa.org

Der Zweck des Vereins- liegt bei der Erziehung von Kindern im Vorschulalter in Form von Unterricht und Spiel auf der Grundlage der christlichen Ethik sowie der kostenlosen Betreuung und Organisation des Tagesablaufs für sozialschwache Kinder. Die Dienststelle ist in Muhrau (Niederschlesien) in Polen gelegen.

Gemeinschaft Chemin Neuf  **§ 14b   16**
Fehrbelliner Str. 99
10119 Berlin
Tel.: 030 / 44 38 94 26
Fax: 030 / 44 01 08 45
ruth.lagemann@chemin-neuf.de
www.chemin-neuf.de

Katholische Gemeinschaft, entstanden aus einer Gebetsgruppe mit Einsatzstellen in Hautecombe, Dombes, Tigery (Frankreich); Rawdon (Kanada) und Langport (Groß Britannien) in einer internationalen Schulungs- und Begegnungsstätte für junge Erwachsene. Die sozialpraktische Aufgabe besteht aus Renovierung und Unterhalt des Klosterareals im Bereich der Hauswirtschaft, Lebensmittelverwaltung und beim Empfang. Die Dienstleistenden werden untergebracht, verpflegt und versichert. Er erhält keinerlei Einkünfte, allerdings wird eine Heim- oder Rückreise gezahlt. Die jeweiligen Sprachkenntnisse sind erforderlich.

Gesellschaft f. internationale Kultur-   **§ 14b   17**
und Bildungsarbeit e.V.
Weinbergweg 23
10119 Berlin

Dienststelle in Ecuador, allerdings zur Zeit keine Projektstelle frei.

Berliner Missionswerk   **§ 14b u. § 14c   18**
Georgenkirchstr. 70
10249 Berlin
Tel.: 030 / 243 44-123
Fax: 030 / 243 44-124
bmw@berliner-missionswerk.de
www.berliner-missionswerk.de

Stellen in Äthiopien, Kuba, Tansania und Korea. In allen Ländern sind Partnerkirchen zur Unterstützung vorhanden. Die Bewerber sollten aus den neuen Bundesländern kommen und einen Schulabschluss oder / und Berufsausbildung mitbringen. Weiterhin sollte der Interessent aktives Mitglied der ev. Kirche sein, die Bereitschaft die Landessprache zu erlernen und Engagement für „interkulturelles, ökumenisches Lernen" besitzen.

Entwicklungspolitische Gesellschaft e.V. **§ 14b   19**
Treskowallee 8
10313 Berlin
Tel.: 030 / 50 19 28 92

Fax: 030 / 50 19 28 43
epog@gmx.net
www.epog-berlin.de

Epog engagiert sich in der Entwicklungszusammenarbeit in Mosambik und in Indien. In Maputo, Mosambik liegen die Aufgaben bei der Betreuung von Jugendlichen, der Organisation von Sport und Spiel (Freizeitangebot) und dem Halten eines Englischkurses. In Jharkland, Indien unterstützt man die Baumschule und die Aufforstung. Vorausgesetzt werden gute Sprachkenntnisse und die Bekenntnis zur evangelischen Konfession. Eine hohe physische Belastbarkeit wird benötigt, da in Maputo subtropisches Klima herrscht.

ZaZa Faly e.V.   *Zaza Faly* E.V.   **§ 14b   20**
c/o Heiko Jungnitz
Lychenerstr. 74
10437 Berlin
Tel./Fax: 030 / 485 88 78
zazafalyev@aol.com
www.zaza-faly.de

Die Sozialstation „Tsiry" ist für verschiedene Straßenkindergruppen und Ausbildungswerkstätten in Madagaskar aufgebaut und wird unterstützt. Aufgabengebiete vor Ort sind die Mitarbeit im Unterricht, der medizinischen Versorgung, Körperpflege, Aktivitäten, beim eigenständigen Nachmittags- und Freizeitprogramm. Es ist eine Stelle vorhanden, für die man solide Französischkenntnisse, pädagogische, kreative, handwerkliche Fähigkeiten und ein Mindestalter von 20 Jahren mitbringen sollte. Die Bereitschaft Interesse am Erlenen der Sprache des Gastlandes wird erwartet. Der Träger übernimmt den Sozialversicherungsschutz, Visumkosten, Impfkosten, Essensgeld und die Vorbereitung.

Deutsch-Japanisches Friedensforum e.V.   **§ 14b   21**
z. H. Heidi Seyde
Kaiser-Friedrich Str. 46
10627 Berlin
HSeyde@aol.com | www.djf-ev.de

Mehrere Dienststellen in Japan. Es findet ein regelmäßiger Austausch zwischen Deutschen und Japanern in Friedens-, Umweltfragen und Menschenrechten statt. Bei Tokio ist die Einrichtung eine Gemeinschaft für körperlich und geistig Behinderte. In der Nähe von Osaka arbeitet der Dienstleistende in einem Seniorenheim und hilft z.B. bei der körperlichen Pflege der Senioren und bei der Nahrungsaufnahme. In Kyoto übernimmt der Auslandsdienstleistende Bürotätigkeiten und wird als Hausmeister eingesetzt. Japanische Sprachkenntnisse werden vorausgesetzt. Das Bewerbungsformular erhält man auf der Website.

Stiftung Naturschutz Berlin
Projekt FÖJ
Potsdamer Str. 68
10785 Berlin

§ 14c   22

mail@stiftung-naturschutz.de | www.stiftung-naturschutz.de

Bietet bereits den 14-c-Zivi im Inland an, eine Ausweitung auf das Ausland mit Einsatzstellen im ökologischen Bereich ist geplant.

Auroville International Deutschland e.V.   § 14b   23
Solmsstr. 6
10961 Berlin
Tel.: 030 / 42 803 150
Fax: 030 / 9209 13 76
info@auroville.de
www.auroville-international.org/germany

Engagiert sich im Süden Indiens in der Entwicklungshilfe für umgebene Dörfer. Kenntnisse über das Projekt werden für diese sechs Dienststellen vorausgesetzt.

Verein Berliner Austauschschüler e.V.   § 14b   24
Adalberstr. 4, Galerie 1. OG
10999 Berlin
Fax: 030 / 79 70 10 68
ADIAVBA@t-online.de
www.austausch-berlin.de

Gemeinnützige Organisation mit dem Ziel der internationalen Verständigung durch Jugendaustausch. Auch die Durchführung von Projekten im Rahmen des Anderen Dienstes im Ausland entspringt der Bemühung, durch Leben, Lernen und Lehren im Ausland zu Völkerverständigung beizutragen. In einem Projekt in Mexiko, sind zwei Freiwillige in erster Linie mit der Erstellung von Wohnhäusern in Slum-Gebieten an der mexikanisch-amerikanischen Grenze beschäftigt, die auch bei allgemeinen Gemeinschaftsaufgaben helfen.

Die Bewerber müssen über hinreichende Sprachkenntnisse des Spanischen verfügen und körperlich fit sein, da bei hohen Temperaturen gearbeitet wird. Bei gleicher Qualifikation werden Bewerber aus Berlin bevorzugt.

Die Dienstleistenden müssen für alle mit dem ADiA verbundenen Kosten wie Krankenversicherung und Anreise aufkommen.

Dieser Träger ist bereit, weitere Projekte im Ausland als Dienststellen für den ADiA anerkennen zu lassen. Dazu muss der Interessent in Eigeninitiative Informationen über ein ihm bekanntes Projekt im Ausland besorgen, die dann vom Verein zur Anerkennung an das Bundesfamilienministerium weitergeleitet werden.

Deutsch-Palästinensische Gesellschaft e.V.   § 14b   25
Karl-Marx-Str. 150
12043 Berlin-Neukölln
Tel.: 030 / 688 092 36
Fax: 030 / 688 092 37
depege@snafu.de
www.dpg-netz.de

Zusammenschluss von Einzelpersonen, Gruppen und Institutionen, die in Deutschland und auch in Palästina selbst dafür eintreten, dass das palästinensische Volk in freier Selbstbestimmung seine Gesellschafts- und Staatsform wählen kann. Eine Dienststelle in Israel.

Officium Bonum   officium bonum   § 14b   26
Initiative Ersatzdienst in Europae.V.
Postfach 41 12 06
12122 Berlin
info@officium-bonum.de | www.officium-bonum.de

Eine Dienststelle in Frankreich. In einem Sprachen- Kultur- und Ferienzentrum in Frankreich, das die Förderung der deutsch-französichen Freundschaft zum Ziel hat, arbeitet der Freiwillige vor allem im Rahmen der Gästebetreuung. Bewerber sollten neben der Allgemeinen Hochschulreife über sehr gute Sprachkenntnisse (Französisch und Englisch) und praktische Erfahrung in der Betreuung von Jugendgruppen verfügen. Die Kosten für die Anreise und die Versicherungen muss der Dienstleistende selbst zahlen.

Christliche Lebenshilfe e.V.   § 14b   27
Maffeistr. 22
12307 Berlin
Tel.: 030 / 765 872-56
Fax: 030 / 765 872-57
christl.lebenshilfe@gmx.de
www.CLH-Berlin.de

Christen aus verschiedenen Ortsgemeinden in Berlin und Brandenburg bauen durch die Partnerschaft mit „Noahs Arche Mission" ein Heim für Waisen- und Flüchtlingskinder in Sri Lanka auf. Beschäftigt ist der Dienstleistende in der direkten Betreuung von Kindern unterschiedlichen Alters. Der Träger übernimmt Kost, Logis, Sozialversicherungen und hilft bei der Visumerteilung. Jedem Bewerber sollte klar sein, dass Sri Lanka eine große körperliche und seelische Entbehrung bedeutet. Daher ist eine ausführliche Beschreibung der persönlichen Motivation Bestandteil der Bewerbung. Durch die politische Situation in Sri Lanka kann die Stelle zur Zeit allerdings nicht besetzt werden.

Verein zur Unterstützung christlicher Heime   § 14b   28
für arme Kinder international e.V.
Buchsbaumweg 46 a
12357 Berlin
Tel.: 030 / 661 96 74
Hans-udo.hoster@t-online.de

Zur Zeit aus finanziellen Gründen keine Entsendung von Dienstleistenden. Für die Freiwilligen wurden nämlich alle Kosten übernommen; auch Beiträge in die Renten- und Sozialversicherung wurden gezahlt. Es gab Dienststellen in Kinderheimen in Pakistan, Bolivien und Rumänien, wobei jedoch offen ist, ob – und wenn ja – wann diese Stellen wieder besetzt werden. Von den vorherigen Dienstleistenden wurde ein Leben als bewusster Christ erwartet.

Sozialer Friedensdienst e.V. im Bund   § 14b   29
Evangelischer Freikirchlicher Gemeinden in Deutschland K. d.ö.R.
Julius-Köbner-Str. 4
14641 Wustermark

Eine Dienststelle in Sierra Leone (Westafrika). Aufgrund der politischen Verhältnisse vor Ort wurde jedoch seit über drei Jahren niemand mehr dorthin entsandt, und zur Zeit ist auch nicht abzusehen, wann sich die Lage wieder normalisiert. Es wurde dort im weitesten Sinne mit Jugendlichen gearbeitet, wobei die Aufgaben des Dienstleistenden überwiegend im Versorgungsbereich, in der Technik und im Hauspflegebereich lagen.

BHH – Behindertenhilfe Hamburg gGmbH   § 14b   30
Holzdamm 53
20099 Hamburg
info@vfb.net
www.vfb.net

Einsatzstelle in Tunesien, Voraussetzungen an die Bewerber: Gute französische Sprachkenntnisse in Wort und Schrift, Sensibilität für kulturelle Unterschiede, Affinität zu Menschen mit Behinderungen

Kinderhaus im Sternipark e.V.   § 14b   31
Amandastr. 60
20357 Hamburg
Tel.: 040 / 43 18 74 – 0
Fax: 040 / 43 18 74- 80
info@sternipark.de | www.sternipark.de

Betreibt seit einigen Jahren eine Unterstützungspartnerschaft in einem Projekt in Tansanias Hauptstadt Dar-es-Salaam, deren Aufgabe es ist, in Selbsthilfe die Lebensbedingungen in diesem Gebiet zu verbessern. Ein Kindergarten gehört zu der Einrichtung, in der der Dienstleistende sowohl im handwerklichen als auch im pädagogisch assistierenden Bereich tätig wird.

Bewerber- ausschließlich aus dem Raum Hamburg – müssen folgende Voraussetzungen mitbringen:

Tropentauglichkeit, Sprachkenntnisse in Kisuaheli und Englisch, Führerschein, pädagogische Neigungen, Belastbarkeit und Durchhaltevermögen sowie die Fähigkeit, eigenständig und allein – d.h. ohne deutschen Kollegen vor Ort – in diesem Projekt zu arbeiten.

Wer die für Krankenversicherung, Anreise etc. entstehenden Kosten trägt, wird individuell ausgehandelt.

Straßenkinder in Brasilien e.V. § 14b   32

Hittfelder Str. 28

21224 Rosengarten

Eine Dienststelle in Brasilien für Bewerber aus dem Hamburger Raum, Arbeit mit Kindern. Portugiesischkenntnisse, handwerkliches und gärtnerisches Geschick sowie sozialpädagogische Praktikumserfahrungen in der Kinderarbeit werden erwartet.

Aktion Bildungsinformation e.V. (ABI)

Alte Poststr. 5, 70173 Stuttgart

Tel.: 0711/220 216 30, Fax: 0711/220 21 640

info@abi-ev.de

www.abi-ev.de

Der Auslandsaufenthalt ist eine Investition für die Zukunft. Das richtige und seriöse Angebot zu finden, fällt im Wirrwarr der Angebote jedoch schwer.

Hier hilft die ABI e.V. in ihrer Funktion als unabhängige und gemeinnützig arbeitende Verbraucherschutzorganisation nunmehr seit knapp 40 Jahren.

Zum einen durch die Herausgabe von Ratgeber-Broschüren z.B. durch die Broschüre „Englisch lernen in Europa" (GB, Malta, Irland) und „Schuljahresaufenthalte USA" und „Schüleraustausch – Schulbesuch weltweit" (insbesondere Australien, Kanada und Neuseeland). Und zum anderen durch individuelle Beratung, z.B. durch die Autorin Barbara Engler.

Nähere Informationen zu den Broschüren befinden sich auf der Webseite der ABI unter www.abi-ev.de. Ratschläge zu Sprachreisen können kostenlos runtergeladen werden.

VIA e.V. Verein für internationalen
und interkulturellen Austausch
Postfach 2928
21319 Lüneburg
Tel: 0 41 31 / 73 22 23
Fax: 0 41 31 / 73 22 24
info@via-ev.org
www.via-ev.org

§ 14b, § 14c   34

Der Verein schafft internationale Kontakte, möchte das Verständnis für andere Kulturen wecken und zur Förderung von Toleranz beitragen. Die Einsatzstellen in Großbritannien, Irland, Frankreich, Italien, USA, Kanada, Mexiko, Guatemala, Ecuador, Bolivien, Südafrika, Uganda, Indien, Philippinen, Kirgisistan und Russland. Alle Länder sind als ADiA (§14b) und FSJ (§14c) möglich. Man übernimmt Verantwortung und hilft Menschen aller Altersstufen sowie aus allen gesellschaftlichen Schichten. Die Bereiche können z.b. mit körperlich oder psychisch Behinderten, Obdachlosen oder älteren Menschen sein. Ausführliche Einzelheiten online.

Stiftung Acción Humana gemeinnützige Stiftung   § 14b   35
Herbert-Weichmann-Str. 86
22085 Hamburg
Tel.: 040 / 450 38 555
Fax: 040 / 45 42 18
accion-humana@t-online.de
www.accion-humana.de

Acción Humana

1993 gegründete gemeinnützige Stiftung, die mit einer in Honduras ansässigen evangelischen Kirche ein Kinderhilfsprojekt ins Leben rief.
In Honduras arbeitet der Freiwillige im Bereich der Betreuung, Schulung und Berufsausbildung von Straßenkindern und Waisen. Erfahrung in Jugendarbeit und Sprachkenntnisse werden vom Bewerber gefordert.

Internationaler diakonischer Jugendeinsatz   § 14b   36
der Evangelisch-Methodistische Kirche
Eilbeker Weg 86
22089 Hamburg
Tel.: 040 / 20 00 77-19
Fax: 040 / 200 15 58
idjehh@web.de
www.idje.de

ⅱ idje

Unterstützung sozialer Projekte in vielen Teilen der Welt. ADiA-Plätze in Großbritannien, Nordirland, Italien, Frankreich, Griechenland, Brasilien und Israel, mit Schwerpunkt auf Israel, wo in mehreren Einrichtungen für Behinderte Dienstplätze existieren. In Großbritannien werden zwei Plätze in einer Einrichtung für alte Menschen besetzt.

Die Gesamtkosten für den Einsatz (Versicherungen, Anreise...) von ca. 1800 EUR hat der Dienstleistende zu tragen, wobei er allerdings vor Ort ein Taschengeld in Höhe von ungefähr 100 EUR erhält.

Ebenezer Hilfsfonds e.V.   **§ 14b**   **37**
Saselbergring 8
22395 Hamburg

Humanitäre Hilfe für jüdische Bürger der Ukraine. Ein Schwerpunkt der Arbeit ist die Unterstützung dieser Menschen bei der Ausreise nach Israel. Dabei reicht die Hilfe von der Beratung über die Lösung von Transportfragen bis zur Betreuung auf dem Schiff nach Israel, wobei auch der Dienstleistende eingesetzt wird. Besonderer Einsatz gilt dabei Alten, Kranken, kinderreichen Familien und Alleinstehenden. Insgesamt drei ADiA-Stellen gibt es in der ukrainischen Hafenstadt Odessa, wo dieser Träger drei Auffanglager betreibt, um Ausreisende in der Zeit zwischen der Ankunft in Odessa und der Schiffsabfahrt unterzubringen. Dort findet Kranken- und Kinderbetreuung sowie zeitweise Unterricht der hebräischen Sprache statt. Auch die Betreuung von Alten, Kranken und Kleinkindern auf dem Schiff während der Überfahrt von Odessa nach Haifa/Israel übernehmen die Dienstleistenden.

Ein Bewerber sollte bekennender Christ sein; russische und englische Sprachkenntnisse sind ebenfalls Voraussetzung. Freude und Bereitschaft zum Pflegedienst sollten beim Interessenten vorhanden sein, allerdings ist auch der Einsatz für Bewerber mit Kfz-Ausbildung möglich.

Die Versicherungen werden vom Träger bezahlt, die Reisekosten werden je nach Vereinbarung übernommen. Auch ein Taschengeld wird gewährt.

AFS Interkulturelle Begegnungen e.V.   **§ 14b, § 14c**   **38**
Postfach 50 01 42
22701 Hamburg
Tel.: 040 / 39 92 22-23
www.afs.de

AFS, eine Abkürzung, die früher für American Field Service stand, wurde als Freiwilliger Ambulanzdienst gegründet und ist im langfristigen Schüleraustausch, in Praktikantenprogrammen und in Freiwilligendienste mit jährlich rund 10.000 Teilnehmern in 60 Ländern aktiv.

Der ADiA (§ 14b) kann in Argentinien, Belgien, Chile, Frankreich, Guatemala, Kanada, Nicaragua, Südafrika, Venezuela in z.B. einer Schule in Buenos Aires oder einem Pflegeheim in Versailles abgeleistet werden. Die Versicherungs-, Reisekosten, Kost und Logis werden übernommen. Eine Bearbeitungsgebühr von 20 EUR ist zu entrichten.

Bewerbung an: adia-bewerbung@afs.org

Das FSJ (§14c) kann in Brasilien, Bolivien, Costa Rica, Dominkanische Republik, Frankreich, Japan, Kolumbien, Malaysia, Panama, Paraguay, Polen, Russland, Schweden, Südafrika, Thailand, USA und Venezuela z.b. mit Behinderten in Bolivien abgeleistet werden. Ein Ortsübliches Taschengeld, Internationalen Reisekosten, Unterkunft, Verpflegung und Versicherungen werden getragen. Eine Bewerbungsgebühr von 28 EUR ist aufzubringen.

Die Bewerbung auf Englisch an: fsj-bewerbung@afs.org

Bei beiden Dienstarten wird die Bereitschaft einen Förderkreis aufzubauen vorausgesetzt.

Diakonisches Werk Hamburg §**14c** **39**

Königstr. 54

22767 Hamburg

Tel.: 040 / 306 20 – 0

Fax: 040 / 306 20 – 300

www.djia.de I www.diakonie-hamburg.de

Eine Dienststelle in der deutschen evangelischen Gemeinde in St. Petersburg / Russland. Tätigkeit im sozial-diakonischen Bereich wie Betreuung alter Menschen und Mithilfe in einem Straßenkinderprojekt.

Außer Grundkenntnisse der russischen Sprache braucht der Bewerber über keine besonderen Qualifikationen zu verfügen.

Der Träger übernimmt die Kosten für Versicherungen sowie Hin- und Rückflug; vor Ort muss der Dienstleistende die Lebenshaltungskosten von ca. 350 EUR monatlich aber selbst bezahlen. Ein vom Dienstleistenden initiierter Unterstützerkreis kann dabei helfen.

Diakonisches Werk Schleswig-Holstein §**14b** **40**

Kanalufer 48

24768 Rendsburg

Tel.: 0 43 31 / 593 – 128

Fax: 0 43 31 / 593 – 251

www.diakonie-sh.de

Dienststellen in einer Behinderteneinrichtung in Frankreich, Dauert 18 Monate. Es werden ausschließlich Bewerber aus dem Einzugsbereich der (evangelischen) Nordelbischen Landeskirche genommen. Weiterhin sind entsprechende Sprachkenntnisse sowie pflegerische bzw. handwerkliche Fähigkeiten Voraussetzung für einen Einsatz.

Übernahme aller Kosten, sowie Taschengeld.

Nicaragua-Verein

§ 14b   41

Oldenburg e.V.

c/o Christoph Langer

Harlinger Str. 37

26121 Oldenburg

http://www.nordwest.net/nicaragua

Unterstützung kleiner Projekte in San Fransisco Libre in den Bereichen landwirtschaftliche Produktion und Wiederaufforstung, Schulen und außerschulische Projekte mit Jugendlichen. Der Dienstleistende arbeitet im Umwelthaus mit Jugendlichen. Sichere Grundkenntnisse der spanischen Sprache sowie die Mitarbeit im Nicaragua Verein Oldenburg oder andere Aktivitäten werden vorausgesetzt. Spaß an der Arbeit mit Kindern und Jugendlichen ist bei dieser einen Stelle erforderlich.

Children's Projekt e.V.

§ 14b   42

Osterkampsweg 122

26131 Oldenburg

Dienststelle in Brasilien, folgende Voraussetzungen: Grundkenntnisse in Portugiesisch in Wort u. Schrift, Sauberkeit, Ehrlichkeit, Selbständigkeit, Umsichtigkeit, respektvolle Umgangsformen, keine Drogen während des Einsatzes im Ausland (auch keinen Alkohol) verantwortungsvolle, kollegiale Erledigung der aufgetragenen Arbeiten, Grundkenntnisse in Geschichte, Soziales und Ökologie Brasiliens, interkulturelles Verständnis.

Deutsche Seemannsmission e.V

§ 14b   43

Jippen 1

28195 Bremen

Tel.: 04 21 / 173 63-0

Fax: 04 21 / 173 63-23

headoffice@seemannsmission.org

www.seemannsmission.org

Einrichtung der evangelischen Kirche; betreut Seeleute in über 35 Häfen in 18 Ländern auf allen Kontinenten. In den Seemannsstationen folgender Städte kann der Auslandsdienst geleistet werden: Amsterdam (Niederlande), Antwerpen (Belgien), Douala (Kamerun), Durban (Südafrika), Lomé (Togo) und Mäntyluoto (Finnland). In Zusammenarbeit mit Aktion Sühnezeichen (Träger Nr. 14) darüber hinaus auch in Rotterdam (Niederlande). Gute Englischkenntnisse evtl. Französischkenntnisse, Bindung an die ev. Kirche, Führerschein Klasse 3 sowie Fahrpraxis, handwerkliche Fähigkeiten, Organisationstalent und guter Gesundheitszustand (wo nötig auch Tropentauglichkeit) sollten vorhanden sein.

TOMO-NI e.V. §14b 44
c/o Gerald Besser
Eduard-Grunow-Str. 13
28203 Bremen

Stelle in einem Heim für Straßenkinder in Ghana, ca. 140 km nördlich von Accra (im Dorf Obomeng, auf 780 m hohem Gebirgsplateau/Tropengebiet). Voraussetzungen: Abgeschlossene Berufsausbildung, gute Englischkenntnisse, pädagogische Kenntnisse (Umgang mit afrikanischen Straßenkindern im Alter von 2-16 Jahren), stabile und belastbare Persönlichkeit, handwerkliche Fähigkeiten, Selbständigkeit, Eigeninitiative, Flexibilität, „Rechnen können", Kooperations-/Anpassungsfähigkeit und gesunden Humor. Hinweis: Bewerbungen bitte mit 1,53 EUR vorfrankierten und an sich selbst adressiertem A 5 Rückumschlag + 1,02 EUR in Briefmarken für das Infomaterial beilegen
Zur Zeit keine Projektstelle frei.

Förderkreis Iwanuschka e.V. §14b 45
Im Wiesengrund 21
28790 Schwanewede
info@iwanuschka.de
www.iwanuschka.de

Entstand 1996 am Ende des Friedensdienstes der Freiwilligen, die im Heilpädagogischen Zentrum und in einer Werkstatt für geistig behinderte Jugendliche gearbeitet hatten. Die menschenunwürdigen Umstände, in denen die meisten behinderten Menschen in Russland leben, bewegen den Förderkreis die Arbeit mit behinderten Kindern durch Spenden und Engagement vor Ort zu unterstützen. Russische Sprachkenntnisse sind für die Dienstleistenden dringend erforderlich.

Förderverein der §14b 46
Nesin-Stiftung e.V.
Lüninghauser Str. 38
28865 Lilienthal
Tel.: 047 92 / 34 07
Fax: 047 92 / 44 95
kll-h@onlinehome.de
www.foenes.uni-bremen.de

Unterstützt die Nesin-Stiftung in der Türkei, die von dem populären Schriftsteller und Denker Aziz Nesin zugunsten von Kindern und Jugendlichen gegründet wurde. Die Projektstelle ist in der Nesin Stiftung bei Catalca nahe Istanbul. Die Tätigkeit liegt im Bereich der alternativen Erziehung, sowie Gartenarbeit und Handwerk.

Evangelisch-lutherisches Missionswerk
in Niedersachsen
Georg-Haccius-Str. 9
29320 Hermannsburg
Tel.: 050 52 / 69-0
Fax: 050 52 / 692 22
zentrale-de@elm-mission.net
www.elm-mission.net

§ 14b   47

Je eine Stelle in Äthiopien in einem Aufforstungsprojekt und in Südafrika in einer Behindertenwerkstätte. Weitere Dienststellen in Zentralafrika, Botswana und Australien. Bewerber für die Stelle in Äthiopien sollten eine Ausbildung als Tischler oder Schreiner haben, Interessenten am Projekt in Südafrika eine solche als Krankenpfleger. Für Abiturienten kommen diese Einsatzstellen nicht in Frage, es sei denn, sie verfügten über praktische Fähigkeiten.
Übernahme der Reisekosten und Versicherungen, Taschengeld.

Evangelische Jerusalem-Stiftung
c/o EKD-Kirchenamt
Herrenhäuser Str. 12
30419 Hannover
Tel.: 05 11 / 27 96 – 0
Fax: 05 11 / 27 96 – 717

§ 14b   48

Eine Dienststelle in Jerusalem / Israel an, die zur Zeit aus finanziellen Gründen nicht besetzt werden kann. Der Einsatz des Dienstleistenden erfolgt vorwiegend in einem Zentrum für Pilger- und Touristenseelsorge. Es fallen Garten- und Hausmeisterarbeiten an, aber auch bei der Betreuung und Begleitung von Besuchern sowie bei der Mitgestaltung von Jugendfreizeiten und Begegnungen mit Einheimischen wird der Freiwillige eingesetzt.
Bewerber, die sich bereits in einer Gemeinde engagiert haben, werden bevorzugt.
Der Träger sorgt für Kranken- und Unfallversicherung und zahlt ein monatliches Taschengeld von 100 EUR.

Evangelisch-Freikirchliches
Sozialwerk Hannover e.V.
Dienste in Israel
Kirchröder Str. 46
30559 Hannover
Tel.: 0511 / 954 98 60/ -63
Fax: 0511 / 954 98 66
DiensteInIsrael@t-online.de | www.dienste-in-israel.de

§ 14b   49

Dienste in Israel hat es sich zur Aufgabe gemacht, Brücken zum jüdischen Volk zu bauen. Die Organisation fungiert als Träger für vier Projekte in Israel: Zwei Altenheime, ein Krankenhaus und ein Behindertenheim sind die Dienststellen, in denen der Dienst geleistet wird.
Der Bewerber sollte für die Tätigkeit dort christliche Motivation mitbringen und über Englisch- und möglichst auch Hebräischkenntnisse verfügen.
Der Freiwillige beteiligt sich an den Ausgaben für Versicherung, Verwaltung usw. mit einem einmaligen Beitrag von z. Zt. 1100 EUR, den er z. B. mit Hilfe eines Unterstützungskreises aufbringen kann. Auch An- und Rückreise gehen auf Kosten des Dienstleistenden. Vor Ort wird ein Taschengeld von z. Zt. ca. 60 EUR monatlich gewährt.

Trägerwerk des BDKJ   **§ 14b   50**
Diözesanverband Hildesheim e.V.
Domhof 18-21
31134 Hildesheim
Tel.: 051 21 / 30 73 50
Fax: 051 21 / 30 73 49

Der Dienst wird im Rahmen der Partnerschaftsarbeit mit Bolivien in einer Einrichtung mit Kindern und Jugendlichen geleistet.
Dabei werden normalerweise nur Bewerber angenommen, die aus der Diözese Hildesheim stammen.
Versicherungs- und Flugkosten werden vom Träger übernommen.

Netzwerk für eine humane Erde e.V.   **§ 14b   51**
Loccumer Str. 68
31633 Leese

Dienststelle in Portugal. Mitarbeit im Bereich der Ökologie, Friedensarbeit, Solartechnik und in der handwerklichen Pionierarbeit.

Verein der Freunde und Förderer der   **§ 14b   52**
Felix-Fechenbach-Berufskolleg e.V.
Saganer Str. 4
32756 Detmold
Tel.: 052 31 / 60 82 00
Fax: 052 31 / 60 82 88

Dienstplätze in Chile, allerdings nur für ehemalige Schüler der Felix-Fechenbach-Schule bzw. für Bewerber aus dem Kreis Lippe.

LOGOS International e.V. **§ 14b, § 14c   53**
Ehlenbrucher Str. 95
32791 Lage
Tel.: 052 32 / 960 10
Fax: 052 32 / 960 112
info@logos-international.de
www.logos-international.de

 EVANGELISIEREN SCHULEN HELFEN

Freies Missionswerk mit Dienststellen in Gambia, Kenia, Rumänien Russland und der Ukraine. Einsatz erfolgen im Bereich Kinder- und Jugendarbeit, Straßenkinder-Projekte, Humanitäre Hilfe, soziale Dienste, Landwirtschaft, Altenbetreuung und als Hausmeister. Bewerber sollten evangelikale Christen sein sowie aktive Mitarbeit in einer Gemeinde, handwerkliche Fähigkeiten und russische Sprachkenntnisse vorweisen können. Bewerbungsunterlagen bitte telefonisch anfordern.

Mundus eine Welt e.V. **§ 14b   54**
c/o Erzbischöfliches Generalvikariat
Referat MEF
Domplatz 3
33098 Paderborn
Tel.: 052 51 / 125 – 205
Fax: 052 51 / 125 – 470

Keine eigenen Projekte im Ausland; vielmehr findet eine Kooperation mit Ordensgemeinschaften und anderen kirchlichen Einrichtungen statt. Das Generalvikariat arbeitet in Belangen, die den ADiA betreffen, mit Mundus eine Welt e.V. zusammen. Es gibt ca. 15 Projekte verschiedenster Art in den Ländern Südafrika, Brasilien, Argentinien, Chile, Peru und Bolivien.

Die Bewerber müssen aus dem Bereich des Erzbistums Paderborn kommen und Mitglied der Katholischen Kirche sein.

Der Freiwillige erhält einen Zuschuss zu den für ihn entstehenden Kosten für Reise, Versicherungen etc.

Diese Trägerorganisation ist eine der wenigen, die ihr Angebot an Auslandsstellen kontinuierlich ausbaut. Wer oben genannte Voraussetzungen erfüllt und eine soziale Einrichtung im Ausland kennt, in welcher der Andere Dienst im Ausland geleistet werden könnte, kann diese unter Umständen beim Bundesfamilienministerium anerkennen lassen und dann dort seinen Dienst leisten. Näheres unter obiger Adresse.

Studieren mit Stipendien http://shop.interconnections.de

Von Bodelschwinghsche Anstalten § 14b 55
Bethel
Postfach 13 02 49
33545 Bielefeld
Eine Stelle in Argentinien, Voraussetzungen: Gute spanische Sprachkenntnisse, Interesse und Geschick für handwerkliche Tätigkeiten, keine gesundheitlichen Einschränkungen (körperliche Fitness). Hinweis: Bewerbungsfrist bis 30.06. für das folgende Jahr

---

Mennoniten-Gemeinde Bielefeld e.V. § 14b, § 14c 56
Brokstr. 63
33605 Bielefeld
Tel.: 05 21 / 92 225-0-26
GMHA@gmx.de
Eine Dienststelle in Russland für Bewerber mit guten Russischkenntnissen und handwerklichen Fähigkeiten. Eine weitere Stelle (nach § 14c) in Bolivien als Lernhelfer in sozialen Projekten.

Zentrum für Freiwilligen-, Friedens- und Zivildienst § 14b 57
Lessingstr. 13
34119 Kassel
Tel.: 05 61 / 109 65 82
Fax: 05 61 / 10 78 87

Zentrum für Freiwilligen-, Friedens- und Zivildienst

zivildienst.zffz@ekkw.de I www.ekkw.de/kdv_zdl
Betreuung von Projekten in Israel, El Salvador, Norwegen, Russland und in Tansania. Die israelische Dienststelle ist in einem Kibbuz, wo der Freiwillige mit Einwandererkindern arbeitet. In Tansania hilft der Dienstleistende in einem Gesundheitsprojekt der dortigen evangelischen Kirche.
Der Bewerber muss Mitglied der Evangelischen Kirche von Kurhessen-Waldeck sein und über ausreichende Sprachkenntnisse verfügen.
Kostenübernahme von Krankenversicherung und Vorbereitungsseminaren.

Sozialer Friedensdienst Kassel e.V. § 14b, §14c 58
Annastr. 11
34119 Kassel
Fax: 05 61 / 71 268-44
SFD-Kassel@t-online.de
www.sfd-kassel.de
Bietet in Zusammenarbeit mit dem „Förderverein Straßenkinder Bukarest e.V."

mehrere Dienststellen in verschiedenen katholischen Einrichtungen für Straßenkinder in Rumänien, wo der Freiwillige überwiegend in der Betreuung der Kinder und Jugendlichen eingesetzt wird.
Weitere ADiA-Dienststellen nach § 14b sind in einer Jugendhilfeeinrichtung in Ghana mit autistischen Kindern und, Jugendlichen und in der Umwelterziehung in Nicaragua.
Das FSJ (§14c) wird in einer Schule in England, einem Spielhaus in Finnland, Jugendherberge in Frankreich und in einer internationalen Jugendbegegnung in Spanien.
Bewerber sollten psychisch gefestigt sein und eine positive Einstellung zu christlichen Werten haben.

Internationaler Bund e.V. (IB)　　　　　**§ 14b, § 14c　59**
z.H. Bernhard Marien
Holländische Str. 19　　　　　
34127 Kassel
Tel.: 05 61 / 98 920-26
Fax: 05 61 / 98 920-28
Bernhard.Marien@internationaler-bund.de
www.ib-freiwilligendienste.de

Seit 1949 einer der großen, freien Träger in der Jugend-, Sozial- und Bildungsarbeit in Deutschland. Im ADiA-Projekt (www.gods-golden-acre.de) im östlichen Südafrika werden insgesamt fünf Dienstplätze angeboten. Die Tätigkeiten sind sehr vielfältig, da es sich um ein recht großes Projekt handelt, welches inzwischen verschiedene Entwicklungshilfe-Projekte ins Leben gerufen hat. Voraussetzungen für die Bewerber sind gute, flüssige Englischkenntnisse und die Bereitschaft sowie die Fähigkeit mit kleinen Kindern umzugehen. Von den Bewerbern wird erwartet, dass sie einen Förderkreis bilden, der sich an den Kosten beteiligt.
Derzeit bietet der IB auch das FSJ nach § 14 c an, und zwar in Großbritannien, Italien, Österreich, Spanien, Argentinien, Australien, Brasilien, Israel, Mexiko, Südafrika und USA an. Die Tätigkeiten liegen in der Kinder- und Jugendarbeit, Behindertenbetreuung und Familienhilfe. (Siehe auch Farbtafel IVb)

CVJM – Gesamtverband　　　　　**§ 14b　60**
in Deutschland e.V.
Im Druseltal 8
34131 Kassel
fsj@cvjm.de
www.cvjm-online.de

Christlich-ökumenischer und internationaler Jugendverband. Einsatz in Peru und England mit Kinder- und Jugendgruppen.

Marburger Mission GmbH
Herrn Ernst Horn
Stresemannstr. 21
35037 Marburg
mm@marburger-mission.org
www.marburger-mission.org

§ 14b, § 14c   61

Arbeitszweig des Deutschen Gesellschafts-Diakonieverbandes in Marburg. Der Einsatz kann erfolgen in einer Kinderbetreuungsstätte und einem Kinderdorf in Nordthailand oder einer Drogenrehabilitationseinrichtung in Brasilien. Weitere Stellen in Japan und Taiwan als Helfer im handwerklichen Bereich und als Helfer im Gemeindebau möglich.

Kinder-Evangelisationsbewegung in   **§ 14b, § 14c   62**
Deutschland e.V.
Wolzhausen
Am Eichelsberg 3
35236 Breidenbach
Tel.: 064 65 / 928 30
Fax: 064 65 / 92 83 20

Hauptsitz in den USA und weltweit als gemeinnützige Organisation tätig. Der Dienst ist im KEB-Europa-Zentrum in der Schweiz (eine Stelle) möglich.
Der Dienstleistende wird bei praktischen Tätigkeiten wie Instandhaltung und Renovierung der Gebäude eingesetzt. Der Bewerber soll ein „persönliches Verhältnis zu Jesus Christus" haben und die Ziele des Trägers kennen und bejahen. Für die Finanzierung hat der Bewerber einen Freundeskreis aufzubauen, der die Kosten für seinen Einsatz trägt.

Campus für Christus   **§ 14c   63**
z.H. Almut Siebel
Am Unteren Rain 2
35394 Gießen
Tel.: 06 41 / 97 51 837
Fax: 06 41 / 97 51 841
missionwelt@campus-d.de
www.campus-d.de

Stellen in Nigeria als technischer Assistent oder Helfer im handwerklichen Bereich und als Hausmeister. Die Stellen werden angeboten in Zusammenarbeit mit der AEM, die auch offiziell als Träger fungiert. Deren Adresse: Hindenburgstr. 36, 70825 Korntal, Tel. 0711 83965-32, www.aem.de, aem@aem.de.

Deutsch-israelischer Verein für Rehabilitation e.V. §**14c   64**
Grüninger Weg 26
35415 Pohlheim
Tel.: 064 04 / 804-40
Fax: 064 04 / 804-44
info@deutsch-israelischer-verein.de
www.deutsch-israelischer-verein.de

Dienstplätze in einem Wohnheim mit psychisch Kranken und geistig Behinderten in Israel. Dabei übernimmt der Freiwillige u.a. Hausmeistertätigkeiten, hilft aber auch bei der Betreuung der Behinderten.
Es wäre günstig, wenn der Bewerber schon pflegerische Vorkenntnisse hat, ansonsten sollte er gegenüber anderen Kulturen aufgeschlossen sein.
Die Versicherungskosten, Kost, Logis und ein Taschengeld von 125 EUR im Monat übernimmt der Träger, Anreise zu Lasten des Bewerbers.

NETZ Partnerschaft für Entwicklung §**14b,** §**14c   65**
und Gerechtigkeit e.V.
Moritz Hensoldt Str. 20
35576 Wetzlar
Tel.: 064 41 / 265 85
Fax: 064 41 / 262 57
richter@bangladesch.org
www.bangladesch.org

Hat es sich zum Ziel gesetzt, zur Überwindung von Ungerechtigkeit und Armut in Bangladesch beizutragen. Der Verein bietet jedoch nur einen Dienstplatz in Bangladesh an, der normalerweise durch Aktive aus dem Unterstützerkreis des Vereins belegt ist.

West Europa Mission §**14c   66**
Michaela Süßner
Moritz-Hensoldt-Str. 20
35576 Wetzlar
Tel.: 064 41 / 42 822
Fax: 064 41 / 43 179
info@wem-online.de

Zwei Stellen in Spanien als Erziehungs- und Haushaltshelfer. Stellenangebot in Zusammenarbeit mit der AEM als Träger; s. Nr. 63.

DIGUNA e.V.   **§ 14c   67**
Joachim Hummel
Am Lohgraben 5
35708 Haiger
Tel.: 027 73 / 81 02 39
jo.hummel@diguna.de

Stellen in Kenia, der Republik Kongo und in Uganda bei vielfältigen Aufgaben, z.b. als Helfer im Gemeindeaufbau, im technischen Bereich, als Gesundheitshelfer, im sozialmissionarischen Bereich oder als Lehrer an einer Polytechnikschule. Stellenangebot in Zusammenarbeit mit der AEM als Träger; s. Nr. 63.

Allianz-Mission e.V.   **§ 14b, § 14c   68**
Postfach 11 27
35714 Dietzhölztal
Tel.: 027 74 / 93 14-0
Fax: 027 74 / 93 14-14
info@allianz-mission.de
www.allianz-mission.de

Missionswerk in Trägerschaft mehrerer evangelischer Freikirchen. Bietet Stellen in Tansania, Brasilien, Japan, Philippinen, Spanien und in Mali. Dabei arbeitet der Freiwillige als technischer Mitarbeiter in einem Missionsteam und wird z.b. in einer Ausbildungsstätte eingesetzt oder verrichtet Reparaturen verschiedener Art. Der Bewerber sollte eine abgeschlossene Berufsausbildung im technischen oder handwerklichen Bereich haben und nach Möglichkeit Mitglied einer freien evangelischen Gemeinde sein.
Übernahme der Ausgaben für Versicherungen, Taschengeld; Flugkosten zu Lasten des Bewerbers.

Christliche Brüdergemeinde   **§ 14b   69**
Fulda
Wiskemannstr. 2
36039 Fulda
Tel.: 06 61 / 56 940

Dienst in Kasachstan; Voraussetzungen: entsprechende Sprachkenntnisse, Mitgliedschaft in einer evangelischen Gemeinde

Stiftung Estia Agios Nikolaos Sassen   **§ 14b   70**
36110 Schlitz
Tel.: 066 42 / 802 -115
Fax: 066 42 / 802 -128

Diese Stiftung ist 1992 begründet worden, mit dem Ziel, in Griechenland eine anthroposophische Lebensgemeinschaft für erwachsene behinderte Menschen zu schaffen.

Sie kooperiert mit den „Freunden der Erziehungskunst Rudolf Steiners" (Trägerverein Nr. 199) Der Dienstleistende hilft bei der Betreuung der Behinderten und wird außerdem als handwerkliche Hilfe in Haus, Werkstatt und Garten eingesetzt. Griechischkenntnisse sind bei einer Bewerbung zweckmäßig, aber nicht unbedingt notwendig.

Übernahme von Reise- und Versicherungskosten je nach finanziellen Möglichkeiten des Dienstleistenden.

Förderverein SEARA e.V.　　　　　　　　　**§ 14b　　71**

z. H. Ferdinand Herr
Wallweg 5
36145 Hofbieber-Elters
Tel.:0 66 57 / 600 86
Fax: 0 66 57 / 91 91 99
Ferdi.Herr@t-online.de
www.seara.de

SEARA ist die portugiesische Abkürzung für „Sociedade do Estudos e Aproveitemento dos Recursos da Amazonia" (Verband zur Erforschung und Nutzung der Ressourcen Amazoniens). Es handelt sich dabei um ein Projekt für unterernährte Kinder in Brasilien, dessen wichtigster Bestandteil eine Kindertagesstätte ist, wo zwei Dienstleistende eingesetzt werden. Die Einsatzgebiete der Freiwilligen sind vielseitig: Sie helfen sowohl bei der pflegerischen und pädagogischen Kinderbetreuung sowie im Bereich der Jugendarbeit als auch bei Hausmeistertätigkeiten und im Garten.

Von den Bewerbern werden neben Idealismus und Engagement Grundkenntnisse der portugiesischen Sprache erwartet. Tropentauglichkeit und ausreichender Impfschutz sind ebenfalls Voraussetzungen für eine Mitarbeit bei SEARA.

Für Anreise und Versicherungen ist selbst aufzukommen.

Contigo Chance für Straßenkinder e.V.　　　**§ 14b　　72**

Kassler Tor 10
37308 Heilbad Heiligenstadt
info@contigo-ev.de
www.contigo-ev.de

Hier haben sich junge Leute aus ganz Deutschland zusammengeschlossen, die Straßenkindern in Südamerika helfen wollen. Contigo heißt „mit dir" und vermittelt Interessierte nach Santiago de Chile / Chile. Tätigkeitsfeld mit Straßenkindern in einem Tageshaus und zeitweise als Streetworker. Anforderungen: grundlegende Sprachkenntnisse, Offenheit und Integrationsbereitschaft in das Arbeiten im katholischen Kontext. Bewerbung per e-Mail, danach folgt ggf. eine Einladung zum Auswahlgespräch.

Pfarramt d. ev.-luth. Kirchengemeinde Luther   **§ 14b**   **73**
Markt 9
37603 Holzminden

Eine Dienststelle in Virginia/USA vorhanden. Nur für Bewerber aus der Region Holzminden-Bodenwerder.

Ev.-Luth. Landeskirche in   **§ 14b**   **74**
Braunschweig
Postfach 16 64
38286 Wolfenbüttel

Dienststelle in Israel, Voraussetzungen: Mitgliedschaft der Ev. Kirche, nur Bewerber aus dem Bereich d. Ev. Landeskirche Braunschweig, Englischkenntnisse, Führerschein Klasse 3.

Deutsch-Amerikanisches Dialogzentrum   **§ 14b**   **75**
Magdeburg e.V.
Bürgelstr. 1
39104 Magdeburg
Tel.: 03 91 / 543 17 19
Fax: 03 91 / 543 29 85
uwe.kuester@wk.bundestag.de
dialogzentrum-md@web.de
www.dialogzentrum-md.de
www.magdeburg-nashville.com

Die Stadt Magdeburg unterhält eine Städtepartnerschaft mit der Stadt Nashville im US-Bundesstaat Tennessee. Das Deutsch-Amerikanische Dialogzentrum Magdeburg unterstützt diese Bemühungen und bietet in Nashville eine Dienststelle an. Gute englische Sprachkenntnisse, Bereitschaft in sozialen und karitativen Einrichtungen zu arbeiten sind die Voraussetzungen. Nur Bewerbungen aus Sachsen-Anhalt möglich.

Nes Ammim – Verein zur Förderung einer   **§ 14b**   **76**
christlichen Siedlung in Israel e.V.
Bergesweg 16
40489 Düsseldorf
Tel.: 02 11 / 40 59 750
Fax: 02 11 / 40 59 753

info@nesammim.de
www.nesammim.de

Nes Ammim („Zeichen für die Völker") ist eine internationale, christlich-ökumenische Bewegung, aus dem Wunsch heraus entstanden, Solidarität mit Israel in Israel zu leben, das Judentum kennenzulernen und zur Versöhnung zwischen Christen und Juden beizutragen. Es gibt insgesamt neun ADiA-Plätze in christlichen Siedlungen in Israel, in denen der Dienstleistende z.b. Arbeiten in der Verwaltung oder im Garten ausführt.

Bewerber sollten über Englischkenntnisse verfügen und möglichst auch eine abgeschlossene Berufsausbildung haben. Versicherungs- und Reisekosten gehen zu Lasten des Dienstleistenden, Versicherung und ein Taschengeld wird jedoch gezahlt. (Siehe auch S. 25)

Haiti-Med e.V. § **14b** **77**
Kirchhofstr. 73
40721 Hilden
Tel.: 021 03 / 24 07-69
Fax: 021 03 / 24 07-62
info@haiti-med.de
www.Haiti-Med.de

Entwickelt gemeinsam mit seinen haitianischen Partnern ein Gesundheitsprogramm auf Basis einer Gesellschaftsvision. Eine Dienststelle ist auf Haiti vorhanden. Voraussetzungen: Grundkenntnisse Französisch, Teilnahme an der Vor- und Nachbereitung und handwerkliches Geschick.

Auslandsamt Sankt Georg e.V. § **14b** **78**
Herrn G. Dittrich
Postfach 22 13 80
41436 Neuss

Frankreich, diverse Stellen, derzeit keine Projektstelle frei.

Eine-Welt-Laden Hückelhoven e.V. § **14b** **79**
Haagstr. 9
41836 Hückelhoven, www.ewl-hueckelhoven.de

Eine Dienststelle in einer Sozialstation in einer Pfarrgemeinde im Nordosten Brasiliens, wo der Freiwillige überwiegend im Gesundheitsposten eingesetzt wird.
Bewerber sollten über Portugiesischkenntnisse verfügen.
Die Kosten für die Versicherungen werden vom Träger übernommen; den Rest muss der Dienstleistende selbst bezahlen. Bewerber aus dem Kreis Heinsberg werden bevorzugt.

Vereinte Evangelische Mission § **14b** **80**

Rudolfstr. 137

42285 Wuppertal

Tel.: 02 02 / 890 04-0

Fax: 02 02 / 890 04-79

info@vemission.org I www.vemission.org

Dieser internationalen Missionsgemeinschaft gehören Kirchen in Afrika, Asien und Deutschland an. Bei der VEM gibt es zur Zeit 10 anerkannte Einsatzstellen in Tansania, Botswana, Namibia, Ruanda, Kongo und Sri Lanka. Möglich ist Mitarbeit in Krankenhäusern, bei Bauprojekten, in Handwerksschulen, Jugendzentren und Sekundarschulen, wobei sich der Dienstleistende bei der VEM für 22 Monate verpflichten muss. Es werden Bewerber bevorzugt, die neben soliden Sprachkenntnissen in Englisch oder Französisch eine abgeschlossene handwerkliche Ausbildung haben. Insbesondere können Schreiner, Zimmerleute, Maurer, Schlosser, Kfz-Mechaniker oder Elektriker eingesetzt werden.

Nur in Ausnahmefällen kommen Abiturienten ohne weitere Berufsausbildung in Betracht. Von allen Bewerbern wird engagierte Mitarbeit in einer evangelischen Gemeinde erwartet. Es werden Bewerber bevorzugt, die aus einer Gemeinde kommen, die traditionell mit der VEM verbunden ist, also solche im Rheinland, Westfalen, Lippe und Nordhessen. Eine Bewerbung sollte etwa ein Jahr vor dem beabsichtigten Einsatzbeginn bei der VEM vorliegen.

Für den Dienstleistenden werden eine Kranken- und eine Unfallversicherung abgeschlossen. Die Ausgaben dafür trägt der Träger ebenso wie Reise-, Visum- und Impfkosten. Die VEM ist eine der ganz wenigen Organisationen, die für den Dienstleistenden sogar Beiträge in die gesetzliche Renten- und Sozialversicherung zahlt. Bei den angebotenen Vorbereitungs- und Auswertungsseminaren werden die Kosten zum Teil übernommen.

New Tribes Mission § **14c** **81**

Gudrun Wütz

Strucksfeld 14

42499 Hückeswagen

Tel.: 021 92 / 93 35 59

Fax: 021 92 / 93 35 60

http://deutschland.ntm.org

gudrun.wuetz@ntmd.org

Stellen in Australien und Papua-Neuguinea als Haushaltshelfer und Helfer im handwerklichen Bereich. Die offizielle Trägerschaft für diese Stellen hat die Arbeitsgemeinschaft Evangelikaler Missionen e.V. in Korntal (www.aem.de).

Peruarbeitskreis der Kath. Kirchengemeinde   **§ 14b**   **82**
St. Clemens
z. H. Stephan Mertens
Goerdelerstr. 80
42651 Solingen
Tel.: 02 12 / 221 48-0
Fax: 02 12 / 221 48-21
sankt.clemens@kathsg.de I www.perukreis.wtal.de

Projekt in Peru, das sich u.a. um die Entwicklung einer Fischzucht kümmert, um eine bessere Nahrungsversorgung der Bevölkerung zu ermöglichen. Vom Bewerber werden Spanischkenntnisse und möglichst handwerkliche, praktische, pflegerische oder soziale (Jugendarbeit) Kompetenzen erwartet. Nur Bewerber aus dem bergischen Städtedreieck (Solingen, Remscheid, Wuppertal).

Fokolarbewegung e.V.   **§ 14b**   **83**
z.H. Herrn Martin Wermter
Wilhelm-Ostwald-Str. 12
42651 Solingen
fokolarf.sg@t-online.de I www.fokolar-bewegung.de

Gehört zu den geistlichen Aufbrüchen, die aus den christlichen Kirchen hervorgegangen sind. In Argentinien, Italien und auf den Philippinen werden Dienststellen angeboten. Fließende Kenntnisse der entsprechenden Fremdsprachen und handwerkliche Berufsausbildung sind Voraussetzung.

Förderverein Freundschaft   **§ 14b**   **84**
mit Thiès im Senegal e.V.
Helsinkistr. 34
42657 Solingen

Dienststelle im Senegal, Voraussetzungen: Gute französische Sprachkenntnisse, möglichst Berufsausbildung, handwerkliche Fähigkeiten, Bereitschaft zum Erlernen der Landessprache, Tropentauglichkeitsnachweis (Einsatz im Malariagebiet saisonal bedingt)

Katholische Kirchengemeinde St. Apollinaris   **§ 14b**   **85**
Grunewald 21
42929 Wermelskirchen
Tel.: 021 93 / 728

Ein ADiA-Platz in einer bolivianischen Partnergemeinde, durch den die Kontakte der beiden Kirchen vertieft werden sollen. Die Dienstleistenden werden je nach

Eignung in der Jugendarbeit oder in den Ausbildungswerkstätten eingesetzt. Es werden nur Bewerber aus dieser Pfarrgemeinde mit Grundkenntnissen der spanischen Sprache genommen. Die mit dem Dienst verbundenen Kosten werden nach Absprache zu einem Teil vom Träger übernommen.

Gesellschaft für Deutsch-Russische   **§ 14b**   **86**

Begegnung Essen e.V.
c/o Angelika Küpper
Mühlenweg 61
45289 Essen
Tel.: 02 01 / 57 03 40
www.deutsch-russische-begegnung.de
info@deutsch-russische-begegnung.de

Förderung von Kontakten sowie lebendiger Austausch zwischen Menschen aus Russland und aus Essen. Der Einsatzort liegt in der russischen Partnerstadt Essens, Nishnij Nowgorod, 380 km östlich von Moskau. Eine Dienststelle ist in einem Krankenhaus, zwei weitere in einem Waisenhaus und in einem Internat für künstlerisch begabte Kinder und Jugendliche.
Mittlerweile hat sich dieser Trägerverein auch für Bewerber außerhalb Essens geöffnet. Neben Russischkenntnissen ist soziales Engagement wichtigste Voraussetzung, um eine Stelle bei dieser Organisation antreten zu können.
Reise- und Versicherungskosten können zunächst übernommen werden; der Dienstleistende sollte nach seiner Rückkehr jedoch mit Hilfe eines Sponsorenkreises Teile dieser Aufwendungen erstattet. Taschengeld von 130 EUR pro Monat.

Forum für Internationale Friedensarbeit e.V.   **§ 14b, § 14c**   **87**

Wilhelm-Nieswandt-Allee 100
45326 Essen
Tel./Fax: 02 01 / 83 09 443
Fifa.essen@t-online.de
http://go.to/casawalterzielke

CASAWALTERZIELKE

Neben entwicklungspolitischer Arbeit Unterstützung eines Jugendprojekts in Chile, wo vier Dienststellen zu besetzen sind. Neben der Arbeit in diesem Projekt helfen die Dienstleistenden noch in einem weiteren Jugend- sowie in einem Altenheim. Die Tätigkeitsbereiche sind sehr vielfältig: Sie reichen von der pädagogischen Betreuung der Jugendlichen (Hausaufgabenhilfe, Freizeitgestaltung etc.) über organisatorische Aufgaben bis hin zum Küchendienst. Bewerber für diese Stellen sollten möglichst aus dem Ruhrgebiet stammen und bereits über gute Spanischkenntnisse verfügen. Außerdem sollte bereits Erfahrung in der Arbeit mit Jugendlichen vorhanden sein. Die Reisekosten werden übernommen.

... Du hast Interesse an einem

Friedensdienst im Ausland

und suchst ...

Unser Büro in Karlsruhe organisiert seit über 10 Jahren Internationale Freiwilligendienste in 56 Ländern weltweit.

– eine **Camphill-Einrichtung,**
– eine **Waldorfschule**
– ein **ökologisches** oder
  kulturpädagogisches Projekt
  mit anthroposophischem Hintergrund?

… mit dem Freiwilligen Sozialen Jahr (FSJ) und dem Anderen Dienst im Ausland (ADiA) vom Zivildienst in Deutschland befreien lassen …

Informationen und Bewerbungsunter-lagen unter **www.freunde-waldorf.de**

Freunde der Erziehungskunst Rudolf Steiners e.V.

… oder auf freiwilliger Basis für ein Sozialpraktisches Jahr im Ausland (SJA) entwicklungspolitisch und kulturell engagieren, Verständnis für eine andere Kultur gewinnen, eine fremde Sprache lernen …

siehe auch Seite 135

I

siehe auch Seite 155

siehe auch Seite 111

www.gosouth-comeback.de   *siehe auch Seite 51*

www.ib-freiwilligendienste.de   *siehe auch Seite 89*

IV

Evangelische Kirchengemeinde   § 14b   88
Katernberger Str. 25
45327 Essen-Katernberg
0203 / 35 31 08
www.essen-katernberg.feg.de
Dienststelle in Frankreich

Freundeskreis Las Torres e.V.   § 14b   89
Maxstr. 27
45479 Mülheim/Ruhr
Las.Torres@gmx.de
www.lastorres.de

Unterstützt in Caracas (Venezuela) zwei Tagesstätten für Kleinkinderbetreuung und zwei Zentren für schulpflichtige Kinder und Jugendlichen. Der Dienstleistende trägt durch Gründung eines Spenderkreises zur Deckung der Kosten bei. Gute Spanischkenntnisse und handwerkliche, sportliche, musikalische oder sonstige Fähigkeiten und Erfahrung in der Jugendarbeit werden vorausgesetzt.

THEMBA Förderverein e. V.   § 14b   90
Karlsruher Str. 87
45487 Mülheim/Ruhr
www.themba.de

Dienststelle in Mpumalanga (Südafrika), Voraussetzungen: Abgeschlossene Ausbildung / Studium als Handwerker, Arzt, Krankenschwester, Lehrer; Englischkenntnisse.

Kinderdorf Rio e.V.   § 14b   91
Brücktorstr. 139 a
46047 Oberhausen 1
Tel.: 02 28 / 87 45 30
Fax: 02 28 / 87 10 80
krumscheid@kinderdorf-rio.de | www.kinderdorf-rio.de

Die Unterstützung von Kinderdörfern steht im Mittelpunkt der Arbeit. Geboten werden drei Dienstplätze in Brasilien bei der Betreuung von Kindern sowie auch bei Übersetzungen.
Bewerber sollten über Kenntnisse der portugiesischen Sprache verfügen.
Die Versicherungen werden vom Träger gezahlt; den Flug hingegen hat man selbst zu tragen. Zur Zeit keine Projektstelle frei.

Neukirchener Mission § 14c 92
Andreas Hartig
Gartenstr. 22
47506 Neukirchen-Vluyn
Tel.: 028 45 / 98 38 91
Fax: 028 45 / 98 38 970
verwaltung@neukirchenermission.de
Stellen in Slowakei, Indonesien, Tansania, Uganda und Lettland als Lernhelfer, Erziehungshelfer, Helfer im handwerklichen Bereich, Helfer im Gemeindebau und als Hausmeister. Stellenangebot in Zusammenarbeit mit der AEM als Träger; s. Nr. 63.

Evangelische Kirchengemeinde Goch § 14b 93
Markt 8
47574 Goch
028 23 / 7458
info@kirchengemeinde-goch.de
www. kirchengemeinde-goch.de
Dienststelle in Argentinien.

Deutsche Behinderten-Not-Hilfe e.V. § 14b 94
Pirolweg 7
47638 Straelen
Tel.: 028 34 / 980 33
Die Dienststellen in einer Einrichtung für Behinderte in Palästina / Israel werden zur Zeit nicht besetzt. Vorherige Dienstleistende wurden hauptsächlich in der Betreuung von Behinderten beschäftigt. Arabische Sprachkenntnisse waren dabei erwünscht, englische unbedingt notwendig.
Der Träger übernahm die Versicherungskosten, einen Flug und ein Taschengeld von ca. 80 EUR im Monat.

Amani Kinderdorf e.V. § 14b 95
Rheurdter Str. 46
47661 Issum
info@amani-kinderdorf.de
www.amani-kinderdorf.de
Kinderhäuser und Sozialeinrichtungen in Kilolo / Tansania. Für die neu eröffnete Computerschule soll der Dienstleistende sehr gute Computerkenntnisse und

Erfahrungen in der Landwirtschaft mitbringen. Weiter steht die Betreuung der Kinder und Freizeitgestaltung nach Kindergarten und Schule an. Bewerbungen bitte per E-Mail (Matthias Schmidt: pmschmidt@gmx.at) oder mit frankiertem Rückumschlag.

Bischöfliches Generalvikariat Münster　　　　　　　**§ 14b**　　**96**
c/o Bischöfliches Jugendamt
Sebastian Aperdannier
Rosenstr. 16
48143 Münster
Tel.: 02 51 / 49 54 46

Im Rahmen einer Partnerschaft zwischen den Bistümern Münster und Tula/Mexiko wurden 1992 drei Dienstplätze in Mexiko eingerichtet; auch um die Kontakte zwischen beiden Bistümern zu unterstützen. Weitere Dienststellen sind in Ecuador, Tansania und Brasilien. Zu den Aufgaben der Dienstleistenden in einem Sozialzentrum gehören der Aufbau von Jugend-, Sport und Musikgruppen und die Mithilfe bei der (Wieder-) Vermittlung traditioneller Hilfsmittel der Bevölkerung indianischen Ursprungs.

Die Dienststellen werden nur an Bewerber, aus dem Bistum Münster vergeben, da die Freiwilligen nach ihrer Rückkehr als Multiplikatoren fungieren und die Partnerschaft somit unterstützen sollen. Beim Bewerber sollten Spanischkenntnisse vorhanden sein.

Momentan werden noch alle Kosten von dem Generalvikariat übernommen, jedoch wird der Dienstleistende mittelfristig für sein Taschengeld einen Unterstützungskreis bilden müssen.

Förderverein St. Raphael in St. Ida　　　　　　**§ 14b**　　**97**
Gremmendorf e.V.
Vörnste Esch 22
48167 Münster
st.raphael-st.ida@web.de
www.sanrafael.de

Deutsch-italienisches Projekt der Diözese San Pedro Sula in Honduras für Straßenkinder. Hogar San Rafael bietet elternlosen und verlassenen Kindern ein neues zu Hause, wo sie beschützt leben und aufwachsen können. Sie bekommen dort die Chance, wieder in ein normales Leben zurückzukehren und sich auf ein zukünftiges selbständiges Leben in Honduras vorzubereiten. Dabei unterstützt der Dienstleistende in verschiedenen Bereichen.

Neve Hanna Kinderhilfe e.V. Hamburg § **14b** **98**
c/o Reinhard und Dorothea Winter
Zur Walbeke 47
48167 Münster
Tel.: 025 06 / 38 07

עה חנה
NEVE HANNA

vorstand@nevehanna.de | www.nevehanna.de

Neve Hanna, zu deutsch „Oase der Hanna", ist ein Kinderdorf in Israel, in dem versucht wird, Kindern aus gestörten Elternhäusern ein Zuhause zu geben. Der Dienstleistende hilft bei den täglich dort anfallenden Arbeiten, besonders in der Küche, im Garten, im Büro und bei Reparaturen. Darüber hinaus soll er auch bei der Betreuung der Kinder helfen.

Bei „Neve Hanna" werden Menschen gebraucht, die arbeiten können und sich für das Heim und die Kinder engagiert einsetzen. Es ist wünschenswert, dass ein gewisser Grundwortschatz im Hebräischen schon vor der Einreise verfügbar ist. Zur Bewerbung gehört ein Lebenslauf mit Lichtbild, eine Begründung, warum die Wahl gerade auf Israel und Neve Hannas gefallen ist; Nachweise über pädagogische oder handwerkliche Fähigkeiten sind willkommen.

Kosten von Krankenversicherung und An- und Abreise können nicht übernommen werden. Die Kosten für das Visum und die Aufenthaltsgenehmigung trägt hingegen das Heim, außerdem wird ein monatliches Taschengeld von 100 EUR gezahlt. Auch für den wöchentlichen Hebräischunterricht kommt Neve Hanna auf.

Kath. Kirchengemeinde Heilig Kreuz § **14b** **99**
Welfenstr. 12
48429 Rheine
Tel.: 05971 / 71050
Fax: 05971 / 87452

Einsatzstelle in Bolivien; Voraussetzungen an den Bewerber: Abgeschlossene Berufsausbildung oder mindestens Realschulabschluss, gute Spanischkenntnisse, nur Angehörige des Bistums Münster, wobei gegebenenfalls Bewerber aus dem Dekanat Rheine bevorzugt werden, Vorlage eines pfarramtlichen Führungszeugnisses, wünschenswert: Erfahrungen in kirchlicher ehrenamtlicher Jugendarbeit

---

Kath. Pfarramt St. Josef § **14b** **100**
Fuistingstr. 14
48683 Ahaus
info@stjosefahaus.de
www.stjosefahaus.de
Stellen in Brasilien

Caritasverband für die Diözese Osnabrück e.V.   **§ 14b**   **101**
„Freiwillige Dienste im Ausland"
Domhof 12
49074 Osnabrück
Tel.: 05 41 / 31 82 03
Fax: 05 41 / 31 82 13
FDA@bgv.bistum-os.de
www.bistum-osnabrueck.de/s297.html

Freiwilligendienste in Ghana, Brasilien, Peru, Russland, Großbritannien und Ägypten. Einsatzbereiche von Pfarrgemeinden, Jugendarbeit, Straßenkinderprojekt über Hausmeistertätigkeit bis zu Behinderteneinrichtungen. Die jeweiligen Sprachkenntnisse werden gefordert. Bewerber werden einem umfangreichen Auswahlprozess unterzogen.

Kfar Rafael   **§ 14b**   **102**
Verein zu Förderung einer Dorfgemeinschaft
für Behinderte in Israel e.V.
Kolberger Str. 50
50374 Erfstadt
Fax: 02 235 / 80 95 12
c.u.w.vincent@t-online.de
www.krafael.co.il

Eine Dienststelle in Israel in einer Einrichtung für Behinderte. Dabei sind Bewerber mit Erfahrungen in der Behindertenbetreuung sowie mit bereits absolvierten Praktika in Werkstätten oder in der Landwirtschaft erwünscht. Englischkenntnisse und die Bereitschaft zum Hebräischlernen werden vorausgesetzt.

Deutsch-Nepalische Gesellschaft e.V.   **§ 14b**   **103**
Postfach 19 03 27
50500 Köln

info@deutsch-nepal.de I www.deutsch-nepal.de

Pflegt in erster Linie die Beziehungen zwischen den Deutschland und Nepal. Für die Dienststelle in Nepal sind Englischkenntnisse und die Bereitschaft zum Erlernen der Landessprache notwendig.

Deutscher Verein vom Heiligen Lande   **§ 14b**   **104**
Steinfelder Gasse 17
50670 Köln
Tel.: 02 21 / 13 53 78
mail@heilig-land-verein.de

www.heilig-land-verein.de

Seit 150 Jahren besteht dieser Verein, der im Ausland eigene, soziale Einrichtungen unterhält und dorthin auch Reisen für seine Mitglieder organisiert. In Israel, Palästina, Syrien und Libanon sind insgesamt 16 Dienststellen in den Bereichen der Jugend- und Behindertenbegegnungsstätte, im Altenheim und bei Landbauprojekten. Englische Sprachkenntnisse, Fahrpraxis, handwerkliches Geschick und die Bindung an die katholische Kirche werden vorausgesetzt.
Der Trägerverein finanziert Kost, Logis, Taschengeld von 150 EUR pro Monat und einen Flugkostenzuschuss von 350 EUR.

Gecotec e.V.   **§ 14b**   **105**

c/o Frau Anne Peter
Am Donatushof 13
50765 Köln
Anne-Peter-Koeln@gmx.de
www.gecotec.org

Dienststelle in Peru in der christlich orientierten Einrichtung „Sono Viso" in Cajamarca, die zur Unterstützung der Sozialarbeit dient.
Der Schwerpunkt der Stelle liegt im Bereich der Videoarbeit, bei der auch für verschiedene Arbeiten die Verantwortung zu übernehmen ist. Spanische Basiskenntnisse sind erforderlich. Die Unterkunft wird zur Verfügung gestellt, die sonstigen Kosten sind über einen Förderkreis zu organisieren.

Rhein-Donau-Stiftung e.V.   **§ 14b**   **106**

Friedrich-Schmidt-Str. 20a
50935 Köln
mail@rhedofound.de
www.rhein-donau-stiftung.de

Der Tätigkeitsschwerpunkt Rhein-Donau-Stiftung e.V. liegt in der Entwicklungszusammenarbeit. Es wird eine Stelle in Mexiko angeboten.
In Mexico / Guadalupe im Bundesstaat Nuevo Leon ist der Einsatz im Sozialzentrum "Ciudad de los niños" (Stadt der Kinder). Ciudad de los niños bietet die Tagesbetreuung der Kinder zahlreicher mittelloser Familien an. Bewerber müssen nachweisbar über gute Grundkenntnisse der spanischen Sprache verfügen, außerdem wird ein ehrenamtliches Engagement für Kinder/ Jugendliche, vorzugsweise im katholischen Bereich, gefordert.

Evang. Kirchengemeinde Rodenkirchen   **§ 14b**   **107**
Sürther Str. 34
50996 Köln

Die Dienststelle liegt in einem Vorort von Buenos Aires (Argentinien) in einer Kindertagesstätte.

Nicaragua Arbeitsgruppe Leverkusen e.V.   **§ 14b   108**
Kolberger Str. 95 a
51381 Leverkusen
www.nicagruppe-lev.de

Entstand im Rahmen der Städtepartnerschaft Leverkusen – Chinandega. Chinandega liegt im Nordwesten Nicaraguas an der Pazifikküste. Bei den dort unterstützen Projekte liegen die Schwerpunkte in den Bereichen der Gesundheitsvorsorge und in der Rechtsberatung.

Missionshaus Bibelschule Wiedenest   **§ 14c   109**
Iris Riemer
Olper Str. 10
51702 Bergneustadt
Tel.: 022 61 / 40 61 97
Fax: 022 61 / 40 61 55
riemer@wiedenest.de
www.wiedenest.de

Stellen in Afghanistan, Nepal, Pakistan, Tansania und der Türkei als Lernhelfer, Helfer im handwerklichen Bereich, Erziehungshelfer und Helfer im Krankenpflegebereich. Stellenangebot in Zusammenarbeit mit der AEM als Träger; s. Nr. 63.

Sozialer Dienst für Frieden und   **§ 14b, § 14c   110**
Versöhnung im Bistum Aachen
Veltmanplatz 17
52062 Aachen
Tel.: 02 41 / 41 36 09-0
Fax: 02 41 / 41 36 09-20
info@fsd.bistum-aachen.de
www.friedensdienste-aachen.de

Verbund mehrerer Träger, der dazu dient, die Verwaltung und Öffentlichkeitsarbeit für Freiwilligendienste gemeinsam und zentral zu bewältigen. Es bestehen insgesamt 35 Stellen in Polen, , Kolumbien Chile, Sambia, Ghana, Indien und Ecuador. Ein Förderkreis ist aufzubauen. Bewerber aus dem Bistum Aachen werden bevorzugt.

Deutsche Bischofskonferenz Katholisches   **§ 14b   111**
Auslandssekretariat
Kaiserstr. 161
53113 Bonn
Tel.: 02 28 / 103-465

Fax: 02 28 / 103-471
kas@dbk.de
www.kath.de/kasdbk

Aufgabe ist die Betreuung deutschsprachiger Katholiken im Ausland, auch in Senioren- und Altenpflegeheimen. Dabei gibt es je eine Dienststelle in deutschsprachigen katholischen Gemeinden in Belgien (Brüssel; u.a. Betreuung deutschsprachiger Senioren), Spanien (Barcelona und Madrid; u.a. Mitarbeit in einem Jugendzentrum, Betreuung von Senioren, Hausmeistertätigkeiten), Großbritannien (London; Mitarbeit in einem Schülergästehaus), Ungarn (u.a. Organisieren von Jugendfreizeiten, Besuche bei deutschsprachigen Senioren), Australien (Sydney; Mitarbeit in einem Altenheim; teilweise mit Behinderten) und Bolivien (La Paz; Fahrdienste für die Gemeinde, teilweise Mitarbeit in einem Kinderdorf), Südafrika (Mitarbeit in einem Kinderkrankenhaus).

Vom Bewerber werden entsprechende Sprachkenntnisse erwartet, außerdem ist ein pfarramtliches Führungszeugnis einzureichen. Kosten für Anreise und Krankenversicherung werden vom Katholischen Auslandssekretariat übernommen.

Service Civil International e.V.   **§ 14b   112**
Blücherstr. 14
53115 Bonn
Tel.: 02 28 / 21 20 86
Fax: 02 28 / 26 42 34
info@sci-d.de
www.sci-d.de

Organisation internationaler Freiwilligeneinsätze unter dem Motto „Taten und Worte". Ungefähr zehn Dienststellen stehen im Ausland in unterschiedlichen Bereichen zur Verfügung: In Großbritannien, Irland und den USA arbeiten die Dienstleistenden in Wohn- und Lebensgemeinschaften für Behinderte, wobei die Freiwilligen in einer der Arbeitsgruppen wie z. B. Küche, Bäckerei, Garten, Holzwerkstatt oder Weberei betreuend mitarbeiten. In Frankreich wird der Dienstleistende in einem Projekt des französischen Zweiges des „Internationalen Bauordens" tätig, u.a. hilft er bei Bau und Instandsetzung von Wohnungen für sozial benachteiligte Familien. In Finnland arbeitet der Freiwillige in einer Einrichtung, die hauptsächlich Obdachlose unterstützt. Des weiteren gibt es eine Stelle in einem Entwicklungshilfeprojekt in Kenia.

Interessenten, die bei SCI tätig werden wollen, werden nach einer Vorauswahl zu einem Seminar eingeladen. Daraufhin wird eine endgültige Entscheidung getroffen, ob der Bewerber angenommen wird oder nicht. Interessenten, die bereits in einem ebenfalls von SCI angebotenen Workcamp teilgenommen haben, werden bevorzugt. Weitere Voraussetzungen sind Interesse am interkulturellen Lernen und entsprechende Fremdsprachenkenntnisse.

Vom Dienstleistenden wird eine Vermittlungsgebühr in Höhe von 125 EUR verlangt. Die Versicherungskosten hat zunächst der Freiwillige vorzustrecken; in der

Regel werden diese aber zumindest teilweise vom Projekt vor Ort erstattet. Reisekosten gehen zu Lasten des Dienstleistenden.

Evangelische Kirche im Rheinland   **§ 14b, § 14c   113**
Zivildienstseelsorge und Freiwillige Friedensdienste
Venusbergweg 4
53115 Bonn
ralf.ramacher@ekir.de
www.aktiv-zivil.de

Dienststellen für den Anderen Dienst im Ausland in elf Ländern: In Russland Einsatz in einem Krankenhaus und mehreren Einrichtungen mit Kindern, in Israel in einem Internat oder einem Jugendgästehaus. In den USA arbeitet der Dienstleistende in einem Projekt der United Church of Christ, der Partnerkirche der Evangelischen Kirche im Rheinland.
Weitere Dienstplätze in Frankreich, Großbritannien, Portugal, Rumänien, Ungarn, Argentinien, Brasilien und Ägypten. Bewerber sollten der rheinischen Kirche zugehören und einen Bezug zur Gemeinde haben. Kosten für Anreise, Versicherungen, Taschengeld etc. werden von diesem Träger übernommen, allerdings soll der Dienstleistende mit Hilfe eines Unterstützerkreises einen Teil der Ausgaben mit tragen.

Internationales Centrum für Weltmission e.V.   **§ 14b   114**
Haus Wittgenstein
Ehrental 2-4
53332 Bornheim-Roisdorf
Tel.: 02 222 / 70 11 00
Fax: 02 222 / 70 11 11
info@icw-online.de
www.icw-online.de

Ziel ist die Förderung der Kräfte lokaler Gemeinden. Missionsprojekte werden in Brasilien, Ukraine, Russland, Mosambik, Malawi und Thailand unterstützt. Die Einsatzbereiche liegen in Kindertagesstätten, in der evangelistische Arbeit, in Schulen, Kirchengemeinden und vieles mehr. Die aktive Mitgliedschaft in einer evangelikalen Gemeinde wird vorausgesetzt.

Amrita e.V.   **§ 14b   115**
Laubenweg 28
53639 Königswinter
amrita.ev@amma.de

Zwei Stellen in einem Krankenhaus in Indien, wo die Dienstleistenden bei der Betreuung und Pflege der Patienten mithelfen. Von Bewerbern werden fließende

Englischkenntnisse und Interesse an der Medizin erwartet, außerdem sollten sie bereits Kontakte mit Indien geknüpft haben. Kosten für den Dienstleistenden je nach der Finanzkraft der einzelnen Zivis.

Steyler Missionare e.V.  **§ 14b   116**
c/o Manfred Krause SVD
Arnord-Janssen-Str. 22
53754 St. Augustin
Tel.: 02241 23 7-1
Fax: 02241 29 142
info@steyler-mission.de | www.steyler-mission.de

ADiA-Stellen in Argentinien, Bolivien, Brasilien, Ecuador, Kongo, Ghana, Papua Neuguinea und Rumänien. Bewerber sollten sich bereits in der Gemeinde- oder Jugendarbeit engagiert haben und über entsprechende Sprachkenntnisse verfügen. Die Versicherungs- und Reisekosten trägt der Dienstleistende.

Legionäre Christi e.V. **§ 14b   117**
Linnerijstr. 25
53902 Bad Münstereifel
Tel.: 022 53 / 20 03
Fax: 022 53 / 20 05
noviziat@legionaries.org
www.legionofchrist.org

Die junge, internationale kath. Ordensgemeinschaft, möchte sich aus der Beziehung zu Christi heraus engagiert für ihre Mitmenschen einsetzen.
Zur Zeit bestehen vier Projekte in Mexiko (drei Schulen für bedürftige Kinder und eine Missionsstation) mit jeweils zwei bis drei Stellen. Dort ist vor allem sozial-praktische Arbeit zu leisten, wobei die Beschäftigung mit Kindern und Jugendlichen eine wichtige Rolle spielt.
Der Dienst erfolgt in enger Zusammenarbeit mit kath. Ordensleuten und lokalen ehrenamtlichen Helfern. Daher sollte der Dienstleistende sich mit deren Idealen identifizieren können und bereit sein, an ihrem Leben teilzuhaben sowie verantwortungsbewusst und engagiert mitzuarbeiten. Spanischkenntnisse sind sehr erwünscht bzw. in einem gewissen Maß erforderlich. Es ist ein Bewerbungsbogen anzufordern.
Versicherungs- und Reisekosten muss der Dienstleistende übernehmen

SoFiA Sozialer Dienst für Frieden und **§ 14b, §14c   118**
Versöhnung im Ausland e.V.
Postfach 13 60
54203 Trier

Tel.: 06 51 / 71 05-388, 06 51 / 71 05-553
Fax: 06 51 / 71 05-585
info@sofia-trier.de | www.sofia-trier.de

Verschiedene Verbände und Institutionen aus dem Bistum Trier haben sich zu einem Trägerverein zusammengeschlossen, um einen sozialen Dienst für Frieden und Versöhnung im Ausland aufzubauen, durchzuführen und zu fördern. Es gibt über 20 Einsatzstellen für den Ersatzdienst im Ausland, die sich schwerpunktmäßig in Bolivien und in Frankreich befinden, ferner auch welche in Brasilien, Kanada, Uganda, Polen, Slowakei, Rumänien, Italien, Spanien, Israel, Tansania, Ghana, USA und Bosnien. Die Freiwilligen werden in der Friedens- und Versöhnungsarbeit sowie in sozialen Problembereichen eingesetzt. Es werden allerdings nur Bewerber aus dem Bistum Trier berücksichtigt, die über ausreichende Kenntnisse der jeweiligen Landessprache verfügen. An den Kosten beteiligt sich der Dienstleistende in begrenztem Umfang; der Großteil wird vom Trägerverein übernommen.

Abtei Himmerod § 14b 119

54534 Großlittgen
abtei_himmerod@yahoo.de
www.kloster-himmerod.de

Einsatzstelle in Brasilien (Sao Paulo), Voraussetzungen: „Praktizierender katholischer Christ", entsprechende Sprachkenntnisse, handwerkliche, pädagogische oder landwirtschaftliche Fähigkeiten, soziale Kompetenz.

Bischöfliches Ordinariat Mainz § 14b 120

Referat Gerechtigkeit und Frieden
Postfach 15 60
55005 Mainz
Tel.: 061 31 / 253-263
Fax: 061 31 / 253-586
frieden@bistum-mainz.de
www.bistummainz.de

Dieses Ordinariat führt für die katholische Kirche Missionsdienste durch, wobei Dienststellen in Sambia, Peru und Bolivien angeboten werden. Zwei Dienstplätze in einer Missionsstation in Sambia, wo die Freiwilligen vor allem im handwerklich-technischen Bereich eingesetzt werden. Ein Dienstplatz ist in Brasilien in einem Waisenhaus für Kinder zu besetzen. Der Freiwillige dort übernimmt vor allem Aufgaben in der Betreuung der Kinder (Freizeitbereich, handwerkliche Ausbildung). Ein weiterer Platz in einem Haus für Straßenkinder in Bolivien. Die Aufgabe des Freiwilligen ist es vor allem, pädagogisch mit den Kindern und Jugendlichen zu arbeiten, die große soziale Schäden erlitten haben. Voraussetzung für die Bewerber sind Grundkenntnisse der jeweiligen Landessprache.

Einstellungsbeginn jeweils zum 1. September. Die Diözese Mainz finanziert Hin- und Rückflug, die Versicherungen, ein Vorbereitungsseminar und ein Taschengeld von 50 EUR im Monat. Bewerber müssen aus dem Bereich der Diözese Mainz stammen.

Verein zur Förderung der landwirtschaftlichen	**§ 14b**	**121**

Versuchs-/ Lehranstalt Kalomo, Zambia e.V.
Mittlerer Sampelweg 11
55246 Mainz-Kostheim
Tel.: 061 34 / 654 32

Ein bis zwei Dienstleistende werden von diesem Träger in Sambia eingesetzt, wobei u.a. Aufgaben in einer Grundschule übernommen werden. Eine abgeschlossene Ausbildung in der Landwirtschaft oder im Kraftfahrzeughandwerk, englische Sprachkenntnisse und eine hohe physische und psychische Belastbarkeit sind die nötigen Voraussetzungen für die Bewerber. Die Kosten der Versicherungen und ein Taschengeld von 80 EUR im Monat werden übernommen.

Verein der Norddeutschen Palottiner e.V.	**§ 14b**	**122**

Palottinischer Freiwilligendienst
Stefan Hartmann
Bannmühle
55571 Odernheim
pallotti@web.de

Einsatzländer sind Nordirland, USA, Australien, Kenia, Bangladesch, Bolivien, Ecuador und Brasilien. Die jeweiligen Sprachkenntnisse werden benötigt.

Ev. Kirchengemeinde Bendorf	**§ 14b**	**123**

Hauptstr. 59
56170 Bendorf
Tel.: 026 22 / 55 73
www.bendorf-evangelisch.de
Diverse Stellen in Rumänien

Schönstatt-Patres Deutschland e.V.	**§ 14b**	**124**

Pater Marcelo Aravena
Berg Sion 1, (Vaterhaus)
56179 Vallendar
Tel.: 02 61 / 65 04-300
Fax: 02 61 / 65 04-244

provinzsekretariat@schoenstatt-patres.de
www.schoenstatt-patres.de
Die Dienststellen sind in Chile, Paraguay, Argentinien, Schweiz und England. Je nach Einsatzland werden gute Sprachkenntnisse benötigt. Bewerber sollen praktizierende Christen sein.

Hand in Hand **§ 14b** **125**
Eltern-Kinder-Dritte Welt e.V.
Herrn Dr. Peter Schwab
Fichtenweg 26
56218 Mühlheim-Kärlich

Unterstützung dreier Hilfsprojekte in Brasilien nahe Salvador de Bahia. Dort werden Häuser gebaut und Kleider verteilt. In der Nähe von Rio ist eine Berufsausbildung für Jugendliche entstanden. Außerdem unterstützt „Hand in Hand" bei Adoptionsfragen ausländischer Kinder in Zusammenarbeit mit dem Jugendamt Koblenz. Portugiesische Sprachkenntnisse werden vorausgesetzt.

Eirene – Internationaler Christlicher **§ 14b, § 14c** **126**
Friedensdienst e.V.
Postfach 13 22
56503 Neuwied
Tel.: 026 31 / 83 79-0
Fax: 026 31 / 311 60
eirene-int@eirene.org
www.eirene.org

Ökumenischer, internationaler Friedens- und Entwicklungsdienst, der 1957 von Christen verschiedener Konfessionen gegründet wurde, die sich der Idee der Gewaltfreiheit verpflichtet fühlten und ein Zeichen gegen die Wiederaufrüstung und für das friedliche Zusammenleben setzen wollten.
Einsatzländer sind die USA, Irland, Nordirland, Frankreich, Belgien, Schweiz, Bosnien-Herzegowina, Rumänien, Bulgarien, Bolivien, Brasilien und Nicaragua. In den oben genannten Ländern existieren Plätze für ungefähr 60 Freiwillige, die z.B. in der Behindertenarbeit, in der Obdachlosenarbeit, der Betreuung von älteren Menschen, in Versöhnungsprojekten oder in Straßenkinderprojekten tätig sind. EIRENE bietet auch Plätze in einem Sozialzentrum und in christlichen Lebensgemeinschaften an. Die Länder Bolivien, Brasilien und Nicaragua sind als ADiA (§14b) möglich alle anderen als FSJ (§14c). Der Bewerber sollte entsprechende Sprachkenntnisse mitbringen. Nach der Teilnahme an einem Infoseminar (obligatorisch) beginnt das Bewerbungsverfahren. Eine mögliche Einladung zu einem Bewerberauswahltreffen nach Neuwied erfolgt auf Grundlage der offenen Projektplätze und der Bewerbungsunterlagen. Je nach den finanziellen Möglich-

keiten tragen die Projektträger bzw. Projektländer die Kosten für Taschengeld und Krankenversicherung. EIRENE bittet die Freiwilligen, einen Unterstützerkreis aufzubauen, der monatlich mit 200 EUR die Durchführung des ADiA ermöglicht. Alle weiteren Kosten werden von EIRENE getragen. (Siehe auch Farbtafel III.)

Johannesbund e.V.   **§ 14b**   **127**
Zehnthoftstr. 3-7
56599 Leutesdorf
Tel.: 026 31 / 976-0
johannesbund@t-online.de
www.johannesbund.de
Dienststellen in Portugal und Mosambik

Vereinigte Missionsfreunde e.V.   **§ 14c**   **128**
Bertram Müller
Vor den Birken 17
57078 Siegen
Tel.: 027 32 / 26 131
mueller_bertram@t-online.de
Eine Stelle in Chile in einem Mädcheninternat. Stellenangebot in Zusammenarbeit mit der AEM als Träger; s. Nr. 63.

Deutsches Missionsärzte Team e.V.   **§ 14c**   **129**
Irmela und Werner Wigger
Auf der Buchdahl 9
57223 Kreuztal
Tel.: 02 732 / 58 23 00
info@dmaet.de
Stellen in Uganda als Krankenpfleger, Krankenschwester, Automechaniker oder als Helfer im handwerklichen Bereich. Stellenangebot in Zusammenarbeit mit der AEM als Träger; s. Nr. 63.

Hilfswerk Hoffnungsstrahl e.V.   **§ 14b**   **130**
In der Wiese 5
57299 Burbach-Holzhausen
Fax: 02736 299758
Das Hilfswerk bietet in der Republik Kirgisistan max. zwei Stellen pro Jahr. Eine aktive Mitgliedschaft in einer ev. Freikirche, handwerkliche Fähigkeiten und Grundkenntnisse der russischen Sprache werden vorausgesetzt.

Wycliff e.V., Eva Will   **§ 14c   131**
Siegenweg 32
57299 Burbach
Tel.: 027 36 / 29 71 42
Fax: 027 36 / 29 71 25
eva_will@wycliff.org

Stellen in Äthiopien, Tansania und im Tschad als Lernhelfer und als Mitarbeiter im Bereich für Medien/Literatur sowie IT. Stellenangebot in Zusammenarbeit mit der AEM als Träger; s. Nr. 63.

HELP International e.V.   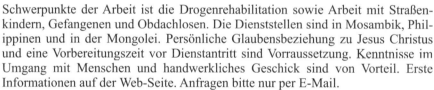   **§ 14b   132**
Wislader Weg 6
58513 Lüdenscheid
Tel.: 023 51 / 20 049
Fax: 023 51 / 20 048
info@helpinternational.de
www.helpinternational.de

Schwerpunkte der Arbeit ist die Drogenrehabilitation sowie Arbeit mit Straßenkindern, Gefangenen und Obdachlosen. Die Dienststellen sind in Mosambik, Philippinen und in der Mongolei. Persönliche Glaubensbeziehung zu Jesus Christus und eine Vorbereitungszeit vor Dienstantritt sind Vorraussetzung. Kenntnisse im Umgang mit Menschen und handwerkliches Geschick sind von Vorteil. Erste Informationen auf der Web-Seite. Anfragen bitte nur per E-Mail.

Ev. Kirche von Westfalen   **§ 14b   133**
Referat Frieden/Friedensdienste im Institut für Kirche und Gesellschaft
Berliner Platz 12
58638 Iserlohn
Tel.: 02371 / 352-183
Fax: 02371 / 352-130

Dienststellen in Israel, USA, Großbritannien. Nur für Bewerber aus der Ev. Kirche von Westfalen.

Kath. Kirchengemeinde Herz-Jesu   **§ 14b   134**
Ostenallee 88a
59071 Hamm
Tel.: 023 81 / 897 56
www.herz-jesu-hamm.de | info@herz-jesu-hamm.de

Ein Dienstplatz in Indien in einem Zentrum für Leprakranke. Nur für Bewerber aus einer katholischen Gemeinde des Großraums Hamm.

Katholische Kirchengemeinde   § 14b   135
St. Vitus
Kirchstr. 17
59399 Olfen
Dienststelle in Sri Lanka; nur Bewerber aus dem Bistum Münster.

Schwestern der hl. Maria Magdalena   § 14b   136
Postel Bergkloster
59909 Bestwig
Tel.: 029 04 / 80 8477
Fax: 029 04 / 808 – 188
jugendbuero@smmp.de
www.smmp.de

Die Gemeinschaft hat seit 1862 einen deutschen Ordenszweig und arbeitet in Pfarrgemeinden, Krankenhäusern, Altenpflegeeinrichtungen, Schulen und andern sozialkaritativen Institutionen. Dienststellen in Rumänien, Bolivien und Brasilien, wobei die Freiwilligen bei vielfältigen Aufgaben mitwirken.
Einsatzfelder sind beispielsweise Kindertagesstätten und Kinderheime der Ordensgemeinschaft; zudem helfen sie bei der Pastoral- und Sozialarbeit.
Von den Bewerbern werden neben entsprechenden Sprachkenntnissen körperliche und psychische Gesundheit; die Fähigkeit zur Teamarbeit und zum Leben in einer Gemeinschaft, eine positive Einstellung zum katholischen Glauben; Engagement in der Gemeinde (Jugendarbeit o.ä.) erwartet. Interessenten aus der näheren Umgebung des Trägervereins werden bevorzugt, u.a. weil oft Vorbereitungsseminare stattfinden.
Kostenübernahme für die Versicherungen.

Zeichen der Hoffnung   § 14b   137
ZNAKI NADZIEI e.V.
Rechneigrabenstr. 10
60311 Frankfurt
Tel.: 069 / 92105-6652
Fax: 069 / 92105-6991
dschefcz@ervffm.de
www.zeichen-der-hoffnung.org

Dienststelle in Polen, Voraussetzungen: Polnische Sprachkenntnisse und kirchliche Anbindung erwünscht. Führerschein Klasse 3 erforderlich

Verein für Soziale Dienste in den § 14b 138
Vereinigten Staaten von Amerika e.V.
Holzhausenstr. 36
60322 Frankfurt
info@social-services.net
www.social-services.net

Sechs Dienstplätze in Chicago (USA) in einer Suppenküche und einem Heim für Obdachlose.
Voraussetzungen: Mindestalter 18 Jahre, Sprachkenntnisse in Englisch, Führerschein, Bereitschaft mit Obdachlosen auf engem Raum zusammenzuarbeiten. Dienstbeginn im Sommer, Bewerbungsfrist endet am 30.11. des vorangehenden Jahres. Alle Anfragen sind ausschließlich per E-Mail an den Verein richten. Eine formlose erste Anfrage nach Bewerbungsunterlagen ist erwünscht.

Städtefreundschaft Frankfurt-Granada § 14b 139
Birgit Koch-Dallendörfer
Rendeler Str. 5
60385 Frankfurt/Main
Tel.: 069 / 45 53 70
Fax: 069 / 46 62 20
info@staedtefreundschaft-frankfurt-granada.de
http://staedtefreundschaft-frankfurt-granada.de

Im Rahmen der Städtepartnerschaft zwischen Frankfurt und Granada/Nicaragua werden vielfältige Projekte realisiert. Ebenfalls vielfältig sind die Tätigkeiten des Zivis in Granada, von dem Grundkenntnisse der spanischen Sprache erwartet werden und der aus dem Großraum Frankfurt kommen muss. PC-Kenntnisse sind von Vorteil.

Ein Bücherbus in Nicaragua e.V. § 14b 140
Frau Elisabeth Zilz
Hermesweg 9
60316 Frankfurt
Tel. / Fax: 069 / 49 26 94
bibliobus@bibliobus.edu.ni
www.bibliobus.edu.ni

Der Zivi arbeitet in nicaraguanischen Hauptstadt Managua in einer Bibliothek und in einem Bücherbus. Die Tätigkeit liegt in der Besucherbetreuung und der allgemeinen Unterstützung der Bibliothekenteams. Gute Spanischkenntnisse und die Lust auf die Arbeit mit Kindern und Jugendlichen wird vorausgesetzt. Führerschein und einfache Computerkenntnisse sind vorteilhaft.

Evangelische Kirche in Hessen und Nassau   **§ 14b   141**
Zentrum Ökumene
c/o Hans Michael Germer
Praunheimer Landstr. 206
60488 Frankfurt/ M.
Tel.: 069 / 97 65 18-52
Fax: 069 / 97 65 18-59
michael.germer@zoe-ekhn.de
www.zoe-ekhn.de

Das Diakonische Werk, der evangelische, kirchliche Wohlfahrtsverband für dieses Gebiet, bietet Dienstplätze in Italien Polen und Schweden an. Eines davon ist ein diakonisches Zentrum der evangelischen Waldenserkirche mit Kindergarten, Schule, Internat und Familienberatungsstelle in einem Stadtteil mit überwiegend sozial schwachen Familien. Dienstleistende dort übernehmen Arbeiten mit den Kindern, Fahrdienste, Reparatur- und Renovierungsarbeiten und in kleinem Umfang auch Bürotätigkeiten. In einem weiteren diakonischen Zentrum, das einen Kindergarten, eine Schule, eine Beratungsstelle, eine Mechanikerwerkstatt und Landbau umfasst, werden die Freiwilligen hauptsächlich in der Landwirtschaft tätig und übernehmen Aufgaben im handwerklichen Bereich. Des weiteren können Dienstleistende in einem Altenheim der evangelischen Waldenserkirche tätig werden, wobei sie fast ausschließlich in der Altenpflege eingesetzt werden.
Die Auswahl der Dienstleistenden geschieht nach den Kriterien handwerkliche / berufliche Vorkenntnisse (gefragt vor allem technische Ausbildung), Sprachkenntnisse, Zugehörigkeit zur Evangelischen Kirche und Erfahrung in der Gemeindearbeit.
Die Krankenversicherung, die Hin- und Rückfahrkosten per Bahn bezahlt die Waldenserkirche. Taschengeld von 140 EUR monatlich.

Worldwidewings   **§ 14c   142**
Hildegard Schneider
Am Eichwald 17
61231 Bad Nauheim
Tel.: 060 32 / 84 334
Fax: 060 32 / 97 01 59
wingsforjesus@freenet.de
www.worldwidewings.de

Stellen in Brasilien in sozialen Projekten; insbesondere Straßenkinderarbeit. Stellenangebot in Zusammenarbeit mit der AEM als Träger; s. Nr. 63.

Para Nicaragua e.V.
c/o Gisela Teichmann
Kantstr. 18
63067 Offenbach
Tel.: 069 / 81 00 78
Fax: 069 / 80 06 09 23
teichchrist@aol.com | www.para-nicaragua.de

§ 14b   143

Im Rahmen der Städtepartnerschaft Offenbach-Ritas (Nicaragua) werden viele Projekte vor Ort unterstützt. Die Dienststelle in Ritas befindet sich im Bereich Landbau, Naturheilmedizin, Weiterbildung und Kinderspeisung. Voraussetzungen sind gute Spanischkenntnisse; der Bewerber muss aus dem Rhein Main Gebiet stammen.

Monimbó e.V.   **§ 14b   144**
Darmstädter Str. 23
63128 Dietzenbach
vereinmonimbo@aol.com
www.monimbo.de

Engagiert bei verschiedenen Projekten in Nicaragua, etwa in einer Schreinerausbildungswerkstatt und bei einem umfangreichen Wohnungsbauprojekt. Spanischkenntnisse werden vom Bewerber benötigt, außerdem muss er aus dem Rhein-Main-Gebiet kommen, denn eine intensive Kenntnis des Vereins ist ebenfalls notwendig.

Adventistische Entwicklungs-   **§ 14b   145**
u. Katastrophenhilfe e.V. – ADRA –
Robert-Bosch-Str. 4
64331 Weiterstadt
Tel.: 061 51 / 811 50
Fax: 061 51 / 81 15 12
info@adra-ev.de
www.adra-ev.de

Die Tätigkeit dieses Trägers konzentriert sich auf die Entwicklungs- und Katastrophenhilfe.
Jeweils zwei Stellen werden in Brasilien (in einem Kinderheim) und Kirgisistan (in der Altenbetreuung) angeboten. Weitere Stellen sind in Kambodscha, Bolivien, Mexico und Nicaragua.
Voraussetzungen für eine Mitarbeit sind eine abgeschlossene Schul- bzw. Berufsausbildung, Erfahrung in der Jugendarbeit, Führerschein Kl. III und englische Sprachkenntnisse. Mitglieder einer Adventgemeinde werden bevorzugt genommen.

Die Versicherungen, Reisekosten, Impfungen und Taschengeld werden vom Träger übernommen.

Jugend für Christus Deutschland e.V.   **§ 14b**   **146**
Am Klingenteich 16
64367 Mühltal
Tel.: 06151 / 14109-18
Fax: 06151 / 14109-20
info@yfc.de
www.yfc.de

jugend für christus deutschland e.v.

Bietet christliche Lebenshilfe für junge Menschen. Der Einsatzort liegt im Südosten Frankreichs in einem Freizeitzentrum. Mitgeholfen wird im allgemeinen Betrieb des Zentrums, in der Küche und in Haus und Garten. Junge Christen mit guten Französischkenntnissen können sich hier bewerben.

WISE e.V.   **§ 14b, § 14c**   **147**
Weltweite Initiative für Soziales Engagement
Geschäftsstelle WISE e.V.
z. H. Frau Uta Forstat
Odenwaldschule (Oberhambach)
64646 Heppenheim
Tel.: 037437 - 530 765 I Fax 0721- 151- 490912
vorstand@wise-ev.de
www.wise-ev.de

Wise e.V.

Möchte weltweit wechselseitiges Lernen, Kooperationen und Freiwilligeneinsätze in Sozialprojekten ermöglichen. In verschiedenen Bereichen werden 20 bis 30 Stellen in Nicaragua (demnächst auch Osteuropa, Nepal, Ghana, Südafrika, weitere Länder Lateinamerikas) angeboten. Generell wichtig ist handwerkliches Geschick. Bewerbungen und Anfragen nur per Formular (Website) und E-Mail.

Nueva Nicaragua e.V.   **§ 14b**   **148**
Verein zur Förderung deutsch-
nicaraguanische Freundschaft und Pflege
der Städtepartnerschaft Wiesbaden-Ocotal
Postfach 58 06
65048 Wiesbaden
Tel.: 06124 7217-77
Fax: 06124 7217- 27
Nueva-Nic.wi@t-online.de
info@nueva-nicaragua-wiesbaden.de
www.nueva-nicaragua-wiesbaden.de

Arbeitet an der Ausgestaltung der Städtepartnerschaft Wiesbaden – Ocotal in Nicaragua mit. Es werden zwei junge Menschen jährlich für einen Einsatz in einer Einrichtung der Kinder- und Jugendhilfe, der Altenpflege oder bei einem ökologischen Projekt entsendet.

Bevorzugt werden Bewerber aus Wiesbaden und Umgebung mit einer abgeschlossenen Schul- oder Berufsausbildung mit guten Spanischkenntnissen und der Bereitschaft, nach der Rückkehr für Info-Veranstaltungen des Vereins zur Verfügung zu stehen.

Die Unterbringung bei einer geeigneten Gastfamilie in Ocotal, die Kosten für den Flug, die Aufenthaltsbewilligung und die erforderlichen Versicherungen werden vermittelt und getragen.

World University Service (WUS) **§ 14b 149**
Deutsches Komitee e.V.
Goebenstr. 35
65195 Wiesbaden
Tel.: 0611 / 446-648
Fax: 0611 / 446-489
info@wusgermany.de
www.wusgermany.de

WUS ist eine internationale, politisch und konfessionell nicht gebundene Organisation, die in über 50 Ländern der Erde besteht. WUS versteht sich als eine internationale Gemeinschaft von Studierenden, Lehrenden und Mitarbeitenden im Bildungssektor. Der Einsatz in der Zivistelle im Jemen setzt Sprachkenntnisse in Englisch, Arabisch (Grundkenntnisse) und gute EDV-Kenntnisse voraus.

Bistum Limburg **§ 14b 150**
Dezernat Jugend / Arbeitsstelle Soziale Dienste
Pf. 14 24
65534 Limburg
Tel.: 064 31 / 99 73–33
Fax: 064 31 / 99 73 35
info@soziale-dienste.net
www.zdl.bistumlimburg.de

Dienststellen in Einrichtungen in Bolivien, Brasilien, Ecuador, Ruanda, Südafrika, Kamerun und Sambia in Einrichtungen für Straßenkinder oder in einer katholischen Pfarrei bzw. katholischen Schule.

Bewerber müssen aus dem Bistum Limburg stammen und Kontakte zu einer christlichen Gemeinde haben. Aus dieser sollte auch ein Förderkreis entstehen, der bereit ist, den Dienst finanziell zu unterstützen. Außerdem gibt das Bistum einen Zuschuss, um die Kosten des ADiA zu decken.
Der Dienst wird vorbereitet.

Interessenten aus dem Bistum Limburg, die bereits über Kontakte zu einer sozialen Einrichtung im Ausland verfügen, können diese unter bestimmten Umständen über diesen Träger als Dienststelle für den ADiA anerkennen lassen.

HCI e.V. Hope for the Children International   **§ 14b**   **151**

Breslauerstr. 44
65770 Kelkheim
Tel.: 061 95 / 97 68 48
Fax: 061 95 / 97 74 03
info@hci-online.de
www.hci-online.de

Die Arbeit zielt auf die Unterstützung hilfsbedürftiger Personen, insbesondere Kinder und Jugendliche in Rumänien ab, um ihnen eine gesunde Entwicklung und Entfaltung zu ermöglichen. Der Bewerber sollte aktiv in einer christlichen Gemeinde engagiert sein und handwerkliches Geschick besitzen.

WEC International e.V.   **§ 14c**   **152**

Susanne Koch
Hof Häusel 4
65817 Eppstein
Tel.: 061 98 / 58 590
Fax: 061 98 / 79 14
info@wi-de.de

Stellen in England und im Senegal als Erziehungshelfer, in sozialen Projekten, Haushaltshelfer und in handwerklichen Projekten. Stellenangebot in Zusammenarbeit mit der AEM als Träger; s. Nr. 63.

Förderverein Afrikaprojekt – Dr. Schales e.V.   **§ 14b**   **153**

Waldstr. 1
66130 Saarbrücken
info@afrikaprojekt-schales.de
www.afrikaprojekt-schales.de

Der Projektbegründer Dr. Schales arbeitete in Afrika als Arzt in einem Missionskrankenhaus. Die Aktivitäten des Vereins konzentrieren sich überwiegend im District Lupane, Zimbabwe in einem Hospital, in einem Schulprojekt und im Bereich der Landwirtschaftshilfe. Gute Englischkenntnisse und technische Fähigkeiten werden beim Bewerber vorausgesetzt. Bewerber aus dem Saarland mit Interesse an der Vereinsmitarbeit werden bevorzugt.

Evangeliums-Team für Brasilien e.V. **§ 14b 154**
Stücks 13
66871 Konken
Tel.: 063 84 / 51 400-60
Fax: 063 84 51 400-61
info@etb-ide.com
www.etb-ide.ch

Der deutsche Pastor Werner Gier wanderte 1973 mit seiner Familie nach Brasilien aus gründeten in Ijuí im Süden Brasiliens ein Missionszentrum mit Freizeitanlage. Später entsteht in Dourados, 1000 km nördlich von Ijuí, ein weiteres Zentrum. Aus der Problematik der Straßenkinder gründet das ETB den Sozialverein „Casa Criança Feliz" (Haus zum glücklichen Kind) und eröffnet die erste Kindertagesstätte in Ijuí. In Alta Floresta öffnete ein Kleinbauernhof und therapeutischer Wohngruppe, zur Weiterbetreuung einiger Kinder der Kindertagesstätte. Als Voraussetzungen an die Bewerber werden nachweisliches kirchliches Engagement (Kinder-, Jugendarbeit, diakonischer Bereich) und handwerkliche Fähigkeiten verlangt.

Arbeitsgemeinschaft ökologischer Landbau **§ 14b 155**
zum angewandten Regenwaldschutz-e.V.
Brahmsstr. 11
67061 Ludwigshafen
armawi@aol.com I www.regenwald-peru.de

Förderung des Regenwaldschutzes in Puerto Maldonado, Peru, mit dem Ziel, durch agro-forstwirtschaftliche Mischkulturen eine Alternative zur umweltzerstörenden Brandrodung zu entwickeln. Nach zwölf Jahren Arbeit, intensiver Anleitung und Beratung, existieren Musterfelder in mehr als fünfzig Dörfern der Provinz „Madre de Dios", einem Gebiet von der Größe Baden-Württembergs. Der Dienstleistende unterstützt den Entwicklungsdienst mit einheimischen Bauern und sollte Spanischkenntnisse mitbringen.

Mennoniten-Brüdergemeinde Frankenthal **§ 14b 156**
Wormser Str. 124
67227 Frankenthal
Tel.: 062 33 / 68 109

Arbeitet eng mit Missionsgemeinschaften im Ausland zusammen und bietet Dienststellen in Kasachstan, der Ukraine, Brasilien und Bolivien.
Die Dienstleistenden werden dabei im praktischen und landwirtschaftlichen Bereich eingesetzt, übernehmen aber auch z. B. die Betreuung von Gemeindemitgliedern.
Von Bewerbern wird erwartet, dass sie ein vorbildliches Leben als Christ führen

und über Kenntnisse der jeweiligen Landessprache verfügen. Interessenten können einen Bewerbungsbogen anfordern.
Der Träger kann finanziell nur für seine Mitglieder aufkommen.

Bischöfliches Ordinariat Speyer   **§ 14b   157**
Bischöfliches Jugendamt
Webergasse 11
67346 Speyer
Tel.: 062 32 / 102-326
Fax: 062 32 / 102-406
bistumsarchiv@bistum-speyer.de
www.bistum-speyer.de

Ein Dienstplatz in Brasilien bei der Betreuung von Straßenkindern und in Chile in einem Kinderheim. Weitere Stellen in Peru, Schweiz und Frankreich. Der Bewerber muss aus der Diözese Speyer kommen und entsprechende Sprachkenntnisse mitbringen.
Die Kosten für Versicherung übernimmt der Träger, und auch ein Taschengeld wird gezahlt.

Arbeitsstelle Friedensdienst der   **§ 14b, § 14c   158**
Evangelischen Kirche der Pfalz
Große Himmelsgasse 3
67346 Speyer
Tel.: 062 32 / 67 15 – 0
Fax: 062 32 / 67 15 – 67
www.friedensdienst.de

Vermittelt Plätze für den ADiA in Zusammenarbeit mit kirchlichen Partnern. Die insgesamt 20 Auslandsdienststellen sind in Frankreich und Belgien in Einrichtungen mit folgenden sozialen Schwerpunkten: Jugendfürsorge; Arbeit mit Alten, Behinderten und Obdachlosen; des weiteren in Krankenhäusern; im Bereich der Rehabilitation und in Kirchengemeinden. Die AFD legt Wert darauf, dass die Freiwilligen auch nach der Rückkehr zu Informations- und Erfahrungsweitergabe bereit sind. Aus diesem Grund ist der ADiA nur auf Bewerber aus dem regionalen Umfeld der Evangelischen Kirche der Pfalz beschränkt. Der Träger finanziert neben den üblichen Versicherungen auch eine Rentenversicherung. Ein Taschengeld wird von der Dienststelle vor Ort in Höhe von etwa 100 EUR übernommen. Die restlichen Kosten, etwa für die Anreise, hat der Dienstleistende selbst zu tragen.

Juntos e.V.   **§ 14b   159**
Rundwiesen 11

67661 Kaiserslautern | http://juntos.org
Unterhält in Chile ein Kinderheim mit Schule und betreibt ein Kinder- und Jugendzentrum für sozial Benachteiligte. Die dazugehörige Landwirtschaft dient der Ausbildung und teilweisen Selbstversorgung. Gute Spanischkenntnisse werden beim Bewerber vorausgesetzt.

Bolivien Hilfe e.V.
Am Perlenberg 5
67724 Gonbach
Tel.: 063 02 / 98 33 14
Fax: 063 02 / 98 33 16
info@bolivienhilfe.de
www.bolivienhilfe.de

§ 14b   160

Dieser Verein, von einem ehemaligen Entwicklungshelfer in Bolivien gegründet, unterstützt ein Bildungszentrum. Dort werden zwei Dienstleistende eingesetzt, die z. B. Aufgaben im Bereich der Kinderbetreuung übernehmen.
Bewerber sollten über Spanischkenntnisse verfügen und handwerkliche Fähigkeiten oder eine Berufsausbildung besitzen.
Versicherungs- und Flugkosten sind von den Dienstleistenden selbst zu tragen.

Caritasverband Mannheim e.V.
Abteilung Kind, Jugend und Familie
B 5, 19 a
68159 Mannheim
Tel.: 06 21 / 12 50-600
Fax: 06 21 / 12 50-628
www.caritas-mannheim.de

Orts-
Caritasverband

Mannheim

§ 14b   161

Setzt sich für Menschen in Not und die Schwachen in der Gesellschaft ein. Die Einsatzstelle befindet sich in Peru in einer Behinderteneinrichtung mit Schulen und Werkstätten. Nur für Bewerber aus Mannheim und Umgebung.

Partnerschaft Garango-Ladenburg e.V.
Am Bildstock 20
68526 Ladenburg
1.vorsitz@garango.de | www.garango.de

§ 14b   162

Ladenburg unterhält eine Städte-Partnerschaft mir der Stadt Garango in Burkina Faso. Hauptaktivitäten des Vereins liegen bei der Verbesserung der Wassersituation, sowie der Unterstützung einer Krankenstation, Schulbauten und lokalen Initiativen. Von Interessenten werden gute Französischkenntnisse erwartet. Bewerber müssen aus der nahen Umgebung Ladenburgs kommen.

Katharina Shirani Mädchenschule e.V.   § 14b   163
Marstallstr. 11
68723 Schwetzingen
Einsatzland: Sri Lanka

Heidelberg-Haus in Montpellier e.V.   § 14b   164
Zentrale Verwaltung der Universität
Seminarstr. 2
69117 Heidelberg
Zwei Stellen in Frankreich. Nur für Bewerber mit Hauptwohnsitz in Heidelberg.

Interessengemeinschaft für rumänische    § 14b   165
Waisenkinder
Heidelberg e.V.
Heiligenbergstr. 1 a
69121 Heidelberg
info@rumänische-waisenkinder.de
www.rumänische-waisenkinder.de

Seit 1990 unterstützt werden Kinder im Raum Brasov (Kronstadt) Rumänien von dem Verein unterstützt. Die Projekte betreuen Pflegefamilien und unterstützen Kinderhäuser, ein Therapie- und Beratungszentrum und ein Kinderkrankenhaus. Der Bewerber sollte gute Rumänischkenntnisse, den Führerschein und handwerkliches Geschick mitbringen.

Christliche Dienste   § 14b   166
Mennonite Voluntary Service e.V.
Hauptstr. 86
69245 Bammental
Tel.: 062 23 / 477 60
info@christlichedienste.de
www.christlichedienste.de

Arbeitet mit den Mennoniten zusammen, die aus der Täuferbewegung der Reformationszeit stammen und somit die älteste evangelische Kirche sind.
Ca. 20-30 Dienststellen in Frankreich, Spanien, Großbritannien, Rumänien, Schweiz, Türkei, Israel, Palästina, Äthiopien, Tansania, Brasilien, Paraguay, Korea, Thailand, Russland, Kirgisistan, Kasachstan, USA und Kanada. Die Einsatzbereiche der Dienstleistenden sind Renovierungs- oder Hausmeistertätigkeiten, landwirtschaftliche Beratung, Mitarbeit in Kindertagesstätten und Arbeit in einer Wohngemeinschaft mit Behinderten.
Es ist wichtig, dass die Bewerber einen persönlichen Bezug zum christlichen

Glauben haben und aktive Gemeindemitglieder sind. Soziales und politisches Engagement allein reichen nicht aus.

Um die Kosten für Versicherungen und Reise zu decken, wird vom Freiwilligen erwartet, dass er durch seine Gemeinde oder einen Unterstützungskreis pro Einsatzmonat 80 EUR beiträgt. Kleines Taschengeld von umgerechnet ca. 20 bis 50 EUR.

Christliche Fachkräfte International e.V. §§ **14b** **167**

Wächterstr. 3
70182 Stuttgart
Tel.: 07 11 / 21 06 60
Fax: 07 11 / 210 66-33
info@cfi-stuttgart.de | www.christliche-fachkraefte.de

Vermittelt Arbeitskräfte ins Ausland, u.a. um die christliche Entwicklung dort zu unterstützen. Die Einsatzländer für den ADiA sind Haiti, Brasilien, Israel, Jordanien, Tansania, Botswana und Malawi. Die Tätigkeiten richten sich nach den Gegebenheiten vor Ort, liegen aber meist im handwerklichen Bereich.

Von Bewerbern wird erwartet, dass sie aktive Mitglieder in einer christlichen Gemeinde sind; Interessenten mit einer handwerklichen Berufsausbildung werden bevorzugt. Englischkenntnisse sind erwünscht.

Die Versicherungen übernimmt der Träger, ein Taschengeld wird ebenfalls gezahlt.

Co-Workers International §§ **14c** **168**
z.H. Gerhard Bräuning
Schickstr. 2
70182 Stuttgart
Tel.: 07 11 / 21 02 116
Fax: 07 11 / 21 02 123
cwi@hilfe-fuer-brueder.de
www.hilfe-fuer-brueder.de

Stellen in Äthiopien, Bolivien, Botswana, Brasilien, Kenia, Mosambik, Republik Kongo, Rumänien und Tansania als Lernhelfer oder Haushaltshelfer. Stellenangebot in Zusammenarbeit mit der AEM als Träger; s. Nr. 63.

Gustav-Adolf-Werk Württemberg e.V. §§ **14b** **169**
Diasporawerk der ev. Landeskirche (GAW)
Pfahlbronner Str. 48
70188 Stuttgart
Tel.: 07 11 / 46 20 05
Fax: 07 11 / 48 36 18

bohner@gaw-wue.de
ev.diaspora@gaw-wue.de

Interstützt religiöse Minderheiten in der Welt durch sein missionarisches Engagement. Mission wird nicht verstanden als ein „Überstülpen" einer Meinung oder eines Glaubens, sondern Einsatz für Menschen in Not. Die Dienststelle sind in Brasilien, Paraguay, Argentinien und Guatemala. Vorausgesetzt werden eine aktive Mitgliedschaft in einer ev. Kirchengemeinde, Sprachkenntnisse des jeweiligen Landes und handwerkliches Geschick. In Orientierungskursen für die Bewerber wird das Projekt vorgestellt und erste Eindrücke vor den Vorbereitungskursen vermittelt.

Freiwilligendienst der Spiritaner   § 14b   170
Lortzingstr. 19
70195 Stuttgart
maz@spiritaner.de

Je eine Stelle in Brasilien, Südafrika, Ghana und Kamerun
Voraussetzungen für eine Bewerbung: Christlicher Glaube und Interesse, einem religiös (kath.) geprägten Umfeld zu leben. Außerdem Teilnahme am Vorbereitungsprogramm.

Ev. Missionswerk in Südwestdeutschland   § 14b   171
Vogelsangstr. 62
70197 Stuttgart
Tel.: 07 11 / 63 67 866
wolz@ems-online.org | www.ems-online.org

Dienststellen in Jordanien, Libanon, Bolivien, Chile, Kamerun und Japan. Anforderungen an die Bewerber: Englisch- und Arabischkenntnisse sind wünschenswert, Kirchenzugehörigkeit, Erfahrungen in der Gemeinde- und Jugendarbeit, obligatorische Teilnahme an zwei Vorbereitungsseminaren in Stuttgart (im Mai und Juli vor der Ausreise), Bewerbungen aus Mitgliedskirchen des EMS (Württemberg, Baden, Pfalz, Hessen, Herrnhuter) bevorzugt. Bewerbungen erst nach Teilnahme an Info-Seminaren (Januar/Februar)

Ev. Landeskirche in Württemberg   § 14b   172
Pfarramt für KDV, ZDL und Friedensarbeit
Haeberlinstr. 1-3
70563 Stuttgart
www.taize.fr/de

Dienststelle in Frankreich in der internationalen ökumenischen Jugendbegegnungsstätte Taizé. Erwartungen an die Bewerber: Sprachkenntnisse in Französisch und Englisch, vorherige Hospitation in Taizé erwünscht

Tempelgesellschaft in Deutschland e.V.
freie christliche Gemeinden
Felix-Dahn-Str. 39
70597 Stuttgart
info@tgdst.de
www.tempelgesellschaft.de

§ 14b   173

Der Name soll in Anlehnung an neutestamentliche Textstellen zum Ausdruck bringen, dass die Mitglieder sich als lebendige Bausteine an einem Gotteshaus verstehen, das sie gemeinsam zu bilden bestrebt sind. Heute besteht die Tempelgesellschaft in Deutschland und in Melbourne, Australien. Dort hilft der Dienstleistende überwiegend in einem Projekt mit älteren Menschen.

Evangelium für Alle e.V.

Beringweg 3
70771 Leinfelden-
Echterdingen
Tel.: 07 11 / 79 43 211
Fax: 07 11 / 79 43 212
EFA.Raible@gmx.de

§ 14b, 14c   174

Dienststellen in Gambia (Westafrika), Schweiz und Frankreich. Voraussetzungen: Aktive Mitarbeit in einer christlichen Gemeinde, handwerkliche Fähigkeiten, gute englische Sprachkenntnisse für Gambia, gute französische Sprachkenntnisse für Frankreich. Die 14c-Stellen werden angeboten in Zusammenarbeit mit der AEM als Träger; s. Nr. 63.

Arbeitsgemeinschaft „Eine Welt"
Dritte Welt Laden e.V.
Corbeil-Essonnes-Platz 10
71063 Sindelfingen

§ 14b   175

Eine Dienststelle in einem Internat in Guatemala, wo der Dienstleistende in der Kinderbetreuung eingesetzt wird.
Bewerber sollten möglichst über Spanischkenntnisse verfügen.
Die Versicherungen werden vom Träger übernommen, Reisekosten zu Lasten des Dienstleistenden. Zur Zeit der Drucklegung war keine Projektstelle frei.

Freunde mexikanischer Indianer- Bibelzentren e.V.
Dr. Joachim Kauffmann
Erlenweg 15
71394 Kernen i.R.
Tel.: 071 51 / 45 515

§ 14c   176

Fax: 071 51 / 47 3749
kauffmann.fmib@t-online.de
Zwei Stellen in Mexiko als Lernhelfer oder als Helfer für den Gemeindeaufbau
an. Stellenangebot in Zusammenarbeit mit der AEM als Träger; s. Nr. 63.

Kontaktmission Dieter Trefz	§ 14c	177

Fuchswiesenstr. 37
71543 Wüstenrot
Tel.: 079 45 / 95 00 20
Fax: 079 45 / 95 00 21
info@kontaktmission.de
www.kontaktmission.de
In Litauen sind fünf Stellen als Lernhelfer, Helfer im handwerklichen Bereich,
Helfer für Gemeindeaufbau oder im sozialen Bereich vorhanden. Stellenangebot
in Zusammenarbeit mit der AEM als Träger; s. Nr. 63.

Jugend-, Missions- und Sozialwerk Altensteig	§ 14c	178

Klaus-Peter Foßhag
Bahnhofstr. 43-47
72213 Altenseig
Tel.: 074 53 / 27 50
Fax: 074 53 / 27 51 71 30
kfosshag@jmsmission.org
In Chile und auf den Philippinen ist je eine Stelle in einem Projekt für Gemeindeaufbau und in sozialen Projekten vorhanden. Stellenangebot in Zusammenarbeit
mit der AEM als Träger; s. Nr. 63.

Gnadauer Brasilien-Mission Gottfried Holland	§ 14c	179

Gerhard-Hauptmann-Weg 11
72250 Freudenstadt
Tel.: 074 41 / 64 45
Fax: 074 41 / 90 55 39
gbm.holland@gmx.de
Drei Stellen in Brasilien bei der Mithilfe in einer therapeutischen Gemeinschaft.
Stellenangebot in Zusammenarbeit mit der AEM als Träger; s. Nr. 63.

Ferienjobs und Praktika – Großbritannien
http://shop.interconnections.de

Verein zur Förderung heilpädagogischer Heime **§ 14b   180**
in Israel e.V.
Am Rosenbach 2
72766 Reutlingen
infomail@zivi-israel.de
www.zivi-israel.de

Sechs Dienstplätze im Partnerprojekt in Israel. Dabei handelt es sich zum eine Einrichtung für geistig Behinderte auf anthroposophischer Grundlage. Zur Aufgabe der Dienstleistenden gehört die Betreuung und Pflege der Behinderten, Hilfe beim Unterhalten der Wohnhäuser, Mitarbeit in Garten und Küche und den diversen Werkstätten (Töpferei, Wollwerkstatt, Puppenherstellung, Korbflechten und einfache Schreinerarbeiten).
Bewerber sollten bereit sein, die hebräische Sprache zu erlernen sowie Aufgaben im pflegerischen Bereich zu übernehmen. Es ist ein Bewerbungsbogen anzufordern. Reise- und Versicherungskosten zu Lasten des Helfers; kleines Taschengeld.

Bischöfliches Jugendamt   **§ 14b   181**
Bund der deutschen Katholiken Jugend
Diözese Rottenburg-Stuttgart
Postfach 12 29
73242 Wernau
Tel.: 071 53 / 30 01-0
Fax: 071 53 / 387 46

Missionarischer Dienst in der Trägerschaft der Diözese Rottenburg-Stuttgart. Die Einsatzländer sind in Argentinien, Brasilien, Peru, Mexiko und Uganda. Die Plätze sind überwiegend in Kirchengemeinden und Missionsstationen, aber auch in Kinderdörfern.
Der Dienst kommt allerdings nur für katholische Bewerber aus der Diözese Rottenburg-Stuttgart (kirchliche Einbindung) in Frage. Englischkenntnisse für Afrika werden gefordert; für Lateinamerika wird ein Sprachkurs angeboten.

Missionsmannschaft Rotes Meer   **§ 14c   182**
Kurt Vogelsang
Degginger Weg 4
73312 Geislingen- Aufhausen
Tel.: 073 34 / 86 00
Fax: 073 34 / 92 21 01
rstgermany@t-online.de

Die Mission hat eine Stelle in Mali als Lernhelfer. Stellenangebot in Zusammenarbeit mit der AEM als Träger; s. Nr. 63.

Mission Kwasizabantu
Deutschland e.V.
Osterlängstr. 47
73527 Schwäbisch Gmünd
info@ksb-d.de
www.kwasizabantu.de

§ 14b   183

Mission Kwasizabantu
Deutschland

Diese evangelische Missionsgemeinschaft führt Hilfsprojekte für christliche Gemeinde in Südafrika durch. Dabei unterstützt der Dienstleistende.

Katholisches Pfarramt St. Augustinus   § 14b   184
Goethestr. 75
74076 Heilbronn
Tel.: 071 31 / 15 53-50
Fax: 071 31 / 15 53-520
Pfarramt@augustinus-heilbronn.de
www.augustinus-heilbronn.de

AUGUSTINUS

Einsatzstelle liegt in Chile. Spanischkenntnisse und Erfahrungen in der kirchlichen Jugendarbeit werden vorausgesetzt. Nur für Bewerber aus der Region Heilbronn-Franken bzw. nördliches Baden-Württemberg.

Evang. Brüderverein e.V. Stuttgart   § 14b   185
Auf dem Kugelwasen 13
74415 Gschwend
Tel.: 079 72/ 53 29
Fax: 079 72/ 60 98

Eigenständige Freikirche mit je einer Stelle in Papua-Neuguinea im Baubereich und einer weitere in Rumänien; jedoch leider ausschließlich für Interessenten aus dem eigenen Brüderverein.

Points-Coeur/Offenes Herz e.V.   § 14b   186
Pfalzgraf-Otto-Str. 12
74821 Mosbach
Tel.: 062 61 / 67 49 08
info@offenesherz.de
www.offenesherz.de

Points-Cœur / Offenes Herz unterstützt die Förderung der Kinder- und Jugendpflege in Ballungszentren und Elendsvierteln aller weniger entwickelten Gebiete der Erde. Um das zu verwirklichen, werden sog. „Freunde der Kinder" in die verschiedensten Points-Cœur-Häuser in den Elendsvierteln der Welt gesendet.
Die Voraussetzungen sind die Einsatzbereitschaft für sozial benachteiligte Fami-

lien, Aufgeschlossenheit für katholisches Leben in Gemeinschaft und die Bereitschaft, sich für mind. 14 Monate zu verpflichten. Dafür stehen Plätze in Point-Cœur-Häusern in Argentinien, Brasilien, Peru, Indien oder auf den Philippinen zur Verfügung. Der Erstkontakt bitte über das Internet an den aktuellen Ansprechpartner.

Operation Mobilisation e.V.   **§ 14c   187**

Natascha Landes
Alte Neckarelzer Str. 2
74821 Mosbach
Tel.: 062 61 / 94 70
Fax: 062 61 / 94 71 47
info@d.om.org I www.d.om.org

Missionsgesellschaft in über 100 Ländern mit Zivi-Stellen in Großbritannien, Frankreich, Schweden, Schweiz, Spanien, Türkei, Südafrika, Uruguay sowie in Ländern Nordafrikas und Südostasiens. Inhaltlich geht es um soziale Projekte, Arbeit mit Kindern und Jugendlichen und Gemeindearbeit. Außerdem gibt es in Zusammenarbeit mit der Organisation „OM Ships International" (www.ships.de) Einsatzplätze auf Missionschiffen, die unter dem Motto „Bildung, Hilfe und Hoffnung für Menschen weltweit" in allen Kontinenten unterwegs sind. Stellenangebot in Zusammenarbeit mit der AEM als Träger; s. Nr. 63.

Deutsche Missionsgemeinschaft   **§ 14b, § 14c   188**

z.H. Erika Keller
Buchenauerhof
74889 Sinsheim
Tel.: 07 265 / 95 91 48
Fax: 07 265 / 95 91 09
shortterm@dmgint.de
www.dmgint.de/ke

Stellen in Argentinien, Bahrain, Frankreich, Indonesien, Kenia, Panama, Spanien und Uganda als Lernhelfer oder als Helfer in sozialen Projekten. Die Stellen werden angeboten in Zusammenarbeit mit der Arbeitsgemeinschaft Evangelikaler Missionen e.V., die auch offiziell als Träger fungiert, Adresse siehe Text zu Träger Nr. 63.

Hilfsgüter u. Partnerschaft   **§ 14b   189**
für Afrika e.V.

Wilhelm-Hauff-Str. 44
74906 Bad Rappenau-Fürfeld
info@helpforafrika.de

www.helpforafrika.de

Unterstützt Erste-Hilfe-Stationen und Berufsschulen, organisiert Hilfsgütertransporte und fördert die Aktivitäten zwischen Industrie- und Entwicklungsländern. Die Einsatzstelle befindet sich in Südafrika in einer Berufsschule, wo der Dienstleistende die Praxisarbeit unterstützt. Daher werden beim Bewerber auf eine handwerkliche Ausbildung und gute Englischkenntnisse Wert gelegt. Interessenten aus dem Kreis Heilbronn und Döbeln werden bevorzugt berücksichtigt.

Ugandahilfe – Kagadi e.V.	**§ 14b**	**190**

Beethovenstr. 30
74909 Meckesheim
info@ugandahilfe-kagadi.de
www.ugandahilfe-kagadi.de

Möchte bedürftigen Kindern der noch jungen Kleinstadt im Westen Ugandas Starthilfen für Schule und Ausbildung geben. Eltern- und hilflose Kinder erhalten die Möglichkeit, aus einem gesicherten Umfeld heraus, einem Schülerwohnheim, die Schule zu besuchen. Landwirtschaft und Tierhaltung versetzen das Heim in die Lage, selbst zu seinem Unterhalt beizutragen. Durch Farmarbeit und innovative Projekte werden den Kindern über die Schulzeit hinaus Perspektiven eröffnet. Der Dienstleistende unterstützt die Arbeit mit den bedürftigen Kindern.

Peru-Hilfe-Kraichgau e.V.	**§ 14b**	**191**

Eichendorfstr. 3
74925 Epfenbach

Unterstützt ein Straßenkinderprojekt in Cuzco / Peru. In diesem Rahmen wurde ein Kinderheim gegründet. Für die Zukunft ist eine Vergrößerung des Kinderheims geplant sowie der Erwerb eines zusätzlichen Grundstück zur landwirtschaftlichen Nutzung. Der Dienstleistende bringt am besten gute Spanischkenntnisse und Erfahrung im Umgang mit Kindern und Jugendlichen mit.

Mülheimer Verband Freikirchlich-Evangelischer	**§ 14b**	**192**

Gemeinden GmbH
Martin Lutzweiler
Weinbergstr. 1
75210 Keltern
Tel.: 072 36 / 93 28 23
Martin.Lutzweiler@t-online.de

Freikirche auf der Grundlage einer evangelikal-charismatischen Theologie. Er fungiert als Träger für zwei Dienstorte in Sambia, nämlich das Internat Chengelo Secondary School und ein Schul- und Waisenkinderprojekt in Kabwe. Der Bewerber muss überzeugter Christ sein; aktives Mitglied in einer Gemeinde des Mülheimer Verbandes sein und muss aufgrund sambischer gesetzlicher Bestimmungen bei Dienstantritt 21 Jahre alt sein. Der Bewerber sollte über gute Englischkenntnisse verfügen. Je nach Dienststelle sind handwerkliche Fähigkeiten oder gute PC-Kenntnisse wünschenswert.

Amntena **§ 14b** **193**

Würmtalstr. 26

75233 Tiefenbronn-Mühlhausen

Tel.: 072 34 / 94 22 43

Fax: 072 34 / 94 22 46

info@amntena.de I www.amntena.de

Unterstützt verschiedene Organisationen in Chile, Brasilien, Argentinien und Peru. Der ADiA ist möglich in einem Krankenhaus, in einer Berufsschule, in einem Kindergarten und in einem Frauenhaus.

Voraussetzung für eine Mitarbeit bei Amntena ist eine entsprechende Ausbildung. Außerdem sollte der Bewerber nach Möglichkeit Spanisch beherrschen. Neben den Ausgaben für Flug und Versicherungen muss der Dienstleistende auch die Aufenthaltskosten vor Ort aus eigener Tasche zahlen.

Ost-West-Gesellschaft in Baden-Württemberg e.V. **§ 14b** **194**

c/o Deutsch-Russische Gesellschaft Pforzheim-Enzkreis

Frau K. Leicht

Baumstr. 2

75242 Neuhausen

kfjleicht@t-online.de

Eine Stelle im sibirischen Irkutsk (Russland), Voraussetzungen sind gute Russischkenntnisse, Verständnis für russische Kultur und Mentalität, pädagogische, kreative und handwerkliche Fähigkeiten, Kooperations- und Anpassungsfähigkeit, psychische und physische Belastbarkeit (im Winter bis zu – 40 Grad), Eigeninitiative, Flexibilität und Humor, Interesse an Heilpädagogik, Landwirtschaft u. ökologischen Themen sowie Führerschein. Nur für Bewerber aus Baden-Württemberg.

Zedakah e.V. **§ 14b** **195**

Talstr. 100

75378 Bad Liebenzell-Maisenbach

Tel.: 070 84 / 92 76-0

Fax: 070 84 / 92 76-47

Betreibt ein Gästehaus in Shavei Zion / Israel, in dem vorrangig Holocaust- Überlebende zur Erholung kostenlos aufgenommen werden und ein Altenpflegeheim in Maalot / Israel. Eine aktive Mitgliedschaft in einer christlichen Gemeinde wird vorausgesetzt und handwerkliche Fähigkeiten bevorzugt.

Liebenzeller Mission § 14c 196
Hartmut Wacker
Postfach 1240
75378 Bad Liebenzell
Tel.: 070 52 / 17 109
Fax: 070 52 / 17 104
hartmut.wacker@liebenzell.org
Stellen in Argentinien, Israel, Kanada, Malawi, Sambia, Slowakei und Tansania als Lernhelfer, Helfer im handwerklichen Bereich, Erziehungshelfer oder als Helfer im sozialen Bereich. Stellenangebot in Zusammenarbeit mit der AEM als Träger; s. Nr. 63.

Evangelische Landeskirche in Baden § 14b 197
Amt für Kinder- und Jugendarbeit
Postfach 22 69
76010 Karlsruhe
Tel.: 07 21 / 91 75-0-468
Der Dienst über diesen Träger wird mit Hilfe evangelischer Kirchen im Ausland getragen. Fünf bis sechs Stellen für den ADiA in Italien, Frankreich, Rumänien, Portugal, Nicaragua, Argentinien und Polen, in Kinder- und Altenheimen sowie in Begegnungsstätten.
Bewerber müssen aus dem Bereich der Ev. Landeskirche Baden kommen.
Es muss ein Unterstützungskreis aufgebaut werden, aus dem die mit dem Dienst verbundenen Kosten finanziert werden.

Unsere kleinen Brüder und Schwestern e.V. § 14b 198
Hilfe für Waisenkinder
Anne-Kathrin Pitov / Freia Nkansah
Ritterstr. 9
76137 Karlsruhe
Tel.: 07 21 / 40 74 17
Fax: 07 21 / 40 64 84
volunteers@nphamigos.de
www.nphamigos.de

Unterhält gleichnamige Einrichtungen in Mexiko, Guatemala, Honduras, El Salvador, Nicaragua und Haiti. Dort werden verwaiste und verlassene Kinder und Jugendliche in Heime aufgenommen. In den genannten Ländern ist auch der ADiA möglich.
Die Arbeitsfelder liegen bei der Betreuung und Versorgung in den Bereichen Schule, Ausbildung, Werkstätten, und Behindertenarbeit. In einigen Einrichtungen kann man auch im landwirtschaftlichen oder medizinischen Bereich eingesetzt

werden oder übernimmt Hausmeistertätigkeiten.
Für die Mitarbeit in allen mittelamerikanischen Einrichtungen sind gute Grundkenntnisse im Spanischen Voraussetzung. Für einen Einsatz auf Haiti, im Kinderkrankenhaus oder im Waisenheim werden Französischkenntnisse empfohlen. Mindestalter 21 Jahre.
Maßgeblich für die Auswahl ist der Bedarf der Projekte. Die Entscheidung über die Bewerber treffen immer die Verantwortlichen vor Ort.
Der Träger übernimmt für die Dienstleistenden die Kosten für die Versicherungen und anteilig die Kosten für eventuelle Vor- und Nachbereitungskurse des Einsatzes. In einigen Projekten wird ein kleines Taschengeld gezahlt. Reisekosten sind selbst zu tragen. (Siehe auch Seite 155)

Freunde der Erziehungskunst Rudolf Steiners e.V.   **§ 14b, § 14c   199**

Königsberger Str. 35a
76139 Karlsruhe
Tel.: 07 21 / 67 97 64
Fax: 07 21 / 68 57 33
freundekarlsruhe@t-online.de
www.freunde-waldorf.de

Freunde der
Erziehungskunst
Rudolf Steiners

Setzt sich seit 1971 für die weltweite Ausbreitung der Pädagogik Rudolf Steiners, des Begründers der Waldorfschulen, ein und damit für ein grundsätzlich freies Schul- und Bildungswesen.
Mit etwa 400 Dienstplätzen in ca. 200 sozialen Einrichtungen auf anthroposophischer Grundlage in 53 Staaten ist dieser Träger mittlerweile der größte Träger für den Ersatzdienst im Ausland. Grundsätzlich sind alle Dienstplätze sowohl als FSJ (§14c) als auch als ADiA (§14b) möglich. Die Länder, in denen der Dienst geleistet werden kann, sind: Dänemark, Finnland, Frankreich, Griechenland, Großbritannien, Irland, Italien, Kroatien, Norwegen, Polen, Rumänien, Russland, Schweden, Schweiz, Spanien, Kanada, USA, Argentinien, Brasilien, Chile, Peru, Uruguay, Ägypten, Südafrika, Australien, Neuseeland und weitere. Mögliche Einsatzfelder hauptsächlich in der Kinder- und Jugendpflege (Schulen, Kindergärten), und in heilpädagogischen Heimen für Behinderte Menschen.
Ausführliches Informationsmaterial, das auch eine Übersicht aller Stellen und Adressen Ehemaliger beinhaltet, wird gegen 5,50 EUR in Briefmarken versendet. Der Freiwillige sucht sich ein Projekt seiner Wahl und bewirbt sich dort. Die Auswahl wird dann von der Einrichtung vor Ort getroffen. Die Voraussetzungen für die Bewerber hängen von der jeweiligen Institution ab, in einigen jedoch werden ehemalige Waldorfschüler bevorzugt.
Die Zivis werden gebeten, einen Unterstützerkreis aufzubauen, der zur Deckung de Kosten des Dienstes beiträgt. Versicherungs- und Reisekosten werden vom Träger übernommen. 14c-Zivis erhalten in jedem Fall ein Taschengeld, ob und in welcher Höhe ein Taschengeld beim ADiA gezahlt werden kann, liegt im Ermessen der Einrichtung vor Ort. (Siehe auch Farbtafel I.)

Katholisches Pfarramt St. Andreas Ubstadt §14b 200
Pfarrer Remigius Bopp
Andreasplatz 2
76698 Ubstadt-Weiher
Tel.: 072 51 / 65 86
Fax: 072 51 / 69 879

Stelle im österreichischen Wallfahrtsort und Pilgerzentrum Mariazell. Die Aufgabe besteht in der Betreuung von Pilgern aus allen Teilen Europas und bietet zudem eine spannende Zusammenarbeit mit Restauratoren. Interessenten sollten Freude im Umgang mit Menschen und Aufgeschlossenheit für kirchliches Leben mitbringen. Vor dem Dienst werden Interessenten nach Mariazell eingeladen, um den Dienstort vorab kennenzulernen. Monatliches Taschengeld in Höhe des Zivisoldes.

Pacific Missionary Aviation Deutschland §14c 201
Michael Lange
Im Denzental 2
76703 Kraichtal
Tel.: 072 51 / 69 979
Fax: 072 51 / 69 970
pmadeutschland@aol.com

Die Aufgabe ist die christliche Missionstätigkeit durch Ausbreitung des Evangeliums und durch Übernahme von Diensten an Hilfsbedürftigen jeder Art. Einsatzgebiete sind Mikronesien und die Philippinen, wobei der Ersatzdienst nur in Mikronesien geleistet werden kann.

Der Dienstleistende wird nicht an einem festen Ort eingesetzt, sondern arbeitet auf mehreren Inseln Mikronesiens. Dabei hilft er bei der Jugendarbeit, organisiert sportliche und musikalische Aktivitäten, bildet junge Einheimische handwerklich aus, verrichtet praktische Arbeiten auf den Missionsstationen und leistet, je nach Qualifikation, geistliche Betreuung und Unterweisung der Einheimischen.

Von allen Mitarbeiten wird christliche Motivation und eine Glaubenseinstellung erwartet. Außerdem ist eine abgeschlossene Berufsausbildung Voraussetzung, um eine Arbeitserlaubnis für Mikronesien zu bekommen. Des weiteren muss der Beruf zur Arbeit des Trägers passen. Für Abiturienten und Studenten gibt es demnach leider keine Möglichkeiten, von PMA angestellt zu werden. Sehr wichtig ist ferner fließendes Englisch.

Die Bewerbung wird hier in Deutschland bearbeitet, danach wird eine Empfehlung an die Missionsleitung der PMA in Mikronesien weitergegeben. Dort wird die Entscheidung letztlich getroffen.

Stellenangebot in Zusammenarbeit mit der AEM als Träger; s. Nr. 63.

El Qantara – Die Brücke e.V.   **§ 14b   202**
Lehmbauernweg 3
77793 Gutach
info@elqantara.org
www.elqantara.org

Fördert den Dialog zwischen den Völkern. In Tunis / Tunesien betreut der Verein leicht- bis schwerbehinderte Jugendliche, um ihnen eine berufliche Ausbildung zu ermöglichen. Die Dienstleistenden begleiten und betreuen die behinderten Kinder und Jugendlichen bei der landwirtschaftlichen Arbeit und sind für die Wartung des Bauernhofes zuständig. Die Gastfamilie und die Kantine am Arbeitsplatz übernehmen die Verpflegung, ein Taschengeld wird auch gezahlt. Französisch- oder Arabischkenntnisse werden vorausgesetzt. Bei Anfragen bitte E-Mail Adresse angeben.

Caritasbezirksverband Lahr-Ettenheim e.V.   **§ 14b   203**
Kaiserstr. 85
77933 Lahr
Tel.: 078 21 / 90 66-0

Dienststelle in Ägypten in einem Tageszentrum für Straßenkinder. Die Arbeit umfasst die Koordination von sozialen Aktivitäten und das Vorbereiten und Leiten von internationalen Jugendbegegnungen. Vom Bewerber wird Offenheit gegenüber fremden Kulturen, gute bis sehr gute Englischkenntnisse und die Bereitschaft Arabisch zu lernen erwartet. Nur für Bewerber aus Südbaden.

Schutzwaldverein e.V.   **§ 14b   204**
Ob den Rainen 5
78315 Radolzell

www.schutzwald-ev.de

Trägt zum Erhalt der Tropischen Wälder und zur Verbesserung der Lebensverhältnisse für die dortige Bevölkerung bei. Jeweils eine Stelle werden in Arutam und in Cerritos in Ecuador angeboten. In Arutam besteht die Hauptaufgabe in der Durchführung des Englischunterrichts in einer Grundschule. In Cerritos wurde ein Schuldach gebaut und der Schule Bücher zur Verfügung gestellt. Weitere Projekte sollen auch durch einen Auslandszivi verwirklicht werden. Bei allen Tätigkeiten sollte man zumindest Grundkenntnisse in Spanisch mitbringen können.

Pfarramt St. Martin   **§ 14b   205**
Radolfzellerstr. 42
78467 Konstanz

Dienststelle in einem südkoreanischen Jungenheim, keine finanzielle Unterstützung durch den Träger, so daß geraten wird, einen Förderkreis aufzubauen.

Helft uns helfen e.V. §14b 206

Kapplerbergstr. 64
78476 Allensbach
Tel.: 075 33 / 93 59 458
Fax: 075 33 / 50 22
huh@gmx.net
www.helft-uns-helfen.de

Internationale, unabhängige und gemeinnützige Ehrenamtlichenorganisation, die Schulprojekte in Nicaragua unterstützt. Die Voraussetzungen sind Spanischkenntnisse.

Indicamino §14c 207

Michael Gruhler
Bahnhofstr. 25
78647 Trossingen
Tel.: 074 25 / 66 33
Fax: 074 25 / 31 263
info@indicamino.de

Stellen in Bolivien und Peru im handwerklichen Bereich oder als Lernhelfer. Stellenangebot in Zusammenarbeit mit der AEM als Träger; s. Nr. 63.

Solidarität mit Guatemala e.V. §14b 208

c/o Ewald Seiler
Rahel-Varnhagen-Str. 15
79100 Freiburg
fijate@web.de

Eine Stelle im indianischen Hochland von Guatemala, Mitarbeit in einem Kinderdorf. Voraussetzungen: Gute Spanischkenntnisse, pädagogische Erfahrungen-/Fähigkeiten u./o. handwerkliche Fertigkeiten, Bereitschaft zu interkulturellem Lernen.

Deutscher Caritasverband Freiburg §14b, §14c 209

– Referat Gemeindecaritas –
Karlstr. 40
79104 Freiburg
Fax: 0761 / 200 – 509
Freiwilligendienste@caritas.de

Einsatzstellen in Peru (Jugendarbeit in einem überregionalen Jugendbüro verbunden mit Aktivitäten in einem örtlichen Jugendhilfe-Projekt), Ecuador (Soziale Dienste in der Pastoral Social [Caritas]; Familien- und Behindertenhilfe) und

Frankreich (Wohnen und arbeiten mit behinderten Menschen in einer Gruppe der Arche bei Paris). Voraussetzungen: Ehrenamtliche Mitarbeit in der Jugendarbeit oder in einer Eine-Welt-Gruppe; Entsendung / Beauftragung durch Pfarrgemeinde, Jugendverband. Außerdem entsprechender Spracherwerb (spanisch bzw. französisch); Sensibilität für Kultur, Religiosität, Armut und Not.

Brasilien-Initiative Freiburg e.V.   **§ 14b   210**
In den Weihermatten 27
79108 Freiburg
Tel./Fax: 07 61 / 55 62 572
tatu@brasilieninitiative.de
www.brasilieninitiative.de

Schwerpunkt auf der politischen und ökonomischen Situation der brasilianischen Bevölkerung und deren Widersprüche. Bei den Dienststellen handelt es sich um zwei Plätze in Brasilien: ein Straßenkinderprojekt in Sao Paulo und ein Ausbildungsprojekt in Salvador da Bahia. Portugiesische Sprachkenntnisse und Flexibilität im Umgang mit Kindern und Jugendlichen werden vorausgesetzt.

Erzdiözese Freiburg   **§ 14b, §14c   211**
Fachstelle Freiwilligendienste / Friedensdienste
Okenstr. 15
79108 Freiburg i. Br.
Tel.: 07 61 / 51 44154
Fax: 07 61 / 51 44 76 156

Der Dienst wird im Rahmen der Partnerschaft der Erzdiözese Freiburg mit der peruanischen Kirche geleistet, so dass für die Stellen in Kirchengemeinden in Peru, Nordirland und Israel nur Bewerber in Frage kommen, die im Bistum Freiburg wohnen, eine positive Einstellung zur Kirche mitbringen und sich in kirchlichen Institutionen engagieren oder zumindest einen Bezug dazu haben.

Vereinigte Missionsfreunde e.V.   **§ 14b   212**
Kehler Str. 31
79108 Freiburg
vmf.freiburg@t-online.de
www.missionsfreunde.de

Arbeitet in der inneren und äußeren Mision, der Kinder- und Jugendarbeit, der Erwachsenenbildung und der Unterstützung hilfsbedürftiger Personen und Vereinigungen. Dienststellen in Kamerun, Chile und Spanien mit Einsätzen z.B. in der Missionsstation, einer Hauswirtschaftsschule, einer Bibelschule, einer Krankenstation u.ä. Die Mitgliedschaft bei den Vereinigten Missionsfreunden bzw. einer deren Mitgliedsgemeinden werden vorausgesetzt.

Democracy e.V. – Albanienhilfe   **§ 14b   213**
Hirschenweg 6
79252 Stegen
www.democracy-albanien.de

Widmet sich in Albanien insbesondere der medizinischen Hilfe und dem kultureller Austausch. Vier Stellen sind in Saranda / Südalbanien vorhanden. Den Dienst
leistet man im Waisenhaus im Bereich Jugendarbeit und bei kleinen Hausmeistertätigkeiten ab. Ausführliche Projektbeschreibung und Bewerbungsfragebogen im
sind im Internet.

Outward Bound Deutsche Gesellschaft für   **§ 14b   214**

Europäische Erziehung e.V.
Nymphenburger Str. 42
80335 München
Tel.: 083 62/ 9822-0
Fax: 083 62 / 9822-22
info@outwardbound.de
www.outwardbound.de

Bietet seit über 50 Jahren Outdoor-Seminare für unterschiedliche Zielgruppen.
Stellen in Österreich im Bereich der Schüler-, Jugendarbeit und Hausmeistertätigkeiten.

Kolpingwerk Diözesenverband München   **§ 14b   215**
und Freising e.V.
Adolf-Kolping-Str.1
80336 München
Tel.: 089 / 59 99 69-50
Fax: 089 / 59 99 69-59
kontakt@kolping-dv-muenchen.de
www.kolping-dv-muenchen.de

Der ADiA über diesen Träger ist in Ecuador möglich. Allerdings werden nur
Bewerber aus der Erzdiözese München und Freising mit Spanischkenntnissen und
handwerklicher Berufsausbildung angenommen.

Kath. Stadtpfarramt St. Anna   **§ 14b   216**
St.-Anna-Str. 19
80538 München

Dienststelle in Bolivien.

Deutsche Provinz der Jesuiten K.d.ö.R.   **§ 14b, § 14c   217**
Kaulbachstr. 31a
80539 München
Tel.: 089 / 23 86-22 00
Fax: 089 / 280 53 48
team@jev-online.de
www.jev-online.de

Unterstützung sozialer Projekte in Russland (Sibirien), Rumänien, Bosnien, Kroatien, Mexiko und Peru. Insgesamt neun Dienstplätze. Die Stellen in Osteuropa sind z. B. in der Obdachlosenbetreuung, in einer Sozialstation, und auch mit Kindern wird gearbeitet. In Lateinamerika gibt es z. B. Projekte für Flüchtlinge (Mexiko) oder Bildungsstätten (Peru).

Bewerber müssen christliche Motivation zeigen und sollten sich zu dem mit den vier Grundlinien, an denen sich die JEV ausrichtet, identifizieren können. Sie lauten: Einsatz für Gerechtigkeit, gelebter Glaube, Leben in Gemeinschaft und einfacher Lebensstil. Des weiteren sind Abitur oder eine abgeschlossene Berufsausbildung, sowie Sprachkenntnisse des entsprechenden Landes Voraussetzung für eine Tätigkeit.

Der Dienstleistende ist angehalten, einen Förderkreis zu gründen, der mindestens 50% der für den Aufenthalt entstehenden Kosten aufbringen soll.

Helmut-Bleks-Stiftung   **§ 14b   218**
Van-der-Tann-Str. 5
80539 München
www.bleks.de

Einsatzstelle in der Farmschule „Baumgartsbrunn" bei Windhoek, Namibia, wo afrikanische Kinder aller ethnischen Gruppen unterrichtet und auf ein gemeinsames Leben in einem demokratischen Staat vorbereitet werden. Das Schillergymnasium Münster ist die Partnerschule von „Baumgartsbrunn". So unterstützt es die Helmut-Bleks-Stiftung durch die Entsendung eines Zivis, der auf seine Aufgaben besonders vorbereitet wird. Daher ist die Stelle nur für ehemalige Schüler des Schillergymnasium Münster.

AIDA e.V.   **§ 14b   219**
Hiltenspergerstr. 80
80796 München
Tel.: 089 / 30 03 538
Fax: 089 / 30 72 80 89
info@aida-ev.net
www.aida-ev.net

Hauptprojekt ist ein Kinder- und Jugendzentrum in Tanguá bei Rio de Janeiro /

Brasilien, in dem auch der Zivi eingesetzt wird.. Die Voraussetzungen für die Stelle sind gute Grundkenntnisse in Portugiesisch, aktives, christliches Glaubensleben und eine abgeschlossene Berufsausbildung.

Aktionsgemeinschaft Partner Indiens e.V. §14b   220
c/o Hans-Jürgen Tögel
Kurfürstenstr. 16
80801 München
Tel.: 089 / 39 58 49
Fax: 089 / 33 01 92 35
info@indienhilfe.com
www.indienhilfe.com

Seit 1992 fördert die Aktionsgemeinschaft Partner Indiens e.V. einen Teil der Urbevölkerung in Zentralindien in den Bereichen Bildung, medizinische Versorgung und Infrastruktur.
Es werden ausreichende Kenntnisse der Sprache Hindi; Kenntnisse in Buchführung/Pädagogik, Krankenpflege, Erste Hilfe oder Geburtshilfe vorausgesetzt.
Der Träger empfiehlt sich vorher eingehend mit der indischen Kultur, Sprache und Gepflogenheiten, insbesondere der „Adivasi" (Ureinwohner) zu informieren.

Die Ecuador Connection – Entwicklungsnetz für §14b   221
Bildung, Erziehung u. Integration e.V.
Heiko May
Connollystr. 3/F816
80809 München
Tel.: 089 / 26 21 93 94
info@ecuador-connection.org
www.ecuador-connection.org

Haupteinsatzgebiet ist das Bildungs- und Rehabilitationszentrum „Fundacion Campamento Cristiano Esperanza", in den Außenbezirken der Hauptstadt Quito, Ecuador. Die Aufgaben in der Einrichtung liegen bei der Behindertenbetreuung, Hausaufgabenbetreuung, Konstruktion, Küchenarbeit und der Gartenarbeit.
Von den Zivis werden Spanischkenntnisse oder Interesse Spanisch zu erlernen erwartet. Ehrenamtliches Engagement, Auslandserfahrungen oder Erfahrungen in der Arbeit mit Kindern, Jugendlichen und Behinderten sind bei der Bewerbung von Vorteil. Um die Kontinuität der Arbeit der Einrichtung gewährleisten zu können, ist es dem Förderverein derzeit nicht möglich, die Kosten für Flug, Versicherungen, Unterkunft, Visum oder Impfungen zu übernehmen.

E.F. Schumacher-Gesellschaft für **§ 14b   222**
politische Ökologie e.V.
Situlistr. 75
80939 München
www.e-f-schumacher-gesellschaft.de
Der Verein engagiert sich nach dem Motto: Denken und Handeln für eine zukunftsfähige Gesellschaft. Die Dienststellen sind in Indien, Bolivien und Peru. Für alle Stellen werden gute Kenntnisse der jeweiligen Landessprache benötigt.

Aktionsgemeinschaft EMAS Trinkwasser   **§ 14b   223**
und Krankenhaus Chamaca/Bolivien e.V.
Ruchsteigerstr. 2
80939 München
Tel.: 089 / 69 35 99 48
Fax: 089 / 69 72 722
emas-international@web.de
www.emas-international.de
Unterstützt seit zehn Jahren zwei Projekte in Chamaca (Bolivien, ca. 180 km östlich von La Paz): Die Brunnenbauerschule EMAS und ein Krankenhaus. Der Dienstleistenden ist in letzterem im Einsatz. Ziel ist es, eine medizinische Grundversorgung in dem weitläufigen oft schwer zugänglichen ländlichen Gebiet zu schaffen.
Gute Spanischkenntnisse, Sanitärausbildung o. ä., handwerkliche/technische Fähigkeiten werden beim Bewerber vorausgesetzt.

Missionswerk Wort des Lebens e.V.   **§ 14b   224**
Assenbucher Str. 101
82328 Berg-Allmannshausen
wdl@wdl.de
www.wdl.de
Jugendmissionswerk, das auf überkonfessioneller Basis auf allen Kontinenten in 48 Ländern und an 60 Standorten arbeitet. Die Dienststelle liegt in Ungarn, Zivis müssen sich für 18 Monaten verpflichten. Eine aktive Mitgliedschaft in einer christlichen Gemeinde wird vorausgesetzt.

Bäume f. Menschen Trees for the World e.V. ® **§ 14b   225**
Angerkapellenstr. 5
82362 Weilheim
Tel: 08 81 / 80 01
Fax: 08 81 / 81 11

trees@t-online.de
www.baeume.de

In Ondangwa / Namibia sowie in Huari/Bolivien werden Baumschulen unterstützt und Anpflanzprojekte zur Wiederaufforstung umgesetzt, in denen auch die Zivis arbeiten. Entsprechende Sprachkenntnisse werden benötigt und eine Ausbildung im forstlichen / gärtnerischen Bereich ist von Vorteil.

Provinzialat der Herz-Jesu-Missionare **§ 14b** **226**
Reichenhaller Str. 26
83395 Freilassing
Tel.: 086 54 / 93 24
Fax: 086 54 / 69 03 340

Ein bis zwei ADiA-Stellen in Brasilien, die allerdings mit Bewerbern aus den trägereigenen Schulen und Einrichtungen besetzt werden. Gute Portugiesischkenntnisse werden vorausgesetzt.

Förderkreis Hogar Don Bosco **§ 14b** **227**
Florian Schindelmann
Kohlerbachstr. 56
83435 Bad Reichenhall
foerderkreisdonbosco@web.de
www.manoamiga.org

1990 auf Initiative eines Freiwilligen gegründet, der gemeinsam mit Freunden und Bekannten die Not im staatlichen Waisenheim von Santa Cruz (Bolivien) lindern wollte. Die Arbeit konzentriert sich auf die Einstellung von zusätzlichem Personal und den Bau von Lehrwerkstätten.
Spanischkenntnisse und Willensstärke für die sehr anspruchsvolle Arbeit in diesem Projekt sollten vorhanden sein.

Katholisches Pfarramt St. Laurentius **§ 14b** **228**
und St. Josef
Pfarrweg 3
83607 Holzkirchen
Fax: 080 24 / 471 33

Diese Pfarrkirchenstiftung, Träger der Pfarrei Holzkirchen, bietet fünf bis sechs Dienstplätze in Argentinien. Einsätze im Bereich der sozialen Betreuung von Kindern und Jugendlichen, in der Caritasarbeit, und in der Armenbetreuung, ferner in der Pfarrei.
Vorausgesetzt werden spanische Sprachkenntnisse, Mitgliedschaft in der katholischen Kirche und Aufgeschlossenheit für einen pastoralen Dienst sowie die Bereitschaft zur gemeinsamen Vorbereitung des Dienstes mit dem Ortspfarrer.

Bewerber aus dem Pfarrverband Holzkirchen bevorzugt.
Die Dienstleistenden beteiligen sich an Vorbereitungskosten, an Sprachkursen und tragen anteilig die Kosten für Hin- und Rückflug.

Salesianer Don Bosco § 14b   229
c/o Pater Bruno Bauer
Don Bosco Str. 1
83671 Benediktbeuern
www.donbosco.de

Die Ordensgemeinschaft ist auf allen Kontinenten der Erde vertreten. Zivi-Einsätze sind in Argentinien, Brasilien, Indien, Ghana, Bolivien, Sri Lanka und Chile möglich. Die Tätigkeiten in Ausbildungszentren, Straßenkinderprojekten, im Bereich der schulischen und beruflichen Ausbildung, sowie weitere Bereichen werden angeboten. Teilnahme an drei Vorbereitungswochenenden.

Kath. Stadtpfarramt Mariä Himmelfahrt   § 14b   230
Pfarrgasse 4
83714 Miesbach
Tel.: 080 25 / 70 19-0
Fax: 080 25 / 70 19-99

Das Stadtpfarramt bietet einen Austausch mit dem Partnerland der Erzdiözese, Ecuador, an. Damit soll die Partnerschaft vertieft werden. Die Tätigkeitsfelder sind Dienste im Bereich der Berufsausbildung, schulische und außerschulische Betreuung, Krankenhaus, in Behinderten- und Sozialeinrichtungen. Spanischkenntnisse sowie die Verpflichtung für 13 Monate werden vorausgesetzt. Nur für Bewerber aus der näheren Umgebung des Trägers.

Maristenbrüder FMS Sektor Deutschland K.d.ö.R.   § 14b   231
der Provinz Europa-Zentral-West
Klosterstr. 4
84095 Furth
Tel.: 087 04 / 91 29-11
Fax: 087 04 / 91 29-10
provinzial.fms@maristen.org
www.maristen-gymnasium.de
www.maristen.org
www.maristen.de

Zählt heute annähernd 4700 Mitglieder in 78 Ländern der Erde. Der Einsatz für Randgruppen und Arme tritt zunehmend in den Mittelpunkt ihrer Arbeit. Die Dienststellen befinden sich in Spanien, Uruguay und Kenia. Tabellarischer Lebenslauf, Motivationsbrief, pfarramtliches Zeugnis oder Empfehlung einer

Maristenschule, Kenntnisse im Umgang mit Menschen und handwerkliches Geschick sowie eine Berufsausbildung sind von Vorteil. Nur für Bewerber aus einer katholischen Gemeinde bzw. für ehemalige Schüler von Maristenschulen.

Janus e.V.　　　　　　　　　　　　　　　**§ 14b**　　**232**
Windbaising 10
84381 Johanniskirchen
Janus.de@janusfoundation.org
www.janusfoundation.org

Einsatzstelle in Belize (Mittelamerika). Voraussetzungen: Englische und/oder spanische Sprachkenntnisse, Kenntnisse als Automechaniker, Gärtner, Elektriker, Installateur, Koch oder Schreiner sind von Vorteil.

EG-Solar e.V.　　　　　　　　　　　　　**§ 14b**　　**233**
Neuöttinger Str. 64 c
84503 Altötting
Tel.: 086 71 / 96 99-37
Fax: 086 71 / 96 99-38
eg-solar@t-online.de
www.eg-solar.de

Unter dem Motto „Helfen statt Haben" engagieren sich seit 1981 Schüler und Lehrer der Berufsschule Altötting in einer Reihe von Entwicklungshilfeprojekten. Dabei bestehen Dienststellen für den ADiA in Indien, Afrika und Südamerika. Der Dienstleistende übernimmt Aufgaben im Schul- und Ausbildungsbereich sowie bei der Betreuung von Jugendlichen.
Der Bewerber sollte gute Sprachkenntnisse mitbringen und technische Grundkenntnisse besitzen. Am besten sollte er Erfahrung im handwerklichen Bereich (Metall, Holz) haben.
Der Auslandsdienst wird durch Spenden und von einem Unterstützungskreis, den der Freiwillige aufzubauen hat, finanziert.

SARIRY Deutschland e.V.　　　　　　　　**§ 14b**　　**234**
Lindenstr. 7
84565 Oberneukirchen
Tel.: 01 76 / 24 94 31 28
sariry-zivi@gmx.de
www.sariry.de

Sariry kommt aus dem Aymara, der Sprache der bolivianischen Indios, und bedeutet „Gemeinsam nach vorne gehen". Der Dienstleistende in Bolivien arbeitet in einem Kinderhort mit. Spanischkenntnisse und Interesse am Umgang mit Kindern werden vorausgesetzt..

AKBV-Bildungswerk e.V.   **§ 14b**   **235**
Münzbergstr. 6
85049 Ingoldstadt
Dienststelle in Ecuador

LEBEN Verein zur Förderung der   **§ 14b**   **236**
Völkerverständigung u. Entwicklungshilfe
in Sri Lanka e.V.
Poinger Str.
85570 Markt Schwaben
privat@hstoeger.de
www.hstoeger.de
Nach der Tsunami-Katastrophe bestreitet der Verein mit den eingehenden Spendengeldern mittel- und langfristig Wiederaufbauhilfe in Sri Lanka bestritten. In der Region Dodanduwa bekommen Kinder, die Elternteile verloren haben, eine Ersatzfamilie (eine Art Kinderheim). Dort besteht auch die Einsatzstelle.

Sonnenenergie für Westafrika e.V.   **§ 14b**   **237**
Maik Maurer
Durchlass 4

85737 Ismaning
ada@solar-afrika.de
www.solar-afrika.de
Stellen in Wagadugu / Burkina Faso in einem Entwicklungshilfeprojekt. Eine Stelle ist in der Solartechnik und eine weitere in einem Waisenhaus. Der Dienstleistende muss seine Vorbereitung selbst organisieren, Eigenengagement ist gefragt.

Förderverein der Kaufmännischen Schule   **§ 14b**   **239**
Wangen i. Allgäu e.V.
Postfach 13 52
88229 Wangen i. Allgäu
Plätze in Australien, Argentinien und Bolivien, die allerdings ausschließlich für ehemalige Schüler der Kaufmännischen Schule Wangen reserviert sind.

„Liebe in Aktion e.V."   **§ 14b**   **240**
Sonnenstr. 85
89077 Ulm
Tel.: 07 31 / 38 21 36
Fax: 07 31 / 38 85 651

peter.schneider@bn-ulm.de
www.ecclesia-gemeinden.de
In Kamerun arbeitet der Dienstleistende in einer Schule. Eine persönliche Beziehung zu Jesus Christus, aktive Mitarbeit in einer Gemeinde und deren Empfehlung, gute Französisch- und / oder Englischkenntnisse, handwerkliche und technische Fähigkeiten werden vorausgesetzt.

Kinderwerk Lima e.V.   **§ 14b   241**

Fasanenstr. 4
89522 Heidenheim
Tel.: 073 21 / 91 89 20
Fax: 073 21 / 51 89 220
info@kinderwerk-lima.de
www.kinderwerk-lima.de

Unterhält in Lima (Peru) zwei und in Asunción (Paraguay) eine Schule.
Kenntnisse der spanischen Sprache, handwerkliche Fähigkeiten und ein aktives Glaubensleben in einer örtlichen Gemeinde werden bei Bewerbern vorausgesetzt. Der Dienstleistende verpflichtet sich auf mindestens 14 Monate.
Die Krankenversicherung ist selbst zu tragen, weitere Versicherungen werden gezahlt. Sonstiges, z.B. Reisekosten, übernimmt der Dienstleistende.

Diakonisches Werk der Evangelisch-   **§ 14b   242**
Lutherischen Kirche in Bayern e.V.
Pirckheimerstr. 4
90408 Nürnberg
Tel.: 09 11 / 93 54-351
Fax: 09 11 / 93 54-359
info@ked-bayern.de
www.ked-bayern.de

In diesem Diakonischen Werk sind alle diakonischen Einrichtungen im Bereich der Evangelisch-Lutherischen Kirche in Bayern zusammengeschlossen. Es fungiert als Träger für Dienststellen in Brasilien (vier Stellen), Argentinien (zwei Stellen) und ist offen für weitere Projekte; sofern vom Dienstleistenden alle mit dem ADiA verbundenen Kosten, inklusive Unterkunft und Verpflegung vor Ort, getragen werden und er sich verpflichtet, den ganzen organisatorischen Aufwand selbst zu bewältigen.
Interessenten sollten Auslandserfahrung haben und über entsprechende Sprachkenntnisse verfügen. Bewerber bayrischer Herkunft werden bevorzugt.

Comboni-Missionare §14b 243

Sielstr. 3
90429 Nürnberg
Tel.: 09 11 / 31 85 42-0 (-2)
Fax: 09 11 / 31 85 42-4
maz@comboni.de
www.comboni.de

Dienststellen in Kenia und Südafrika, allerdings nur für katholische Bewerber mit kirchlicher Einbindung, fließenden Englischkenntnissen und der Bereitschaft sich für mindestens 15 Monate zu verpflichten.

Missionswerk der Evang.-Luth. Kirche in Bayern §14b 244

Hauptsraße 2
91561 Neuendettelsau
Tel.: 098 74 / 91 501
info@missionswerk-bayern.de
www.missionswerk-bayern.de

Die Dienststelle dieses Missionswerkes, im Rahmen einer Partnerschaft zur Evangelisch-Lutherischen Kirche in Tansania eingerichtet, ist innerhalb eines Rehabilitationsprojektes für Körperbehinderte in Tansania angesiedelt. Eine weitere Stelle existiert in Singapur in einer Seemannsstation.

Erzdiözese Bamberg Jugendamt §14b 245
BDKJ Diözesanverband
Bamberg
Kleberstr. 28
96047 Bamberg
Tel.: 09 51 / 86 88 34
Fax: 09 51 / 86 88 66
http://www.eo-bamberg.de/eob/dcms/sites/bistum/jugend/zivildienst/index.html

Dienststellen in Tschechien und Rumänien, allerdings nur für Bewerber aus der Erzdiözese Bamberg

---

Provinzialat der Karmeliten, Bildungshaus §14b 246
Marianum Bamberg
Karmelitenplatz 1
96049 Bamberg
Tel.: 09 51 / 95 29 15
Fax: 09 51 / 95 29 80

brasilprojekt@marianum-bamberg.de
www.marianum-bamberg.de
Einrichtung des Karmeliterordens und bietet zwei Dienstplätze in einem Straßenkinderprojekt in Brasilien. Bewerber sollten über portugiesische Sprachkenntnisse
verfügen. Nach Eingang der Bewerbungsunterlagen wird man zu einem Informa-
tionswochenende eingeladen, in dem der Bewerber Näheres über den Dienst
erfährt.
Die Versicherungs-, Reise-, Impfkosten etc. sind von dem Dienstleistenden selbst
zu übernehmen.

Wohnforum Coburg gemeinnützige GmbH	**§ 14b**	**247**

Geschäftsstelle
Postfach 51
96136 Burgebrach
Tel.: 095 46 / 92 16-17
Fax: 095 46 / 92 16-18
wohnforum@t-online.de
www.wohnforum.com
Dienststelle in einer christlichen Lebensgemeinschaft mit Behinderten östlich von
Paris (Frankreich), in der es um gemeinsames Leben und Arbeiten, um gemeinsa-
me Freizeitgestaltung bis hin zu Einzelbetreuungen geht. Voraussetzungen für den
Einsatz sind gute Französischkenntnisse und das Einlassen auf die christliche
Gemeinschaft.

Prokura der Mariannhiller Missionare	**§ 14b**	**248**

Mariannhillstr. 1
97074 Würzburg
Dienststelle in Südafrika; Bewerbungen werden nur beantwortet, wenn eine Projektstelle frei ist.

Tor zum Leben	**§ 14b**	**249**

Lifegate Rehabilitation e.V.
Andreas-Grieser-Str. 77
97084 Würzburg
Tel.: 09 31/ 580 69
Fax: 09 31/ 580 19
tzl@lifegate-reha.de
www.lifegate-reha.de
Projekt zur Rehabilitation körperbehinderter, junger Araber im von Israel besetz-
ten Westjordanland. In Wohngruppen leben dort 20 Jugendliche beiderlei

Geschlechts, von denen manche eine berufliche Ausbildung in der projekteigenen Werkstatt (Stricken/Sticken, Schlosser, Schneider, Schreiner, Schuster) absolvieren. Von den insgesamt acht Dienstplätzen entfallen vier auf die Behinderten-Wohngruppen und vier auf die Ausbildungs- und Produktionswerkstatt. Die Mindestdienstzeit für einen Einsatz bei Lifegate beträgt 18 Monate, unabhängig von der aktuellen Dauer des ADiA. Nur für die Bewerber, die in der Werkstatt tätig werden wollen, ist eine entsprechende abgeschlossene Ausbildung Bedingung. Voraussetzungen für alle Bewerber sind ausreichende englische Sprachkenntnisse und der Führerschein Klasse 3. Soziale Kompetenzen (z.b. Engagement im kirchlichen oder gesellschaftlichen Bereich, Jugendarbeit etc.) sind wünschenswert, aber nicht Bedingung. In einem dreitägigen Seminar für alle Interessenten wird von ehemaligen Mitarbeitern ausführlich über die Arbeit informiert. Dieses Seminar dient gleichzeitig der Auswahl der Bewerber.

Lifegate übernimmt die Kosten für Unfall- Kranken- und Haftpflichtversicherung und finanziert Arabisch-Sprachkurse. Die Anreise muss der Dienstleistende hingegen selbst bezahlen. Monatliches Taschengeld von 100 EUR sowie ein Urlaubszuschuss in gleicher Höhe pro Jahr.

Straßenkinderhilfe e.V.   **§ 14b**   **250**
Martin-Luther-Platz 3
97421 Schweinfurt
Tel./ Fax: 097 21 / 215 55

Die Stellen dieses Trägers – Betreuung einer Wohngruppe in Brasilien und ein Platz in Bolivien – werden nur mit Bewerbern aus dem Kreis des Vereins besetzt, die über portugiesische oder spanische Sprachkenntnisse verfügen.

Verein zur Heilung von Erde und Mensch   **§ 14b**   **251**
Messestr. 4
97922 Lauda-Königshofen
Dienststelle in Russland.

Bistum Erfurt   **§ 14b**   **252**
Seelsorgeamt – Referat Jugendseelsorge
Regierungsstr. 44a
99084 Erfurt
Tel.: 03 61/ 65 72-342
Fax: 03 61/ 65 72-319
jugendseelsorge@bistum-erfurt.de
www.jugend.bistum-erfurt.de

Das Bistum unterhält Kontakte zu einer katholischen Kirchengemeinde sowie zu mehreren Sozialstationen in Rumänien. Es gibt allerdings nur eine Dienststelle, in der Dienstleistende vielfältige Aufgaben erfüllt Arbeiten in einem Kinderheim, Besuchsdienste bei bedürftigen Familien, Hausmeistertätigkeiten, Fahrdienste u.a. gehören zur Arbeit rund um die Sozialstation.

Die Dienstleistenden sollten nach Möglichkeit aus der Jugendarbeit des Bistums Erfurt kommen und schon an Deutsch-Rumänischen Begegnungen teilgenommen haben; zumindest aber einer christlichen Konfession angehören.

Kostenübernahme für Kranken-, Unfall-, Pflege- und Haftpflichtversicherung plus einer zweimaligen Fahrtpauschale von 200 EUR. Zusätzlich monatliches Taschengeld von 80 EUR.

Geboten werden ferner noch Vor- und Nachbereitungsseminare.

Diakonie Stiftung „Maria im Elende"   **§ 14b   253**

Rautenstr. 17

99734 Nordhausen

Tel.: 036 31 / 46 89 80

Fax: 036 31 / 46 89 89

info@diakoniewerk.com

www.diakoniewerk.com

Dienststellen in Rumänien in einem Seniorenheim, einer Kindertagestätte und in der Suchtberatung. Bei letzterem Projekt ist es das Ziel, den Abhängigkeitskranken eine möglichst suchtmittelfreie und sinnerfüllte Lebensweise zu ermöglichen und ihnen alle Hilfen zur Verfügung zu stellen, die sie für soziale, familiäre und berufliche Integration benötigen.

ICJA – Freiwilligenaustausch weltweit   **§14c   254**

Stralauer Allee 20 E

10245 Berlin

Tel.: 030 / 21 23 82 52

Fax: 030 / 21 23 82 53

icja@icja.de

www.icja.de

Seit über 50 Jahren Freiwilligendienste für deutsche Jugendliche. Für den Ersatzdienst bietet dieser 14c-Träger Stellen in ganz unterschiedlichen sozialen, aber auch kulturellen oder ökologischen Projekten in Belgien (Jugendbegegnungsprojekt in Brüssel), Großbritannien (z.B. Altenpflege, Schule für Lernehinderte), Finnland, Frankreich, Italien, Russland (Krankenhaus für Kriegsveteranen in Samara), der Schweiz, Spanien (Bauernhof nahe Bilbao), Bolivien, Honduras, Kolumbien, Mexiko, USA (Indianerreservat in South Dakota) Taiwan, Nigeria und Uganda. Die Unterbringung erfolt überwiegend in Gastfamilien.

Zur Finanzierung des Dienstes soll der Zivi einen Föderkreis gründen, der monatlich 300 EUR aufbringt. Nach einer unverbindlichen Bewerbung können Interessenten Informationsseminare des Trägers besuchen, woraufhin diese sich dann für eine verbindliche Bewerbung entscheiden können.

Jugendaufbauwerk Berlin   **§ 14c   255**
Prenzlauer Allee 36
10405 Berlin
Tel.: 030 / 44 30 18 30
info@zfsd.de | www.zfsd.de

FSJ als Zivildienstersatz in Moskau / Russland. Dort stehen zur Zeit Einsatzmöglichkeiten in Krankenhäusern, in der ambulanten Betreuung von Senioren und in einer Behinderteneinrichtung zur Betreuung von psychisch und physisch erkrankten Kindern und Jugendlichen zur Verfügung.

Evangelische Freiwilligendienste   **§14c   256**
Otto-Brenner-Str. 9
30159 Hannover
Tel.: 05 11 / 45 00 083-30
info@ev-freiwilligendienste.de
www.ev-freiwilligendienste.de

Rund 30 Stellen in Großbritannien, Frankreich, Belgien, Schweden, Dänemark und den Niederlanden. Die Einsatzbereiche sind sehr vielfältig und reichen von Kinder- und Jugendprojekte über Behinderteneinrichtungen bis zu Kirchengemeinden. Es wird ein Teilnahmebeitrag von 1250 EUR erhoben. Bewerbungen für das Folgejahr sind möglich bis kurz vor Weihnachten. Mitglieder einer evangelischen Gemeinde werden bevorzugt, doch auch katholische oder kofessionslose Bewerber sind nicht von vornherein chancenlos.

Ring Missionarischer Jugendbewegungen   **§14c   257**
Im Druseltal 8
34131 Kassel
Tel.: 05 61/ 93 87 50
Fax: 05 61 / 93 87 5-20
info@rmj.de
www.rmj.de

Fachverband des Diakonischen Werkes der Evangelischen Kirche in Deutschland. Über den RMJ sind ca. 10 Dienstplätze in Albanien, England, Ungarn, Südafrika, USA und Peru möglich. Der Einsatz ist im christlichen Einrichtungen, manchmal als Lernhelfer, im Bau oder auch im Gästebetrieb.

Deutsches Rotes Kreuz   § 14c   258
Verbindungsbüro Saarland-Lothringen
Wilhelm-Heinrich-Str. 9
66117 Saarbrücken
Tel.: 06 81 / 50 04 246
Fax: 06 81 / 50 04 194
wassloffT@lv-saarland.drk.de
www.sej.drk.de

Der Landesverband Saarland des Deutschen Roten Kreuzes und das Französische Rote Kreuz haben vor wenigen Jahren das grenzüberschreitende Austauschprogramm „Soziales Engagement Jugendlicher" (SEJ) ins Leben gerufen. Das FSJ nach § 14c kann in Lothringen in Frankreich geleistet werden beim Helfen von Kindern, Älteren, Kranken und Behinderten.

Deutsch-Tansanische Partnerschaft   § 14c   259
Max-Brauer-Allee 44
22765 Hamburg
Tel.: 040 / 40 38 61 61 13
Fax: 040 / 40 38 61 87 01
info@d-t-p-ev.de
www.d-t-p-ev.de

Völkerverständigung und Entwicklung durch Ausbildung von Kindern, Jugendlichen und Frauen in Tansania ist das Motto dieses Vereins. Er ist einer der ganz wenigen, die das Freiwillige Ökologische Jahr nach § 14c als Zivildienstersatz anbieten. Es werden gibt insgesamt 15 Plätze in Tansania angeboten in Berufsschulen, Schulen, Firmen oder NGOs.

Bewerber sollten eine gehörige Portion Neugier, Toleranz sowie Einsatzfreude mitbringen und bereit sein, Kiswahili zu lernen. Gute Englischkenntnisse sind Voraussetzung. Außerdem sind Zuverlässigkeit, technisches Interesse und Interesse an ökologischen Fragen und Entwicklungszusammenarbeit eine wichtige Grundlage für die Arbeit in Tansania. Bewerbungen immer bis Mitte März.

Es gibt eine umfangreiche Pädagogische Betreuung: Vorbereitungsseminare inklusive Sprachkurse, Zwischenseminar und Rückkehrseminar. Von den Zivis wird eine Kostenbeteiligung von 2800 EUR erwartet, die durch einen Spenderkreis aufgebracht werden sollte. Der Träger übernimmt im Gegenzug jedoch einen Großteil der für den Dienst anfallenden Kosten (inkl. Flug) und zahlt ein ortsangemessenes Taschengeld.

Experiment e.V.
Gluckstr. 1
53115 Bonn
Tel.: 0228/95722-0
Fax: 0228/358282
info@experiment-ev.de I www.experiment-ev.de

§ 14b   260

Fördert den internationalen Austausch seit 1952 und bietet 30 (!) 14-b-Stellen in einem Unterrichtsprojekt in Ecuador (Puerto Quito, Provinz Pichincha). Die Aufgabe der Zivis besteht darin, eine Schule oder Kindertagesstätte in ihrem gesamten Alltagsablauf zu unterstützen und sich in der Gemeindearbeit zu engagieren. Ein vierwöchiger Sprachkurs in der Hauptstadt Quito und eine auf den Dienst vorbereitende Orientierungsveranstaltung gehen dem Dienst voraus. Unterkunft und Verpflegung in Gastfamilien. Finanzen: Die Teilnehmer werden gebeten, einen Förderkreis zu bilden, der monatlich 320,– EUR aufbringt. (Siehe auch Farbtafel II.)

Unsere Kleinen Brüder und Schwestern e.V.
Ritterstr. 9
76137 Karlsruhe
Tel. 0721-35440-17
volunteers@nphamigos.de
www.nph.org

Waisenheime in Lateinamerika und der Karibik suchen Andere Dienstleistende. Kinderhilfswerk, das Kinderdörfer in Lateinamerika und der Karibik finanziell und personell unterstützt.

Wir sorgen für Unterkunft, Essen, Kleidung, medizinische Versorgung und Ausbildung in einer christlich orientierten familiären Umgebung, die auf bedingungsloser Annahme und Liebe der Kinder sowie Teilen, Arbeit und Verantwortung basiert. Eine weltweite Gemeinschaft von Förderern, Mitarbeitern und Freiwilligen Helfern ermöglicht es, den Kindern zu helfen, verantwortungsbewusste und sozial engagierte Bürger ihres Landes zu werden. Neben einem Dienst als Fachkraft oder einer Mitarbeit in einem ungeregelten Freiwilligen Dienst, besteht seit 1997 auch die Möglichkeit einen „Anderen Dienst im Ausland (ADiA)" zu absolvieren. Dieser spezielle Dienst kann in vier Einsatzländern, nämlich Mexiko, Honduras, Guatemala und Nicaragua, geleistet werden. Die Einsatzfelder sind vielseitig und reichen von der grundlegenden Betreuung und Versorgung der Waisenkinder über landwirtschaftliche Tätigkeiten bis hin zu Arbeiten im Bereich Instandhaltung der Waisenheime. (Siehe auch Seite 135)

5. Vorbereitung

Dieses Kapitel dient zur Hilfe zur Vorbereitung auf den internationalen Ersatzdienst und den damit verbundenen, langen Aufenthalt im Ausland. Schließlich wird es für die meisten das erste Mal sein, dass sie für einen solch langen Zeitraum Deutschland und die gewohnte Umgebung verlassen. Dabei bedarf es einer umfangreichen Planung und Vorbereitung, deren ausführliche Darstellung hier den Rahmen des Buches sprengen würde. Im folgenden deshalb nur einige wesentliche Punkte, die die Mehrheit der angehenden Auslandsdienstleistenden betreffen, die aber jeder noch für sich ergänzen wird.

5.1 Pass, Visum, Arbeitsgenehmigung

Ob, und in welcher Form, ein Visum oder eine Arbeitsgenehmigung benötigt wird, hängt vom betreffenden Land ab. Jedes Land mit seinen entsprechenden Visa- und Einreisebestimmungen aufzuführen, ist bei derzeit 113 Staaten, in denen der Ersatzdienst geleistet werden kann, unmöglich. Deshalb wird im folgenden nur auf einige generelle Punkte eingegangen.

Ansprechpartner in Sachen Visa sind in erster Linie Botschaften und Konsulate der jeweiligen Länder in Deutschland. In entsprechenden Reiseführern kann man ebenfalls Informationen über Visabestimmungen und Adressen ausländischer Diplomatischer Vertretungen in Deutschland fin-

den. Auch beim Auswärtigen Amt (s. auch www.zivi.org) sind diesbezüglich Auskünfte erhältlich.

Die „Informationsstelle für Auslandtätige und Auswanderer" des Bundesverwaltungsamtes gibt Länderinformationsschriften heraus, die in allgemeiner Form eine Darstellung über die einzelnen Staaten liefern. Darin wird auf für Auslandtätige relevante Bereiche, wie Einreise- und Aufenthaltsbestimmungen, Einfuhr- und Zollvorschriften eingegangen. Anschriften der Vertretungen des entsprechenden Landes in Deutschland sind darin genauso zu finden, wie nützliche Angaben zu geographischen und klimatischen Verhältnissen und der geschichtlichen Entwicklung. Sie werden derzeit für 25 Länder herausgegeben. Zu beziehen sind sie gegen eine Schutzgebühr von 2 bis 3 Euro bei den regionalen Auskunfts- und Beratungsstellen für Auslandtätige und Auswanderer. Das Verzeichnis der Beratungsstellen ist online unter www.bundesverwaltungsamt.de einzusehen.

Zu allen Fragen, die Visum etc. betreffen, ist auch der Trägerverein, über den der Dienst geleistet wird, ein guter Ansprechpartner. Insbesondere Zivis, die zuvor an einem Projekt beteiligt waren, können wertvolle, „inoffizielle" Auskünfte über ihre eigenen Erfahrungen im Hinblick auf Visa geben.

Voraussetzung für eine Ausreise in nichteuropäische Länder ist ein gültiger Pass. Ein Visum wird oft zusätzlich gefordert. Doch auch ins europäische Ausland sollte man nicht ohne gültigen

Pass einreisen, obwohl dies nicht überall, wie z.B. in den Ländern der Europäischen Union, zwingend vorgeschrieben ist. Ein Pass sollte bei der Ausreise noch mindestens sechs Monate Gültigkeit haben. Bei Bedarf kann eine deutsche Vertretung im Ausland (Botschaft, Konsulat) einen neuen, provisorischen Pass mit einer Gültigkeitsdauer von einem Jahr ausstellen.

Neben dem Visum ist oft eine Arbeitsgenehmigung, bzw. ein entsprechender Vermerk im Visum erforderlich. Da Arbeitsgenehmigungen in der Regel jedoch schwieriger erhältlich sind als reine Visa, kann man auch versuchen, mit einem „normalen" Visum seinen Aufenthalt zu bestreiten. Schließlich handelt es sich bei dem Ersatzdienst nicht um ein auf Gewinn ausgerichtetes Arbeitsverhältnis, sondern um einen sozialen Dienst, bei dem die Völkerverständigung eine wesentliche Rolle spielt. Gegebenenfalls sollte man dies auch beim Visumantrag deutlich machen.

Nicht immer wird man beim ersten Antrag ein Visum über die gesamte Dienstzeit erhalten. Als Möglichkeit bleibt dann entweder der Gang zur Ausländerbehörde vor Ort oder die Ausreise in ein Nachbarland mit der Hoffnung, bei der Wiedereinreise ein Visum für die verbleibenden Monate zu bekommen.

Das Thema Visum sollte nicht unterschätzt werden. Es gibt Fälle, in denen der Dienst nicht angetreten werden konnte, weil der Dienstleistende kein Visum bekommen hat. Zudem kann die Beschaffung von für bestimmte Visa benötigte Papiere, wie eine internationale Geburtsurkunde oder ein überbeglaubigtes Führungszeugnis, zeitaufwendig sein. Es empfiehlt sich also, sich frühzeitig um Visaangelegenheiten zu kümmern. Wie unterschiedlich die verschiedenen Länder das Thema Visum behandeln, zeigt sich am Beispiel der beiden Autoren. Während Jörn Fischer nach weniger als einem Jahr im Ausland Besitzer eines uruguayischen Personalausweises war, musste Oliver Gräf in den USA sogar für kurze Zeit ins Gefängnis und stand kurz vor der Abschiebung nach Deutschland.

Erfahrungsbericht – Tansania

Eberhard Frieß berichtet über seine Erfahrungen in einem Krankenhaus in Tansania:

Nun, wie sieht ein Krankenhaus in Afrika aus? Einige Eindrücke: Überall sieht man wartende Leute, Kranke spazieren mit ihren erdfahlen Krankenkutten mit der Aufschrift „afya" (Gesundheit) herum, der freundliche Platzwächter mit seinem Stock, der die Besuchszeiten bzw. die Besucher kontrolliert... In den Krankenzimmern stehen bis zu 15 Betten, Einzelzimmer gibt es nur wenige; wenn es sehr viele Kranke gibt, sind sie gezwungen, auf dem Boden zu liegen. Sie werden von ihren Angehörigen mit Essen und Trinken versorgt, die ihnen auch beim Waschen oder bei Gängen zur Toilette helfen. Die Krankenschwestern teilen nur Arzneien aus, beobachten den Zustand des Kranken und reinigen die Zimmer. Medizinisch-technische Geräte sind nicht viele vorhanden: ein paar elektrische Öfen in verschiedenen Größen, ein Röntgenapparat, ein paar Mikroskope, zwei Wasserdestillier- und andere Spezialgeräte. (...) Zusammen mit drei anderen Handwerkern betrieb ich eine kleine Werkstatt mit ein paar Werkzeugen, viel Gerümpel, das jedoch oft nützlich sein konnte, zwei Bohrmaschinen, einem Schleifblock und zwei Schweißgeräten. Wir waren für alles Technische am und im Krankenhaus zuständig, für die Wasser- und Stromversorgung und für die medizinischen Geräte.

Dass die Arbeit hier anders abläuft, merkte man bald. Es dauerte meist länger bis hier eine gute Arbeit zustande kam: Entweder fehlte das Werkzeug für einen bestimmten Zweck oder die Einzelteile, oder aber es fehlte das Geld dafür. Dann ging es ans Improvisieren und Modifizieren oder einfach ans Warten, bis sich etwas tat. Wenn einmal eine Arbeit abgeschlossen werden konnte, war das immer ein Glanzlicht im Alltag.

Eberhard Frieß

5.2 Sprache

Der Auslandszivi sollte bei Dienstbeginn über Grundkenntnisse der entsprechenden Sprache verfügen. Das Wohlbefinden im Ausland hängt nämlich wesentlich davon ab, wieviel man versteht, bzw. in wie weit man sich verständlich machen kann. Bei der Vorbereitung wird die Sprache einen unterschiedlich großen Raum einnehmen. Wer in ein englischsprachiges Land geht und die Sprache bereits in der Schule gelernt hat, wird sich nicht so intensiv damit auseinandersetzen wie jemand, der Suaheli von Grund auf neu erlernen muss.

Zur Verbesserung der Sprachkenntnisse, bestehen mehrere Möglichkeiten. Neben dem klassischen Volkshochschulkurs, gibt es auch Sprachschulen, die Einzelunterricht oder Crashkurse anbieten, mit denen man sich innerhalb weniger Wochen einen soliden Grundstock der entsprechenden Sprache aneignen kann.

Eventuell bieten sich auch Privatstunden an, die neben dem meist intensiveren Unterricht möglicherweise auch die Chance offerieren, bereits in Deutschland Bewohner des späteren Gastlandes kennenzulernen. Darüber hinaus gibt es den sogenannten Fernunterricht mit dem Vorteil, alleine an Lektionen und Übungsaufgaben arbeiten zu können und zusätzlich regelmäßige Instruktionen und Verbesserungsvorschläge von einer Lehrkraft zu erhalten, an die man zuvor seine „Hausaufgaben" geschickt hat.

Eine Sprachreise bietet die Möglichkeit, vor Ort den Wortschatz der jeweiligen Sprache zu erweitern. Dabei werden zusammen mit Gleichgesinnten täglich Kurse besucht. Die Unterbringung erfolgt meist über Gastfamilien, wo sich das Neuerlernte dann gleich ausprobieren läßt. Eine exzellente Informationsquelle für Interessenten an Sprachreisen ist die Aktion Bildungsinformation e.V. in Stuttgart. Diese Verbraucherschutzstelle, 1967 von Studenten mehrerer Hochschulen des Landes Baden-Württemberg gegründet, befaßt sich speziell mit dem Bildungs- und Kulturaustausch. Sie gibt u.a. umfassende Informationsmaterialien zum Thema Sprachreisen heraus, die gegen einen Kostenbeitrag dort bestellt werden können (Adresse im Adressenverzeichnis).

Eine weitere Möglichkeit zur Vertiefung der Fremdsprachenkenntnisse ist das Selbststudium mit Hilfe neuer Medien und Internet.

Das Erlernen einer neuen Sprache bedarf immer eines gewissen Maßes an Ausdauer und Selbstdisziplin. Diese zahlen sich aber spätestens dann aus, wenn man bei der Einreise vor Ort dem Zollbeamten erklären kann, warum man soviel Gepäck mit sich führe ...

5.3 Seminare

Wie bereits in Kapitel 1.10 erwähnt, sind den Dienst vorbereitende, ggf. auch begleitende und abschließende Seminare für FSJ-Zivis gesetzlich vorgeschrieben. Doch auch ADiA-Träger bieten ihren Dienstleistenden meistens die Möglichkeit, vor, während und nach dem Dienst ein Seminar zu besuchen, das Themen rund um den Einsatz im Ausland behandelt.

Bei den Seminaren vor Dienstbeginn geht es in erster Linie darum, den zukünftigen Auslandszivi so gut wie möglich auf den Aufenthalt in der Ferne und den Dienst vorzubereiten. Diese Vorbereitung hat mehrere Komponenten: Gerade für Dienstleistende, die ins außereuropäische Ausland gehen, ist es wichtig, sich bereits vorher mit dem „Kulturschock" auseinanderzusetzen, der einen bei der Begegnung mit fremden Kultur ereilen kann. Zudem hat man die Möglichkeit, sich intensiv mit den eigenen Erwartungen, Sorgen und Vorfreuden rund um den Dienst auseinanderzusetzen. Die Seminare sollen auch dazu beitragen, dass sich die Zivis behutsam und problembewusst gegenüber Menschen in anderen Lebenslagen öffnen können. Der Träger nutzt die Seminare, um sich, seine Arbeit und ggf. seine „Philosophie" näher vorzustellen. Praktische Informationen zum Ablauf des Dienstes, etwa Informationen zur Handhabung der Krankenversicherung im Krankheitsfall, werden ebenso vermittelt. Eine gezielte Vorbereitung auf ein bestimmtes Einsatzland eine Region ist meist nur eingeschränkt möglich; dennoch gibt es auch gelegentlich spezifische Einheiten etwa zum Umgang mit der Begegnung mit extremer Armut in einigen Ländern des Südens etc. Hinsichtlich des konkreten Lernaspekts behandeln die Seminare z.B. entwicklungs- oder friedenspolitische Themen. Auch eine kurze Vorbereitung hinsichtlich des Einsatzbereiches ist nicht unüblich, so z.B. zur

Arbeit mit behinderten Menschen. Manche Träger reichern ihre Seminare durch künstlerisch-handwerkliche Elemente wie etwa Theaterspiel an.

Oft wirken ehemalige Auslandszivis des Trägers an der Durchführung der Seminare mit, und die Freude ist groß, wenn sich dabei Ex- und zukünftiger Zivi einer Dienststelle oder eines Landes treffen. Ein ganz wesentlicher Aspekt dieser Veranstaltungen ist auch das Kennenlernen der zukünftigen Auslandsfahrer untereinander: Allein der informelle Austausch unter Gleichgesinnten wird häufig als enorm gewinnbringend empfunden.

Eindrücke vom Ablauf eines Zwischenseminars vermittelt ein Artikel (zw. Kap. 6.3 und 6.4.)

Manche Träger, insbesondere solche mit wenigen Dienstleistenden, organisieren die Seminare nicht selber, sondern legen die pägagogische Begleitung in die Hände externer Anbieter. Größter und renommiertester Seminaranbieter von Vorbereitungs-, Zwischen- und auch Rückkehrerseminaren ist die **fid-Service- und Beratungsstelle** in Köln (Adresse im Adressverzeichnis), die insbesondere die Initiativen und Organisationen aus der katholischen Trägerlandschaft in allen Fragen, die bei der Entsendung und der notwendigen Begleitung von Auslandszivis von Bedeutung sind berät und Seminare für Auslandszivis durchführt. fid steht für freiwillige internationale Dienste und wird von der **Arbeitsgemeinschaft für Entwicklungshilfe e.V.** (AGEH) getragen, die als zentraler Personaldienst Deutscher Katholiken für die personelle Entwicklungszusammenarbeit über langjährige Erfahrungen verfügt.

5.4 Mentale Vorbereitung

Der „mentalen" Vorbereitung eines Dienstes im Ausland wird auf den vorbereitenden Seminaren meist recht viel Zeit eingeräumt. Für Auslandszivis, die nicht in den Genuss eines solchen kommen, folgend ein paar Gedankenanstöße:

Trotz des zu erwartenden Stresses während der allgemeinen Vorbereitungsphase sollte man Zeit finden, sich bewusst von Zuhause zu verabschieden und sich gleichzeitig etwas mit dem Gastland auseinandersetzen.

Eine gute Methode Abschied von der Heimat zu nehmen, ist das bewusste Erleben ganz alltäglicher Dinge, wie ein Spaziergang durch die ge-wohnte Umgebung oder das Zusammensein mit Freunden. Dabei sollte man versuchen, die Eindrücke bewusst aufzunehmen und sich klar machen, dass man dies für eine Zeit ungefähr einem Jahr nicht mehr erleben wird. Die so gesammelten Erinnerungen können dann im Ausland immer wieder abgerufen werden. Außerdem verhindert der bewusste Abschied den Eindruck, Deutschland Hals über Kopf verlassen zu haben, was man später im Ausland bereuen könnte.

Man sollte sich außerdem vergegenwärtigen, viele Dinge im Ausland nicht mit der gleichen Selbstverständlichkeit tun zu können, wie von zu Hause gewohnt. Es sollte Klarheit darüber bestehen, dass man die ersten Monate möglicherweise sehr auf sich alleine gestellt ist, da man noch keine tieferen Bekanntschaften schließen konnte. Hat man diese und andere Situationen, die vor Ort möglicherweise zu erwarten sind, zu Hause schon einmal gedanklich durchgespielt, läßt es sich im Ausland leichter damit umgehen.

Vor Antritt der Reise sollte man sich aber auch bereits mit dem Einsatzland auseinandergesetzt haben. Wer sich zuvor über geschichtliche Hintergründe, kulturelle Unterschiede usw. kundig gemacht hat, ist in der Lage, die Verhältnisse vor Ort besser beurteilen und verstehen zu können, was auch das Einleben in der neuen Heimat etwas erleichtert. Dazu eignet sich Literatur der verschiedensten Art. Reiseberichte, Werke von Autoren aus dem entsprechenden Land, Reportagen und Reiseführer. Auch kann man versuchen, bereits in Deutschland mit hier lebenden Staatsangehörigen des jeweiligen Landes Kontakt aufzunehmen und sich so einen Eindruck von der entsprechenden Region zu verschaffen. Es lohnt sich, auch in der hektischen Vorbereitungsphase, zumindest etwas Zeit in die genannten Aspekte zu stecken.

Erfahrungsbericht – Russland

Hanno Paul leistete den ADiA in Russland in einem Kinderheim. Er beschreibt einen Nachmittag in seiner Dienststelle: (...)

Die nächste Etappe ist „Anziehen im Vorraum". Nach dem Geschirrspülen helfe ich beim Anmoddeln. Die Kinder sehen mit ihren dicken Mützen und langen Mänteln aus wie die Weihnachtsmänner und können sich fast nicht mehr bewegen vor lauter Stoff. Dafür tut es dann auch nicht weh, auf die Nase zu fallen. Es dauert immer ein ganzes Weilchen, bis wir mit allem fertig sind. Eine der Erzieherinnen geht mit den ersten schon mal nach draußen und wartet in der Nähe der Tür, um den folgenden bei den drei Treppenstufen behilflich zu sein. Drinnen herrscht derweil noch Durcheinander und zehn Kinder schreien gleichzeitig, man solle ihnen dies geben, das noch zumachen, den Schuh noch anziehen helfen, und dort geht die Schranktür nicht auf, außerdem hat Ira den Handschuh von Mascha an, und Tigran kann seine Mütze nicht finden, weil sie einem anderen ein willkommenes Spielzeug für die Wartezeit ist.

Draußen sind neun Grad unter null, weshalb man nichts vergessen sollte, auch die eigenen Kleider nicht. Als ich dann selbst als letzter das Haus verlasse, sehe ich die anderen wie zwei Muttergänse mit einem Schwarm Küken langsam über den Hof zu „unserem" Spielplatz laufen. Der ist mehr oder weniger vom Schnee geräumt worden, damit die Kinder dort laufen können. Im Tiefschnee (der bei ein bis zwei Handbreit hoch anfängt) haben sie wenig Fortbewegungsmöglichkeiten. Das ist angenehm, weil sich kaum einer selbständig machen kann. Wenn es doch geschieht, ist das meistens Locha, der einen großen Drang hat, eine Richtung konsequent zu verfolgen und anscheinend gerne mal etwas anderes sehen will. Hier spielen wir für einige Minuten „Eisenbahn", und es machen ausnahmsweise mal fast alle mit. Einige Kinder bleiben anschließend mit einer der Erzieherinnen im Kreis stehen, wo sie einige Singbewegungsspiele spielen, zerstreuen sich aber schon bald wieder. Für drei stille Gesellen bietet eine Schaukel ausreichend Beschäftigung, für ein paar andere die vom Schnee bedeckten Plastikspielzeuge.

Dass zwei oder gar drei Kinder mit einer Sache gemeinsam spielen, kommt recht selten vor und ist nie von Dauer. Im Schnee haben sie aber auch schon so genug damit zu tun, die Sachen erst mal zu finden und auch nach den Stürzen wiederzufinden, so dass es ziemlich ruhig bleibt. Nur die Handvoll Kinder, die Fußball spielen will – was ohne mich nicht geht – macht das nötige Geschrei. Nach einiger Zeit müssen die Erzieherinnen ihr von unqualifizierten Zuhörern umringtes Gespräch unterbrechen, da einige Schlauköpfe unter dem Vorwand des „Pinkelnmüssens" versuchen, ins Warme zu gelangen. Sonst sind aber alle offensichtlich gerne draußen, zumindest, solange sie trocken sind, was auch verständlich ist. Nach einer knappen Stunde bringen wir also die ersten und dringenden Fälle wieder rein.

Während eine Frau die Kinder auszieht und die Kleider in der richtigen Zusammengehörigkeit hält, setze ich welche auf den Topf und ziehe andere trocken an, wobei ich zusehen muss, dass kein Unglück passiert. Nach einiger Zeit wuseln alle wieder munter durchs Spielzimmer und streiten sich darum, wer malen darf. So soll zum Beispiel Regen gemalt werden: Die Wolke und das Gras sind schon vorgegeben und ein Prachtkerl ist der, der die gleichmäßigsten Streifen in der richtigen Richtung zeichnet. Ich habe gelegentlich schon versucht, ohne Vorgaben zu zeichnen, was mir irgendwie sympathischer ist und auch recht interessant wäre. Nun ja... Es ist auch schon gleich halb sieben, was für mich heißt: Küchenkittel überziehen, Töpfe zusammenklauben, in die Küche gehen und diesmal ohne Wartezeit das Abendessen entgegennehmen, um es dann im Eßzimmer kindgerecht aufzutischen. (...)

Hanno Paul

5.5 Finanzen

Ein einjähriger Auslandsaufenthalt mit einem geringen monatlichen Taschengeld ist ohne die eine oder andere Finanzspritze aus der Heimat nur schwer durchzustehen. Für den Geldtransfer von Deutschland ins Ausland gibt es verschiedene Möglichkeiten.

Günstig ist der Einsatz einer Kreditkarte. Mit ihr kann man sowohl vor Ort bezahlen, als auch bei Banken, teilweise sogar am Automaten, Geld abheben. Der entsprechende Betrag wird dann von einem vorher angegebenen Konto in Deutschland abgebucht. Kreditkarten können in Banken und Sparkassen beantragt werden und kosten eine jährliche Gebühr, die je nach Kartenunternehmen und eventuell angebotenen Zusatzleistungen wie z.b. Versicherungen, schwankt. Bei einer gewöhnlichen Karte, ohne besondere Zusatzleistungen, kann von einer Gebühr von ca. 20,- EUR pro Jahr ausgegangen werden. Bei Zahlung per Kreditkarte im Ausland werden geringe Gebühren fällig, die je nach Kartenunternehmen schwanken, in der Regel aber zwischen ein und drei Prozent des Rechnungsbetrages betragen. Teurer wird das Abheben von Bargeld vor Ort. Eine feste Gebühr von mindestens 5,- EUR plus ein bestimmter Prozentsatz des jeweiligen Betrages werden fällig. Man sollte darauf achten, eine Karte mit großer Verbreitung zu wählen, also z.B. Mastercard oder Visa.

Überweisungen sind eine weitere Möglichkeit, um Geld ins Ausland zu transferieren. Allerdings werden dabei teilweise erhebliche Gebühren fällig, die in der Regel über denen einer Abbuchung per Kreditkarte liegen.

Zudem benötigt man ein Konto im Ausland oder jemanden, über dessen Konto man die Überweisungen laufen lassen kann.

Reiseschecks haben den Nachteil, bereits vor dem Auslandsaufenthalt erworben werden zu müssen. Sie eignen sich somit nicht zum Geldtransfer. Vorteil: Sie sind ein sehr sicheres Zahlungsmittel. Gestohlene oder verlorengegangene Reiseschecks werden im Normalfall von der ausstellenden Gesellschaft ersetzt. In manchen Ländern kann man sie wie Bargeld benutzen. In den meisten aber müssen sie vorher in die Landeswährung umgetauscht werden. Dies wiederum kann Gebühren kosten, die je nach Land unterschiedlich hoch sind.

Der Postweg eignet sich zum Geldtransfer nur sehr bedingt. Die Gefahr, dass ein Brief verloren geht oder dass die Post geöffnet wird, ist insbesondere bei Sendungen ins Ausland gegeben. Falls man dennoch einen größeren Betrag per Post verschicken will, sollte man ihn auf mehrere Briefe verteilen und sicher gehen, dass von außen nichts auf den wertvollen Inhalt hindeutet. Sendungen per Einschreiben oder Wertbrief werden zwar gewöhnlich als sicherer angesehen, allerdings können potentielle Langfinger bei dieser Versandart auf den besonderen Inhalt aufmerksam gemacht werden.

5.6 Aufbau eines Unterstützerkreises

von Philipp Rößler

Zahlreiche Trägervereine fordern von ihren Freiwilligen einen sog. Unterstützerkreis aufzubauen, der helfen soll, die Kosten die mit dem Dienst verbunden sind, zu decken. Doch auch für Dienstleistende, deren Träger keinen Unterstützerkreis verlangen, kann ein privat organisierter Kreis eine exzellente Möglichkeit sein, die finanziellen Belastungen dieses Dienstes etwas zu verteilen.

Im einzelnen sieht das so aus: Freunde, Verwandte, Bekannte, aber auch beispielsweise Geschäftsleute oder Kommunalpolitiker aus der Heimatstadt, soll der Freiwillige um Spenden für seinen Einsatz im Ausland bitten. Der Träger nimmt diese entgegen und verwendet sie, um damit Kosten für Krankenversicherung etc. zu bezahlen. Auch leitet er einen Teil der eingegangenen Spenden als 'Taschengeld' an den Freiwilligen weiter.

Allerdings hilft ein Unterstützerkreis nicht nur, die Kosten für den Dienst gering zu halten. Er versucht darüber hinaus, das Prinzip eines „Solidaritätskreis" zu verwirklichen.

Im Gegenzug verpflichtet sich der Dienstleistende nämlich dazu, an die Mitglieder des Kreises Rundbriefe zu verschicken. In diesen soll er den Alltag seines Dienstes schildern, um den Unterstützern zu Hause ein möglichst plastisches Bild seiner Arbeit zu vermitteln.

Hier werden bereits zwei wesentliche Prinzipien der Idee des 'Solidaritätskreises' angesprochen. Finanzielle Unterstützung und Information.

Die Spenden aus dem Solidaritätskreis sind für das Zustandekommen des Dienstes, enorm wichtig. Da der Freiwillige im Gegensatz zu Zivil- oder Wehrdienstleistenden keinen Sold erhält, wäre für manche der Dienst

ohne sie sicher nicht finanzierbar. Je reichhaltiger die privaten Spenden fließen, desto eher läßt sich eine Akzeptanz des Anderen Dienstes im Ausland ablesen. Dies ermutigt natürlich die Entsendeorganisation, ihre Strukturen auszubauen und selbst weitere Sponsoren zu finden.

Doch lange bevor die ersten Spenden eintrudeln und der erste Rundbrief geschrieben wird, beginnt eine wichtige Aufgabe des Freiwilligen. Durch seinen Versuch, einen Solidaritätskreis aufzubauen, erfahren viele der Angesprochenen erstmals von der Existenz des Anderen Dienstes im Ausland. Allein diese Information ist für die öffentliche Anerkennung des Dienstes wichtig, unabhängig davon, ob die jeweilige Person dem Kreis der Unterstützer beitritt oder nicht. Im Schneeballsystem verbreitet sich nämlich die Nachricht über diesen Dienst. Vielleicht ist ja der Sohn der Tante der Freundin des Nachbarn auch gerade in dem Alter, sich zu entscheiden zwischen Wehrdienst, Zivildienst oder ...

Deshalb sollte der Freiwillige seine Spender auch nicht nur unter seinen Verwandten suchen, denn diese hätten ohnehin von seinem Dienst im Ausland erfahren. Auch wenn von wildfremden Menschen Geld zu erbetteln etwas delikat ist, lohnt es sich, sich dieser unangenehmen Situation auszusetzen – man wird häufiger als gedacht angenehm überrascht.

Wenn der Kreis der Unterstützer feststeht und sich der Freiwillige im Einsatzland schon kopfüber ins Projekt gestürzt hat, fällt es oft schwer, die nächste wichtige Aufgabe zu erfüllen. Die Rundbriefe müssen geschrieben werden. Und das, wenn man als Freiwilliger seinen eigenen Aufgabenbereich im günstigsten Fall gerade erst kennenlernt. Kein einfaches Unterfangen. Das Abfassen von Rundbriefen ist gar nicht so leicht, eröffnet aber neue Perspektiven. Sie zu verfassen, stellt eine große Schwierigkeit – und eine große Chance dar. Es geht darum, einen Schritt zurückzutreten, den Dienst von der Warte des 'neutralen' Beobachters zu betrachten. Im Rundbrief ist man gezwungen, sich selbst bei der Arbeit über die Schulter zu sehen. Der Brief zwingt, die eigene Situation zu reflektieren. Man wird sich unter anderem darüber klar, dass man bei längerem Nachdenken vielleicht ab und zu anders gehandelt hätte – nicht aber unbedingt besser.

Aufschlussreich ist es auch, zum Ende hin die eigenen Rundbriefe zu vergleichen. Den ersten hat man vielleicht in der Euphorie der ersten Monate geschrieben. Den zweiten, als man sich von allem und allen verlassen fühlte. Den dritten in der etwas wehmütigen Phase des Abschieds. So wird die Entwicklung im Projekt, aber auch die persönliche Entwicklung deutlich.

Zudem haben die Rundbriefe auch etwas Tröstliches. Mitten im Stimmungstief oder im Kulturschock tut es gut, seine Gedanken niederzuschreiben. Diese Briefe haben einen ähnlichen Effekt wie ein Tagebuch, nur, dass sie den unschätzbaren Vorteil besitzen, gelesen zu werden! Sie stoßen in der Heimat vielfach auf großes Interesse, werden gelesen, vorgelesen und vielfach sogar weiter verteilt! Zu wissen, dass die eigenen Erlebnisse große Beachtung finden, vermittelt ein angenehmes Gefühl von Bestätigung und auch Verantwortung. Die Lieben daheim haben an den Erfahrungen in der 'Fremde' teil und warten schon auf den nächsten Brief. Nebenbei erfahren sie dann auch noch etwas über den jeweiligen Einsatzort; Vorurteile werden abgebaut; eine Kenntnis des Landes wird vermittelt, die sich in keinem Lexikon finden läßt.

Die Reflexion der eigenen Tätigkeit und Entwicklung sowie die Vermittlung von Erfahrungen und Kenntnissen über das Einsatzland, das anfangs so fremd erschien, sind neben dem finanziellen Aspekt gewiss die wichtigsten Gründe für das Prinzip „Solidaritätskreis".

Zusätzlich gibt es noch einen angenehmen Nebeneffekt. Wenn nach der Rückkehr schon einige Zeit verstrichen ist und die Erinnerungen langsam verblassen, geben die Rundbriefe zuverlässig Auskunft darüber, ob das Bett nun mit dem Kopfende zur Tür oder zum Fenster stand ...

Erfahrungsbericht – USA

Christoph Durt hat seinen Dienst in den USA geleistet, wo er in einem Projekt mit minderjährigen Flüchtlingen arbeitete:
Kriegsdienstverweigerung ist nichts Ungewöhnliches mehr. Ich hatte das Gefühl, der Dienst in der Bundeswehr würde nicht sehr interessant werden, sondern sich eher in „Absitzen" gestalten. Und ebenso wie viele andere junge Männer meiner Generation möchte ich nie in die Situation kommen, jemanden töten zu müssen. (...)
Aber soll man denn resignieren und zusehen, wenn sich andere Völker gegenseitig umbringen? Wer die militärische Konfliktlösung ablehnt, muss eine Alternative anbieten. Diese kann aus meiner Sicht nur in der Völkerverständigung bestehen. Es wäre also logisch, als Ersatz zum Kriegsdienst einen Dienst anzubieten, der zum Verständnis verschiedener Kulturen beiträgt. Ich glaube dies leistet – wenn bislang auch nur in bescheidenem Ausmaß – der Andere Dienst im Ausland. (...)
Harlingen ist mit seinen 40.000 Einwohnern eine recht kleine Stadt. Breite, numerierte Straßen, Einkaufszentren und was sonst noch zu einer amerikanischen Stadt gehört sind hier zu finden, jedoch keine Hochhäuser, kaum Natur und kein öffentlicher Nahverkehr. Die meisten Menschen sprechen Englisch und Spanisch, da der Anteil der spanischsprachigen Bevölkerung groß ist. (...)
Ich war (und bin) glücklich, die Arbeit machen zu dürfen, die ich mir gewünscht hatte: Flüchtlingen aus Lateinamerika bei der Einwanderung in die USA zu helfen. (...)
Da die Arbeit im Proyecto Libertad einiges an rechtlichem Hintergrundwissen erfordert, wurde für mich und die anderen neuen Freiwilligen eine zweiwöchige Trainingsphase angesetzt.
Ziemlich bald schon schwirrte mir der Kopf vor lauter Fachausdrücken, die mir schon im Deutschen Schwierigkeiten machen würden. Dazu kamen zahllose Abkürzungen. Einen dicken Ordner sollte ich durcharbeiten, um ein wenig Einblick zu bekommen. Und für die Arbeit mit Minderjährigen einen Ergänzungsordner, einen weiteren für... Immerhin, die ersten beiden hatte ich am Wochenende zu Ende gelesen.
Zum Glück sind die anderen ca. zehn Büromitglieder und mein Chef sehr nett und geben sich viel Mühe. Überall war Hilfe nötig, da es im Erwachsenenarrest ca. 400 Flüchtlinge gab, dazu kommen 30 bis 40 minderjährige Flüchtlinge im „shelter" („Schutz"haus). Je mehr Freiwillige mit ihnen arbeiten, desto mehr von ihnen kann geholfen werden.
Ich war überwiegend im „shelter" tätig, da ich als Nicht-US-Amerikaner nicht

im Erwachsenenarrest arbeiten durfte. Die Arbeit bestand überwiegend darin, die Kinder und Jugendlichen zu befragen, ihnen bei der Suche nach Verwandten zu helfen, Papiere zu übersetzen und beim Ausfüllen dieser zu helfen. Einmal in der Woche gab es eine Rechtspräsentation, wo den neuen Minderjährigen werden ihre Rechte erklärt wurden. Mir fiel ein Stein vom Herzen, als ich nach meiner ersten Rechtspräsentation den Eindruck hatte, dass die acht Neuen nicht nur mein Spanisch, sondern auch den Inhalt meiner Erklärungen verstanden haben.(...)
Trotzdem wird es wohl nie wirklich leicht werden. Menschliche Schicksale lassen sich eben nicht immer in einem 9-Stunden-Tag unterbringen.

Christoph Durt
Quelle: „ZiviZeit" 2/97

5.7 Bewerbung um einen Studienplatz

Bei der Bewerbung um einen Studienplatz zählt der Ersatzdienst natürlich als Wartezeit. Allerdings verbessern weder die Wartezeit noch die Ableistung des Dienstes die Abitursdurchschnittsnote, wie gelegentlich angenommen wird. Der Ersatzdienst im Ausland wird, wie der Zivildienst in Deutschland auch, bei der Bewerbung um einen Studienplatz ggf. lediglich als drittes Kriterium nach der Abitursnote und den Wartesemestern für die Studienplatzvergabe herangezogen, d.h. nur bei Übereinstimmung von Abinote und Anzahl der Wartesemester hat der ehemalige Zivi einen Vorteil gegenüber seinen Mitbewerbern.

Auch für Auslandszivis gilt das sogenannte Prinzip des Nachteilsausgleichs: Wer zu Beginn oder während des Ersatzdienstes einen Studienplatz erhalten hat, der aber aufgrund des Dienstes nicht angetreten werden

konnte, hat bei einer erneuten Bewerbung (im gleichen Studiengang) nach dem Dienst Vorrang vor allen übrigen Bewerbern! **Dienstleistenden, die bereits eine konkrete Studienwahl getroffen haben, ist die Bewerbung vor und gegebenenfalls während des Dienstes unbedingt zu empfehlen,** obwohl klar ist, dass man der Studienplatz aufgrund des Ersatzdienstes noch gar nicht wird antreten können! Dieses Prinzip gilt nur für die zwei auf das Ende des Dienstes folgenden Vergabeverfahren.

Das FSJ / FÖJ kann bei einigen Studiengängen als Vorpraktikum oder studienbegleitendes Praktikum anerkannt werden. Zu diesen Studiengängen gehören Sozialwesen, Sozialpädagogik, Diplom-Pädagogik, und je nach Tätigkeitsschwerpunkt während des Dienstes z.B. auch die Politikwissenschaften. Die Regelungen sind allerdings nicht einheitlich und schwanken von Hochschule zu Hochschule. Auch bei einigen Ausbildungsgängen kann das FSJ / FÖJ ggf. als Vorpraktikum anerkannt werden. Da Dienstleistende nach § 14c ja formal ein FSJ bzw. FÖJ geleistet haben, könnte auch ihr Dienst ggf. als Vor(-Praktikum) anerkannt werden. Zur Praxis der einzelnen Hochschulen in dieser Frage liegen noch keine Informationen vor, für Auslandszivis mit entsprechenden Studienwünschen gilt daher: Versuchen kann man es auf jeden Fall. Nähere Auskünfte dazu beim Studentensekretariat der jeweiligen Hochschule.

5.8 Freiwillige Zahlung von Rentenbeiträgen

Im Gegensatz zu den Zivis in Deutschland und zu den 14-c-Zivis werden für die ADiA-Leistenden nach § 14 b ZDG während ihres Dienstes keine Rentenversicherungsbeiträge gezahlt (s. Kap. 1.12 auf Seite). 14b-Zivis haben jedoch die Möglichkeit, Beiträge freiwillig zu leisten und somit die Höhe der später auszuzahlenden Rente geringfügig zu verbessern. Für die Durchführung der freiwilligen Versicherung ist normalerweise die „Deutsche Rentenversicherung Bund" zuständig; wurden bereits Beiträge zur deutschen Rentenversicherung gezahlt, hat man sich an den deutschen Rentenversicherungsträger zu wenden, an den der letzte Beitrag vor Aufnahme der freiwilligen Versicherung entrichtet wurde.

Freiwillige Beiträge müssen bis zum 31.03. des Jahres, das dem Jahr folgt, für das die Beiträge gelten sollen, gezahlt werden. Das bedeutet für dieses Jahr, dass spätestens im März

noch freiwillige Beiträge für die Monate Januar bis Dezember des vorangegangenen Jahres gezahlt werden können.

Es besteht keine Verpflichtung, eine bestimmte Mindestanzahl von freiwilligen Beiträgen zu leisten. Der Versicherte kann bestimmen, für welche Monate er die Beiträge bezahlen möchte. Es braucht nicht für jeden Monat ein freiwilliger Beitrag gezahlt werden.

Allerdings ist ein Mindestbeitrag von 78,– EUR je Monat zu entrichten, gleichzeitig darf der Höchstbeitrag von 1023,75 EUR je Monat nicht überschritten werden.

Angenommen der Mindestbeitrag von 78,– EUR wird in einem Monat gezahlt, erhöht das die monatliche Rente um ca.0,35 EUR. Bei diesem Beispiel müsste man ca. 18 Jahre Rente erhalten, dass sich diese zusätzliche Zahlung rechnet. Bei der einmaligen Zahlung Höchstsatz von 1023,75 EUR macht das eine Erhöhung der Rente von 4,59 EUR.

Zur maximalen Erhöhung der monatlichen Rente um ca. 55,- EUR ist in jedem Dienstmonat die Zahlung des Höchstbetrages erforderlich.

Freiwillige Beiträge erhöhen die Rente nach dem Grundsatz:

„Je mehr Beiträge und je höher die Beiträge, desto höher die spätere Rente."

Freiwillige Beiträge können nur bargeldlos und unmittelbar an die Deutsche Rentenversicherung Bund geleistet werden. Um diese Zahlungen vornehmen zu können, muss man sich mit besonderen Formularen (www. deutsche-rentenversicherung-bund.de) zur freiwilligen Versicherung anmelden. Zu Fragen rund um die Rentenversicherung unterhält die Deutsche Rentenversicherung Bund ein Servicetelefon, (0800-10 00 480 70), das Mo–Do von 7.30 bis 19.30 Uhr und Fr von 7.30 bis 15.30 Uhr besetzt ist. Details s. www.zivi.org.

5.9. Workcamps

Wer vor dem Dienstbeginn noch Wartezeit überbrücken muss oder in den Ferien schon etwas internationale Erfahrung sammeln will, kann als „Einstimmung" auf den internationalen

Ersatzdienst an einem Workcamp teilnehmen. Dabei unterstützt man zusammen mit vielen anderen meist jungen Menschen aus verschiedenen Ländern ein soziales Projekt über zwei bis sechs Wochen hinweg. Auch wer noch keine geeignete Dienststelle gefunden hat, kann an einem Workcamp teilnehmen und somit seine Chancen bei der Stellensuche für den Ersatzdienst erhöhen. Einige Trägervereine internationaler Ersatzdienste sind auch Anbieter von Workcamps.

Folgende Stellen bieten kurzfristige Workcamps und freiwillige Arbeitseinsätze:

Internationale Jugendgemeinschaftsdienste e.V. (IJGD),
Kasernenstr. 48, 53111 Bonn Tel.: 02 28 / 22 80 00-0, Fax: 02 28 / 22 80 00-10,
ijgd.bonn@bonn.ijgd.de, www.ijgd.de.
Veranstalten jährlich ca. 120 internationale Workcamps und europäische Jugendwochen. Die insgesamt fünf deutschen Büros der IJGD pflegen regen Kontakt zu über 30 verschiedenen Workcamp-Veranstaltern in Europa, Afrika, den USA, Japan und Russland.

Service Civil International (SCI), Blücherstr. 14,
53115 Bonn, Tel.: 02 28 / 21 20 86- 87, Fax: 02 28-26 42 34,
info@sci-d.de, www.sci-d.de.
SCI hat Gruppen in 30 Ländern und arbeitet mit mehr als 50 Partner zusammen. Die über 500 Workcamps, die größtenteils soziale oder ökologische Projekte unterstützen, finden in Europa, Amerika, Asien und Afrika statt.

Kolping Jugendgemeinschaftsdienste,
Kolpingplatz 5-11, 50667 Köln, Tel.: 0221 / 20 70 115, Fax: 02 21 / 20 70 140,
igd@kolping.de, www.workcamps.kolping.de.
Kolping bietet Workcamps in Europa, Afrika, Asien, Mittel- und Südamerika. Die Bereiche decken Umweltschutz, Renovierungsarbeiten bis hin zu sozialen Tätigkeiten ab.

Nothelfergemeinschaft der Freunde (NdF),
Postfach 10 15 10, 52349 Düren, Tel.: 024 21 / 765 69, Fax: 024 21 / 764 68,
info@nothelfer.org, www.nothelfergemeinschaft.de.

In den Ländern Europas, Afrikas, Asiens und Lateinamerikas helfen die Workcampteilnehmer bei Wiederaufbau-, Renovierungsarbeiten, Betreuung von Kindern und Behinderten.

Pro International (PI), Aufbauwerk der Jugend,
Bahnhofstr. 26a, 35037 Marburg, Tel.: 064 21 / 652 77, Fax: 064 21 / 644 07,
pro-international@lahn.net, www.pro-international.de.

Pro International hat in Europa, Afrika, Asien und Lateinamerika Workcamps, die einen Tätigkeitsbereich von verschiedenen manuellen Arbeiten über Aufbau-, Renovierungsarbeiten bis hin zu der Betreuung behinderter Menschen haben.

Aktion Sühnezeichen Friedensdienste (ASF), Auguststr. 80,
10117 Berlin, Tel.: 030 / 28 39 51 84, Fax: 030 / 28 39 51 35,
asf@asf-ev.de, www.asf-ev.de.

Seit vielen Jahren lädt die ASZ junge Menschen zu internationalen europaweiten Sommerlagern ein. Die Auseinandersetzung mit dem deutschen Nationalsozialismus und seinen Verbrechen ist das Motto der Sommerlager.

Internationaler Bauorden (IBO), Deutscher Zweig,
Postfach 14 38, 67504 Worms, Tel.: 06241 37900, Fax: 06241 37902,
info@bauorden.de, www.bauorden.de.

Jugendliche aus Europa helfen sozial Benachteiligten und finanziell Schwachen bei Bau- und Reparaturarbeiten. IBO bietet hauptsächlich Workcamps in Europa, aber auch in Afrika und Israel.

Internationale Begegnung in Gemeinschaftsdiensten e.V. (IBG),
Schlosserstr. 28, 70180 Stuttgart, Tel.: 07 11 / 649 02 63, Fax: 07 11 / 649 98 67,
info@ibg-workcamps.org, www.ibg-workcamps.org.

IBG hat Partner in vielen Ländern. Damit besteht für Jugendliche und junge Erwachsene die Möglichkeit, an Camps in Nord- und Lateinamerika, Europa, Nordafrika, Japan oder Grönland teilzunehmen.

WWOOF, Freiwillige Helfer auf ökologischen Höfen,
c/o interconnections, Schillerstr. 44, 70102 Freiburg,
info@wwoof.de, www.wwoof.de

„Wwoofen" bietet die Möglichkeit auf zahlreichen Höfen im europäischen und nicht europäischen Ausland, z.B. in Australien, Amerika, Kanada, Neuseeland,

Ghana und Togo zu arbeiten. Hier ist das Internationale Verzeichnis erhältlich, ferner Wwoof Australien und ein Verzeichnis von Farmen in Neuseeland. Bestellungen über *http://shop.interconnections.de*

5.10 Verschiedenes

Hier noch einige nützliche Tips und praktische Hinweise rund um den bevorstehenden Aufenthalt im Ausland.

Führerschein: Wer eine deutsche Fahrerlaubnis besitzt und ins nichteuropäische Ausland geht, sollte sich einen internationalen Führerschein besorgen, da der nationale in Übersee meist nicht anerkannt wird. Jedoch ist auch ein in Deutschland ausgestellter internationaler Führerschein nicht offiziell in jedem Land der Welt gültig. Zu erwerben ist er bei der Zulassungsstelle gegen eine Gebühr von 16,30 EUR unter Vorlage des deutschen Führerscheins und eines Personalausweises oder Passes. Ein Passfoto ist erforderlich.

Informationen/Nachrichten: Im Internet-Zeitalter ist es kein Problem mehr, auch im entferntesten Winkel der Erde an Nachrichten in deutscher Sprache, sei es zum allgemeinen Weltgeschehen, zur Politik in Deutschland, zu Sport, Wirtschaft, Kultur... zu gelangen. Doch nicht jede Auslandszivi-Generation hatte es so leicht: Autor Jörn Fischer ließ sich von Familie und Freunden per Brief mit ausgeschnittenen Zeitungsartikeln über den Lieblingsfußballclub versorgen und war regelmäßiger Besucher der Bibliothek

des Goethe-Instituts Montevideo, wo er sich an mindestens 10 Tage alten Ausgaben deutscher Tageszeitungen erfreute.

Weitere Möglichkeiten der Informationsbeschaffung jenseits von Online-Medien:

Auch im Ausland werden in bestimmten Geschäften, z.b. in internationalen Buchläden, deutsche Tageszeitungen und Zeitschriften verkauft. Diese sind zwar meist teurer als daheim und weniger aktuell, können aber dennoch den Wissenshunger stillen.

Wer zu Hause eine Zeitschrift abonniert hat, kann sie sich auch ins Ausland schicken lassen. Dies kostet jedoch entsprechend mehr, insbesondere wenn sie per Luftpost versandt wird.

Eine lohnende Investition für Informationsbedürftige ist mit Sicherheit ein Weltempfänger. Mit diesen Radiogeräten läßt sich weltweit auf Kurzwelle der deutsche Auslandssender „Deutsche Welle" empfangen (Frequenzen für die unterschiedlichen Zielgebiete unter www.dw-world.de/dw/article/0,2144,435653,00.html) der außer stündlichen Nachrichten Sendungen und Reportagen zu verschiedenen Themenbereichen anbietet. Ein guter Weltempfänger kostet von ca. 70,– EUR aufwärts.

Die Deutsche Welle hat nicht nur ein Radio- sondern auch ein Fernsehprogramm. Zum Empfang benötigt man allerdings in der Regel ein Fernsehgerät mit Satellitenanschluss.

Es kann allerdings auch eine sehr gute Erfahrung sein, einmal eine Zeit lang vollkommen „nachrichtenlos" zu leben, ohne irgend etwas vom aktuellen Weltgeschehen mitzubekommen. Nach einem gewissen Zeitraum wird man vielleicht sogar bemerken, dass man die Nachrichten gar nicht so vermißt.

Der Draht zur Heimat: Die Behandlung dieses Thema ist dank der Verbreitung von e-Mail und dem Aufkommen von Internet-Cafés auch in den entlegensten Winkel der Welt eigentlich überflüssig geworden. Jenseits der elektronischen Post gibt es verschiedene Mittel zum Aufrechterhalten der Kontakte zu Familie, Freunden, Verwandten ...: Die Möglichkeit, Briefe mit der Post zu verschicken, gibt es an den meisten Orten der Welt, doch abhängig vom Erdteil, in dem man seinen Dienst leistet, müssen oft Abstriche in puncto Zuverlässigkeit, Schnelligkeit und Sicherheit gemacht werden. Es empfiehlt sich, Briefe an regelmäßige Schreibpartner zu nummerieren, um so einen Überblick über möglicherweise verloren gegangene Briefe zu erhalten. Genauso sollte in umgekehrter Richtung, also bei Briefen von Deutschland ins Ausland, verfahren werden. Von wichtigen Schreiben oder Briefen, mit denen man sich viel Mühe gemacht hat, ist es sinnvoll vor dem Abschicken eine Kopie zu fertigen und diese eventuell nachzuschicken, falls das Original nicht angekommen sein sollte.

Viele Dienstleistende werden in ihrer Einrichtung ein Faxgerät nutzen können. Via Fax lassen sich einfach und schnell etwa Kopien von Dokumenten übermitteln.

Rundbriefe, in denen man über seine Erlebnisse in der „neuen Heimat" berichtet, sind ein gutes und zeitsparendes Mittel, um den Daheimgebliebenen einen Einblick in seine Erfahrungen zu geben. Wer keine Briefe sondern Päckchen oder Pakete verschicken will, kann neben der Post auf die Dienste eines weltweit operierenden Kurierdienstes zurückgreifen. Diese bieten ein hohes Maß an Sicherheit und je nach Versandart auch Schnelligkeit, haben aber auch deutlich höhere Preise.

Gesundheit: Ein Aufenthalt im Ausland kann, insbesondere wenn man in einer Region mit tropischem Klima oder in einem Land der sogenannten „Dritten Welt" eingesetzt ist, teilweise erhebliche gesundheitliche Risiken mit sich bringen. Diese lassen sich mit der richtigen Vorbereitung allerdings auf ein Mindestmaß senken. Dienstleistende, die den Ersatzdienst in einem solchen Gebiet leisten, sollten sich frühzeitig über empfohlene Schutzimpfungen kundig machen. Ansprechpartner ist dabei der Hausarzt. Wer konkrete Fragen zu den gesundheitlichen Begebenheiten in einem bestimmten Land hat, kann sich von einem Tropeninstitut beraten lassen. Eine Liste der Tropeninstitute in Deutschland findet sich bei www.zivi.org.

Noch Fragen zum Auslandszivi?! Der direkte Draht zu den Experten:
*Individuelle Beratung durch die Autoren unter © **0900 510 257 78***
(0,89 EUR/Minute aus dem Festnetz der Deutschen Telekom)

6. Vor Ort

Hier ein Einblick in einige Situationen, die sich aus dem Dienst und dem damit verbundenen Auslandsaufenthalt ergeben. Es beruht auf den Erfahrungen und Erlebnissen der beiden Autoren sowie etlicher anderer ehemaliger Auslandsdienstleistender. Dabei sei jedoch hinzugefügt, dass es sich nicht um allgemeingültige 'Weisheiten', sondern um persönliche Erfahrungen handelt, die auch anders erlebt werden können. Dennoch haben die Autoren im Austausch mit anderen ehemaligen Auslandszivis festgestellt, dass oft – vollkommen unabhängig von Einsatzland und Tätigkeitsbereich – verblüffend ähnliche Erfahrungen gemacht worden sind.

6.1 Ankunft und Eingewöhnung

„Die Fahrt vom Flughafen ins Zentrum von Nairobi gestaltet sich wie eine Reise ohne Zeit und Raum. Während wir einen Kilometer nach dem anderen durch die Dunkelheit zurücklegen, warte ich, bis mein Bewusstsein und mein Verstand aus Europa folgen. Ich bin in Afrika."

So beschreibt Benjamin Gundlach, der den ADiA in Kenia leistete, die ersten Momente nach seiner Ankunft. Tatsächlich benötigt man eine geraume Zeit, bis man „vollständig" und nicht nur körperlich angekommen ist. „Die Seele geht immer zu Fuß", ist in einem

Sprichwort treffend formuliert.

Eine andere Sprache, eine andere Lebensweise, eine andere Landschaft, eine andere Mentalität, andere Eßgewohnheiten..... Man sieht sich unzähligen neuen Eindrücken ausgesetzt, die man zu Beginn oft zwar staunend wahrnehmen, aber nur schwierig verarbeiten kann. Dies ist ganz natürlich und ändert sich im Laufe des Eingewöhnungsprozesses. Gerade zu Beginn des Auslandsaufenthaltes sollte man es jedoch vermeiden, alles und jedes mit Deutschland zu vergleichen und vor allem bewerten zu wollen. Die Eingewöhnungsphase gestaltet sich einfacher, wenn man Unterschiede erst einmal nur auf sich wirken läßt und sie so annimmt, wie sie sind – ändern kann man sie ja doch nicht. Nach einigen Monaten sieht man dann vieles schon mit einem erweiterten Blickfeld. Man versteht die Hintergründe, kennt die Menschen und kann vieles objektiver beurteilen.

Bei vielen Projekten sind zeitgleich mehrere deutsche Dienstleistende beschäftigt. Für den Eingewöhnungsprozeß hat dies Vor- und Nachteile. Es ist sehr hilfreich, sich mit einem Kollegen, der vielleicht gerade dieselbe Phase durchlebt wie man selbst, über die neuen Eindrücke austauschen zu können. Oft wird man dabei feststellen, dass der deutsche Partner ganz ähnliche Erfahrungen macht, manche Dinge aber möglicherweise auch ganz anders sieht. Gerade zu Beginn, wenn man erst wenige neue Bekanntschaften gemacht hat, kann der Austausch mit dem Kollegen sehr wichtig sein. Andererseits wird ein ständiges Zusammensein mit einem Deutschen die Integration in die neue Umgebung verlangsamen. Es besteht Gefahr, den Aufbau neuer Kontakte zu vernachlässigen und somit weniger Kontakt mit den Einheimischen zu bekommen. Außerdem wird man sich wahrscheinlich größtenteils auf deutsch unterhalten, was dem Erlernen einer neuen Sprache mit Sicherheit nicht zuträglich ist.

Wenn sich die Dienstzeit von zwei Freiwilligen um einige Wochen überschneidet (ist gesetzlich möglich; bis zu drei Monaten), kann der Vorgänger seinem Nachfolger gute Dienste leisten und ihm bei der Eingewöhnung behilflich sein. Sei es, indem er ihn mit dem Projekt vertraut macht und ihn einarbeitet oder ihm seine Bekannten vorstellt, damit der Nachfolger so schon einige Leute kennenlernt. Auch sollte man zumindest versuchen, mit seinem Nachfolger, bzw. Vorgänger, in der dortigen Sprache zu reden. Bei nicht verstandenen Wörtern kann dann einfach auf deutsch nachgefragt werden. Außerdem ist es höflicher, sich bei Anwesenheit Einheimischer in der Landessprache zu unterhalten.

Der Dienstleistende kann seinem Nachfolger aber auch einfach nur praktische Tips geben wie z.B. welche Wechselstube die günstigsten Kurse für den Geldumtausch bietet, oder in welcher Disco die schönsten Mädchen anzutreffen sind ...

Die Fülle der neuen Eindrücke in den ersten Wochen und Monaten, die oft mit einer gewissen Euphorie einher geht, läßt das Zuhause in Deutschland leicht vergessen. Man wird irgendwann vielleicht sogar verwundert feststellen, wie selten man mit den Gedanken in der alten Heimat ist.

Erfahrungsbericht – Brasilien

Jens Kopczak hat den ADiA in einem Straßenkinderprojekt im Süden Brasiliens geleistet:

Als ich mich aufmachte, um meinen „Anderen Dienst im Ausland" anzutreten – in einem Land, das dem größten Teil der Öffentlichkeit nur durch Fußball, Karneval oder Katastrophenmeldungen bekannt ist -, wusste ich nicht so recht, was mich erwarten würde. Auf Reisen durch Südamerika hatte ich zwar bereits mit der Bevölkerung und auch Straßenkindern Kontakte geknüpft, doch während dieser Aufenthalte sorgte die Fremdartigkeit und der Mangel an Verständigung für eine gewisse Distanz. Durch meine Arbeit wollte ich solche Hindernisse überwinden und die Menschen näher kennenlernen, die tagtäglich um ihre Existenz kämpfen müssen. Die ersten Wochen waren alles andere als leicht. Umstellung und Eingewöhnung brauchten Zeit. Zu groß waren die Gegensätze zwischen meinen Lebensgewohnheiten in Deutschland und dem Alltag in der Einrichtung Chácara – von den anfänglichen Schwierigkeiten ganz zu schweigen. Wie sollte ich mit den Jungen umgehen? Wie konnte es gelingen, das Vertrauen von Kindern und Jugendlichen zu gewinnen, die in der Vergangenheit soviel mitgemacht und durchlebt hatten, keine Liebe und Zuneigung kannten und hungrig schlafen gingen? Sie waren teilweise mißtrauisch und aggressiv, aber auch neugierig, hilfsbereit und ungeheuer lebendig.

Wir gewöhnten uns recht schnell aneinander. Schon bald konnte ich feststellen, dass die Kids sich von „normal Heranwachsenden" mit ihren Wünschen, Interessen, Hoffnungen und Problemen kaum unterschieden. Nur mit dem – allerdings gravierenden – Unterschied, dass sie geprägt waren von dem Leben in der Favela und auf der Straße. Um so mehr war es unsere Aufgabe, sich mit ihnen intensiv zu beschäftigen, sie zu fördern und ihnen zu zeigen, dass man so manches bewegen kann, sofern man nur will und die Voraussetzungen es ermöglichen. Oft waren sie mit großer Begeisterung dabei, wenn es darum ging, sich zu bewegen, Kräfte zu messen, sich kreativ zu beschäftigen oder auch zu diskutieren. Immer wieder musste ich feststellen, dass die Betreuerzahl einfach zu klein war. Es fehlten Zeit und Möglichkeiten, um alle anfallenden Arbeiten und Aufgaben ausreichend zu bewältigen. Das erzeugte manchmal auch Frust. Die jungen Menschen bei den begrenzten Möglichkeiten zum Mithelfen und Arbeiten zu bewegen, sie zu motivieren, sich optimistisch mit ihrer Zukunft auseinanderzusetzen, gehörte zweifellos zu den schwierigsten Aufgaben. Vor allem die älteren liebten es, in den Tag hinein zu leben, sich wenn irgendwie möglich, vor der Arbeit zu drücken und nur das Nötigste zu erledigen. Es hat viel Kraft gekostet und immer wieder zu Diskussionen geführt, ihnen zu zeigen, wie wichtig es ist, sich in der Gemeinschaft einzubringen und dass ein geregelter Alltag besser zu bewältigen ist. Trotz dieser Probleme konnten während meines Aufenthaltes sehr viele Erfolge erzielt werden. So wurde zum Beispiel in etwas mehr als einem halben Jahr die Aufzuchtstation für 9.000 Küken errichtet, der Fußballplatz wurde mit Rasenmatten belegt, eine Garage für den Traktor und ein Unterstellplatz mit Futterplatz für das Pferd konnten erstellt werden. Ein Anbau für die Vorratskammer konnte ebenso fertiggestellt werden wie der stark frequentierte Hobbyraum. Wir gewannen außerdem einiges Ackerland dazu, verschönerten die Gebäude und Außenflächen und bauten zwei große Sickergruben. Alle Kinder besuchen mittlerweile die Schule und erzielen dort recht gute Ergebnisse. Drei haben inzwischen eine Arbeit in Curitiba gefunden. Die Familienarbeit wird auch einer der Schwerpunkte in Zukunft sein. Der schwierige und langwierige Versuch, die Kinder wieder in ihre Familien zu integrieren, ist verbunden mit vielen Enttäuschungen, aber auch Erfolgserlebnissen. Ein erster Schritt ist gemacht.

Jens Kopczak

6.2 Interkultureller Austausch

Zu einem längeren Aufenthalt im Ausland gehört immer auch das Kennenlernen einer anderen Kultur und Lebensweise. Gleichzeitig vermittelt man, als Ausländer, den Menschen vor Ort ein Bild von Deutschland und den Deutschen. Dieser interkulturelle Austausch ist ein wesentlicher Aspekt des Ersatzdienstes, der dazu beiträgt, Vorurteile ab- und Verständnis zwischen den Völkern aufzubauen.

Der Aufenthalt in einem Land, dessen Lebensweise oft so gar nicht der von Deutschland gewohnten entspricht, ist allerdings nicht immer einfach, birgt jedoch auch Chancen. Jens Kopczak, der den ADiA in Brasilien geleistet hat, schreibt dazu:

„Mir fiel es nicht immer leicht, mich in die brasilianische Denk- und Lebensweise hineinzuversetzen. Zu unterschiedlich sind die Kulturen, Strukturen und auch Lebensgewohnheiten. Doch sind es gerade diese Unterschiede, die es spannend und interessant machen, sich damit auseinanderzusetzen und sich um Verständigung zu bemühen."

Über die Schwierigkeiten, offen für Neues zu sein, schreibt Jörg Wolf, der den ADiA in Schottland leistete: „Es ist wichtig, offen zu sein. Es ist jedoch schwierig, offen zu sein. Ich kann nicht einfach sagen, dass ich offen sein will und schon bin ich es – offen für Neues zu werden ist ein Prozeß, der nicht immer leicht ist." Wie man sich den Gewohnheiten seiner Umgebung anpasst, beschreibt Benjamin Gundlach, der den ADiA in Kenia geleistet hat, in

einem Beispiel aus seiner Dienststelle: „Ich erinnere mich noch an die Zeit kurz nach meiner Ankunft, als ich darauf bedacht war, mich an pünktliche Terminabsprachen zu halten und die benötigten Baustoffe in alter Schulmanier auf den Kubikzentimeter genau zu berechnen. Inzwischen schätze ich auch nur noch in Eimern und notiere die Termine quer über die Kalenderseite.

Ich denke, dass ein Außenstehender an der andersartigen Lebensauffassung und damit auch an der hier üblichen Arbeitsweise verzweifeln kann, wenn er nicht in der Lage ist, darauf einzugehen oder sie ebenfalls anzunehmen."

Doch welche Voraussetzungen muss ein Auslandsdienstleistender mitbringen, um eine andere Kultur annehmen zu können, und bis zu welchem Maß sollte er sich einer anderen Lebensweise überhaupt anpassen? Dazu nochmals Benjamin Gundlach: „Zum näheren Kennenlernen einer anderen Kultur gehört mehr als nur oberflächliches Interesse an anderen Lebensweisen. Offenheit und die Fähigkeit, die eigenen Vorstellungen abzulegen.

Ich habe jedoch auch erfahren müssen, dass ein Untertauchen in dieser anderen Kultur weder möglich noch gewollt ist. Untertauchen hieße, die Andersartigkeit aufheben zu wollen. Ich denke aber, dass das Ziel ein „Eintauchen" sein sollte. Möglichst viel von der anderen Ideologie und Lebensweise aufzunehmen, jedoch stets sein „Selbst" zu bewahren. Ich kann und will meine eigene Herkunft und Prägung nicht verleugnen, aber ich kann versuchen, sie verständlich zu machen."

6.3 Alltag

Der Alltag gestaltet sich naturgemäß für jeden Dienstleistenden individuell anders – abhängig von der Arbeit die man verrichtet, von den Lebensgewohnheiten vor Ort usw. Deshalb soll hier auch nur kurz auf wenige allgemeine Punkte eingegangen werden, die alle Dienstleistenden betreffen.

Früher oder später wird bei den meisten Dienstleistenden der Alltag einkehren. Man ist mit der Umgebung vertraut geworden, verfügt über einen geregelten Arbeitsablauf und hat sich an die Lebensweise vor Ort gewöhnt. Dinge, die bei der Ankunft noch ungewöhnlich oder exotisch schienen, sind mittlerweile völlig normal. Sei es der Müllsammler, der mit seinem selbstgebastelten Karren in den Straßen unterwegs ist oder der Papageienschwarm, der in regelmäßigen Abständen kreischend durch die Lüfte zieht. Wie alltäglich dies für einen geworden ist, merkt man gut, wenn Besuch aus Deutschland kommt, der sich verwundert über diese Dinge zeigt. Möglicherweise fällt einem dann auch wieder ein, wie man selbst bei der Ankunft über dieses oder jenes erstaunt war.

Andererseits birgt der Alltag immer die Gefahr, dass etwas zu sehr zur Routine wird und man sich keine Ziele mehr setzt. Gerade bei zeitlich begrenzten Einsätzen wie beim Ersatzdienst im Ausland ist das Risiko gegeben, sich nicht mehr neu motivieren zu können, da man in einigen Monaten die Tätigkeit dort ohnehin aufgeben wird.

Es kann eine schöne Erfahrung sein, den Alltag in einem anderen Land als Deutschland neu zu erleben, sich nach einer Eingewöhnungszeit wohl und souverän zu fühlen und zu merken, in die andere Kultur eingetaucht zu sein.

Begleitseminare

Artikel aus der Zeitschrift „Contacts" 1/2004 – Das AGEH Magazin zur Personellen Entwicklungszusammenarbeit

Warum Begleitung für Freiwillige im Ausland wichtig ist
Zu Beginn des Jahres dreht sich bei fid alles um die Begleitseminare im Ausland. Im Januar und Februar diesen Jahres fanden wieder drei Seminare für junge Erwachsene statt, die einen Freiwilligendienst im Ausland leisten. In Lusaka/Sambia, Santa Cruz/Bolivien und Salvador de Bahia/Brasilien trafen insgesamt knapp 80 Freiwillige für je eine Woche zusammen. Worauf es fid in den Begleitseminaren ankommt und was sich in einer solchen Woche alles entwickeln kann, beschreiben Constanze Blenig und Rachel Eltrop.

Sprudeln, erzählen, reden, reden, reden
„Krass, ich spreche deutsch!" Zum einen ist es für die eintreffenden SeminarteilnehmerInnen eine verblüffende Erfahrung, sich selbst plötzlich wieder in der Muttersprache reden zu hören. Zum anderen sprudeln die Ereignisse, Erfahrungen, Begegnungen und Überraschungen der ersten Monate des Freiwilligendienstes im Gastland stundenlang nur so heraus. Darin steckt zweier-

lei: Es hat einen hohen Wert, Gedanken und Gefühle in der Muttersprache aus-
zudrücken. Genau so wichtig ist es, Erfahrenes überhaupt zur Sprache zu bringen, was im Dienstalltag in vielen Fällen kaum möglich ist. Denn dafür braucht
man Zeit und Menschen, die zuhören. Man kann sich leicht vorstellen, dass
‚Austausch' auf den sogenannten Begleitseminaren für Freiwillige groß
geschrieben wird. Die Gesprächsbereitschaft der jungen Leute zieht sich mit
einer beeindruckenden Ausdauer über alle acht Tage und Nächte.

Viel geschluckt – wenig verdaut
Es gibt viel zu verdauen für sie: der Abschied von zu Hause, Beziehung und
Freundschaften auf Distanz, neue ganz andere Menschen, eine fremde Sprache,
oft unbekanntes Essen und Essgewohnheiten, eine ganze Palette sprachlicher
und kultureller Missverständnisse (von witzig bis gefährlich), eine völlig andere Wohnsituation als in Deutschland, das meist allererste Arbeitsverhältnis, und
und und... Es braucht Zeit und manchmal auch Anstöße von anderen, um sich
darüber bewusst zu werden, was man alles geschluckt aber nicht verdaut hat.

Schwitzen, lachen, weinen und am Ende weiß jede/r, was sie/er getan hat
Wieder spielt Zeit eine entscheidende Rolle: Andere und deren Zeit in Anspruch
nehmen zu dürfen, ist für einige auch ein Lernprozess. Es ist beeindruckend zu
sehen, wie Zuhören und Beraten eingefordert und angeboten werden, und zwar
sowohl von den SeminarbegleiterInnen als auch unter den Freiwilligen.
Für diejenigen, die sich auf sich selbst, ihre Situation und die anderen einlassen,
stehen am Ende richtig harter Arbeit oft konkrete Handlungsschritte, die bei der
Rückkehr ins Projekt angegangen sein wollen. Vielfach geht es um die eigenen
Grenzen und wie man sie schützt oder überschreitet. Dieses Jahr war zudem
besonders das Thema „Verantwortlichkeit der Trägerorganisationen" sehr wichtig.

Was die Seminare sonst noch bieten oder die Freiwilligen aus ihnen machen...
Für viele Freiwillige ist das Begleitseminar die erste Auszeit von Projekt und
Arbeitsalltag. Eine Pause machen, Abstand gewinnen, durchatmen können und
Kraft tanken erleben wir als heilsam und lebensnotwendig. Viele empfinden es
als Luxus, wieder mal in einem richtigen Bett zu schlafen, warm zu duschen
und ein gutes abwechslungsreiches Essen zu bekommen.
Des Weiteren können die Seminargruppen auf lustvolle Art und Weise entdek-
ken, was mit einem Haufen junger aufgeweckter Menschen alles anzustellen ist.
Einige nutzen die Chance, sich in Moderation auszuprobieren, andere organisieren Spielenächte, Musikimprovisa-tionsabende, Kleinkunst oder Tanz. Es
zeigt sich immer wieder, dass Ausgelassenheit, Freude und Spaß als unange-
fochtene Größe neben persönlicher und thematischer Arbeit stehen.
Die Begleitseminare bieten außerdem die Möglichkeit, zusammen über Grund-
sätzliches wie beispielsweise Lebenskonzepte oder Lebenswünsche nachzuden-
ken und sich darüber auszutauschen. Das Interesse, die große Lust auf Auseinandersetzung und Diskussion, auch wenn es um Grundwerte des Lebens geht,
ist immer wieder bemerkenswert.
Bunte Vielfalt entsteht nicht nur durch die unterschiedlichsten Projekte, Gast-

länder, Kulturen und Klimate, aus denen die Freiwilligen anreisen, sondern auch durch die verschiedensten Heimatsorte in Deutschland. Kaum eine Gruppe verzichtet im Anschluss an das Seminar auf eine gemeinsame Reise. Zahlreiche Verbindungen und geknüpfte Freundschaften bleiben auch über den Freiwilligendienst hinaus bestehen.

Constanze Blenig und Rachel Eltrop
Quelle: Contacts 1/2004 Das AGEH Magazin zur Personellen Entwicklungszusammenarbeit

6.4 Höhepunkte und Krisen

Kaum ein Auslandsdienstleistender wird nach Deutschland zurückkehren, ohne nicht mit glänzenden Augen von Höhepunkten seines Aufenthalts erzählen zu können. Doch genauso sicher wird er eine mehr oder weniger tiefe Krise durchlebt haben.

Die erste Krise stellt sich meistens nach zwei bis vier Monaten ein, wenn die Anfangseuphorie etwas verflogen und nicht mehr alles nur neu und toll ist. Gründe für eine Krise gibt es genügend. Auch nach Monaten hat man noch das Gefühl, sich nicht richtig eingelebt zu haben; die Arbeit gefällt einem nicht; die Kakerlaken unterm Bett sind nicht mehr exotisch, sondern eklig; das Gefühl, die Freunde zu Hause hätten einen vergessen, weil kein Brief mehr von ihnen kommt, gleichzeitig konnte man vor Ort kaum Kontakte knüpfen; man versteht die Sprache nicht so, wie man gerne wollte; das Essen ist nicht mehr würzig, sondern versalzen; sprich: Die ganze Welt hat sich gegen einen verschworen. Eine solche Gefühlslage zu diesem Zeitpunkt des Dienstes ist nichts Ungewöhnliches und wird verständlicher, wenn man sich in die Situation des Freiwilligen hineinversetzt. Es ist nicht übertrieben zu behaupten, er befinde sich in einer Extremsituation. Schließlich macht er gerade zum ersten Mal die Erfahrung, vollkommen auf sich allein gestellt zu sein und dabei auch noch Probleme, die ihm vorher nicht bekannt waren, ohne die gewohnte Hilfe anderer (Familie, Freunde...) lösen zu müssen. Und dies alles in einem fremden Land, dessen Sprache er kaum versteht! Solche Krisen werden von den Dienstleistenden unterschiedlich schwer empfunden. Mancher kommt mit einer leichten Verstimmung davon, die sich bereits nach einer Woche verzogen hat, andere wiederum tun sich schwerer und spielen vielleicht sogar mit dem Gedanken, den Dienst abzubrechen. Doch eines haben alle Krisen gemeinsam: Sie gehen vorüber. Früher oder später sieht man Licht am Ende des Tunnels, und plötzlich ist die Krise wieder vorbei. Dabei kann man sicher sein, dass man gestärkt aus ihr hervorgeht und wertvolle Erfahrungen gesammelt hat.

Patentrezepte gegen die Bewältigung einer Krise gibt es nicht. Aber man sollte sich ihr auf jeden Fall stellen. Ob das Ersuchen um moralische Hilfe bei der Familie zu Hause eine gute Idee ist, darf bezweifelt werden.

Schließlich können die Daheimgebliebenen naturgemäß die eigene Situation nur schwer nachvollziehen und machen sich möglicherweise unnötige Sorgen. Eine Alternative kann sein, seine Gefühle in Momenten der Krise tagebuchartig aufzuschreiben, was neben dem Therapieeffekt später dann auch den Wert eines interessanten Dokumentes erhält.

Höhepunkte im Leben eines Auslandsfreiwilligen können viele Dinge sein. Plötzlich bemerkt man, dass die Sprache, von der man bei der Ankunft noch kaum ein Wort verstanden hat, fast fließend von den Lippen kommt. Man weiß genau, in welchen Bus einzusteigen ist, wo er abfährt, wieviel er kostet, und man verpasst obendrein die Zielhaltestelle nicht mehr. Man hat gute Freunde gewonnen, mit denen sich etwas unternehmen läßt; man erkennt die Erfolge seiner Arbeit und freut sich, dass sie anerkannt werden und man wird auf dem Markt nicht mehr übers Ohr gehauen. Sprich, der Ort, an dem der Dienst geleistet wird, ist zu einem Zuhause geworden. Der Ersatzdienst wird nicht mehr als „im Ausland" empfunden, weil einem das Land zur zweiten Heimat geworden ist. Solche Gefühle entstehen im Idealfall bei vielen Auslandsdienstleistenden nach einigen Monaten, doch halten sie nicht immer ewig an.

Gründe für eine Krise kann es viele geben, doch ein Hauptproblem ist oft, dass niemand da ist, mit dem man über seine Sorgen und Nöte sprechen kann. Dies ist gerade dann der Fall, wenn man bei den Bewohnern des Gastlandes zwar auf Bewunderung, jedoch auf geringes Verständnis für sein Tun (freiwillig soweit weg von Zuhause!) trifft.

Marcel Barth berichtet über seine Erfahrungen aus Weißrussland.

„Ein Kriegsdienstverweigerer in Weißrussland zu sein, ist keine einfache Arbeit. In Weißrussland, einem ehemaligen Teil der Sowjetunion, zwischen Polen und Russland, ist die wirtschaftliche Situation schlimmer als in Russland. Aber das ist nicht, an was ich als erstes denke. Schwierigkeiten bestehen entweder darin, viel Geld bezahlen zu müssen, um notwendige Lebensmittel in Hartwährungs-Supermärkten kaufen zu können, oder du drängst dich durch die Stadt und stellst dich in die langen Reihen, gerade so wie die Einwohner vor Ort.

Aber trotz dieser Probleme, ist es wesentlich einfacher, die notwendigen Dinge zu erhalten, als den Einheimischen zu erklären, warum du nach Weißrussland gekommen bist. Sie bewundern dich dafür, dass du freiwillig die Last auf dich nimmst, weit weg von zu Hause in einem fremden Land unter unbequemen Lebensbedingungen, mit Ratten, Ameisen und Schaben in schlecht beheizten Räumen zu leben. Sie sind dankbar für deine Unterstützung in einer der wenigen wohltätigen Organisationen in ihrem Land. Aber je besser du ihre Sprache verstehst, desto mehr wirst du herausfinden, dass niemand vollständig versteht, warum du hierher gekommen bist.

Russland kennt keinen Zivildienst. Entweder gehst du zur Armee oder du kommst ins Gefängnis. Such es dir aus. In einem totalitären System, in dem die Armee immer einen hohen Stellenwert hatte und die Gesetze von ein paar Parteiführern in Moskau gemacht wurden, hat keiner jemals an die Möglichkeit gedacht zu fordern, dass ein vergleichbarer Dienst gesetzlich verankert werde. Es kam einfach nicht in Frage. Niemand hätte dir zugehört, aber sicherlich hättest du Ärger bekommen. Heutzutage hat jeder ein gesetzlich verankertes Recht einen Ersatzdienst zu leisten anstatt zur Armee zu gehen, aber niemand macht es. Warum? Weil es in der Realität unmöglich ist, und weil niemand diese Alternative in Erwägung zieht.

Wenn man den Leuten erklärt, wie die gemeinnützige Arbeit in Deutschland aussieht, würden sie sie am liebsten in ihrem Land einführen. Aber dennoch wirst du von deinem russischen Freund mißverstanden. Die Russen wollen nicht aus Gewissensgründen nicht zur Armee gehen. Sie wollen lediglich eine Alternative zu schlimmen Zuständen dort. (...)

In Verbindung mit Geld haben die Russen einen weiteren Punkt, den sie nur schwer verstehen. Warum lehnt jemand ab, in der deutschen Armee zu dienen und auch einen Zivildienst in Deutschland zu leisten, wo doch beide Dienste bezahlt werden, um statt dessen nach Weißrussland zu gehen und alle Ausgaben für fast 1½ Jahre aus

seiner eigenen Tasche zu zahlen? Erwachsene mit gut bezahlten Stellen haben es schwer, ihre Familien bis zum Zahltag durch den Monat zu bringen. Und manche junge Deutsche, die gerade mit der Schule fertig sind, kommen herüber um zu helfen, weil ihnen danach ist. Wohltätige Arbeit existiert in der Sowjetunion nicht. Wohltätige Arbeit ist Luxus. Die Menschen in Weißrussland kennen dies nicht und tun sich schwer, es sich vorzustellen.

Der Aspekt der freiwilligen Arbeit in Weißrussland als Zivildienst ist ein gutes Beispiel für die Unterschiede zwischen den Nationen, die auf ihrem kulturellen Hintergrund basieren. Es ist nicht nur die Sicht, die Verhaltensweisen und der Glaube, die sich so stark unterscheiden, es sind auch die Assoziationen, die mit Begriffen wie Armee, Zivildienst und Stolz verbunden werden.

Also, jeder der plant, eine länger dauernde soziale Arbeit in Osteuropa aufzunehmen, sollte bedenken, dass freiwillige Arbeit schwer ist, vor allem, wenn die Leute, die um dich herum sind, nicht vollständig deine Motive dafür verstehen."

Erfahrungsbericht – Nordirland

Über Jens Neumann, der den ADiA in einer Begegnungsstätte in Nordirland leistete, erschien ein Artikel in „zivil, Zeitschrift für Frieden und Gewaltfreiheit", 3/97:
Wenn der deutsche Kriegsdienstverweigerer Jens Neumann im nordirischen Londonderry mit dem Fahrrad zur Arbeit fährt, muss er am Checkpoint der britischen Armee vorbei. Der junge Soldat am Schlagbaum trägt schwere Kampfuniform und ein entsichertes Maschinengewehr, er mag kaum 18 Jahre alt sein.

Vorbei rollen zwei olivgrüne Land Rover Defender, denen kantige Metallplatten Flankenschutz geben. Im Ausguck der Fahrzeuge hocken jeweils zwei Soldaten mit Helm, kugelsicherer Weste und Maschinengewehr im Anschlag. Jetzt öffnet der junge Wachsoldat den Schlagbaum, Jens biegt rechterhand in ein Tor ein. Der Gegensatz könnte nicht größer sein: Ein großer Park tut sich auf, weite Wiesen leuchten in den verschiedenen Grüntönen, für die Irland so berühmt ist. Über mehrere Hügel verteilt stehen Gruppen von hohen Bäumen, mittendrin findet der Blick eine Villa von den Ausmaßen eines kleinen Schlosses. Hier in der kommunalen Begegnungsstättte „St. Columb's Park House" leistete Jens Neumann seinen „Anderen Dienst im Ausland", der als Zivildienst anerkannt ist.

In der halb verfallenen alten Villa im St. Columb's Park sah Barney Divine, der heutige Leiter des Zentrums, vor vier Jahren seine Chance, einen Beitrag zum Frieden in Nordirland zu leisten. Mit kommunaler Unterstützung und einer größeren Summe EU-Geldern renovierte Barney das Haus und machte es zu einer viel beachteten Begegnungsstätte. „Barney beschäftigt sich mit der großen Politik", erklärt Jens Neumann, „das bedeutet: immer wieder Konferenzen mit Sozialarbeitern, Politikern und allen möglichen anderen Gruppen." Dann ist da noch Linda McLean für die Finanzen und natürlich die Sozialarbeiterin Coitriona Nic Murric. „Sie organisiert die konkreten Projekte mit Schulklassen, Jugendgruppen; Behinderten und Erwachsenen; und ich helfe ihr dabei," beschreibt Jens. Nach der Ankunft in Londonderry schickte Barney ihn erst einmal auf eine Reihe von Seminaren: Jugendarbeit, bildende Kunst, Musik, Politik. Jens ist sicher: „Dort habe ich mir viel angeeignet, was ich jetzt weitergeben kann." Inzwischen organisiert er selbst Umwelt-Workshops mit Kindern und Jugendlichen, spielt mit ihnen Theater, bastelt, musiziert, dreht Videos und organisiert Jugendaustausch-Wochen.

Bei all den Projekten steht im Vordergrund, dass Kinder aus den verschiedenen Bevölkerungsgruppen teilnehmen. Jens schüttelt den Kopf: „Es ist echt unglaublich, die meisten katholischen Kinder kennen kein einziges protestantisches Kind, und umgekehrt waren viele protestantische Kinder noch nie in einem Stadtteil der anderen Seite." Er und seine Kollegen vom St. Columb's House wollen hier an der Basis mit ihrer Friedensarbeit ansetzen. Wer mal mit einem Kind von der anderen Seite musiziert oder Fußball gespielt hat, wird die Vorurteile vergessen können – und wenn es nur für einen Moment ist. (...) Obwohl der „andere Dienst" als Zivildienst anerkannt ist, bekommen die Freiwilligen kein Geld vom deutschen Staat. Jens Neumann ärgert das: „Alle reden von der Europäischen Union, aber hier, wo im Rahmen eines gegenseitigen Austauschdienstes wirklich etwas für die Annäherung getan werden kann, engagiert sich die deutsche Regierung nicht." Zu Hause baute sich Jens wie viele anderen Freiwilligen einen Unterstützerkreis auf. Die monatlichen Spenden von Freunden, Bekannten, ehemaligen Lehrern und Lokalpolitikern ermöglichen einen Großteil der Arbeit.

Die Freiwilligen sind sich einig, dass sie sich durch die eineinhalb Jahre im Ausland enorm weiterentwickelt haben. „Da lernte ich, der Lebensgeschichte anderer Leute zuzuhören und bekam Dinge mit, die ich zu Hause nie erlebt hätte", erzählt Jan Bosse, der seinen Dienst inzwischen beendet hat. (...)

Zurück in Londonderry. Jens Neumann hat einen Außentermin im protestantischen Jugendzentrum am Nelson Drive. „Nur wenn ich in die konfessionellen Jugendclubs gehe" sagt Jens, „kann ich die Kinder und Jugendlichen erreichen, die nicht zu uns ins St. Columb's Park House kommen." Das Jugendzentrum am Nelson Drive sieht von außen aus wie eine Garage. Außer einer vergitterten Eingangstür sind noch zwei kleine Fenster zu sehen, auf das eine hat jemand „UVF – simply the best" geschmiert. Die UVF ist auf der protestantischen Seite das, was bei den Katholiken die IRA ist: eine Terrororganisation. Hinter den Fenstern sieht es genauso trostlos aus wie im gesamten Stadtviertel. Zehn Mädchen und ein Junge üben hier zusammen mit Jens für die Aufführung des Märchens „Cinderella".

Nach den Proben ist Jens Neumann niedergeschlagen. „Nur noch zwei Wochen und die meisten können noch nicht einmal ihren Text." Oft geht es mühsam voran in seinen Projekten, wie überhaupt im Konflikt in Nordirland. „Nach dem Bruch des Waffenstillstandes durch die IRA hat sich die Stimmung verschlechtert", bedauert Jens. Die Leute sind aggressiver und hoffnungsloser als vorher. Sein Chef Barney erinnert sich: „Während des Waffenstillstandes hatten wir einen wahren Boom an Projekten." So können große Ereignisse alle kleinen Schritte zunichte machen.

„Wenn im Sommer wieder die Märsche der verschiedenen Gruppen durch die Stadtviertel losgehen", befürchtet Jens Neumann, „dann polarisiert sich die gesamte Gesellschaft und alle denken nur noch katholisch oder protestantisch." Kaum einer ist dann noch bereit, in den Projekten des St. Columb's Park House einen Schritt auf die andere Seite zuzugehen, wie im letzten Jahr, als die Begegnungsstätte zwei Monate geschlossen blieb. Fast jeder hat hier irgendwann mal mit Gewalt oder Ungerechtigkeit zu tun gehabt, egal von welcher Seite, oder kennt wenigstens jemanden, der was davon erzählen kann. So hat sich im Laufe der Jahrhunderte, die dieser britisch-irische Konflikt schon dauert, ein kollektives Gefühl der Ungerechtigkeit und Ohnmacht aufgebaut. Beinahe jeder glaubt, er sei von der anderen Seit besonders hart getroffen worden. Dies macht einen für alle akzeptablen Frieden so schwierig.

Ein bißchen was haben die Proben zu „Cinderella" gebracht, aber bis zur Auf-
führung bleibt noch viel zu tun für die jungen Darsteller am Nelson Drive.
Nach zwei turbulenten Stunden verschließt der ehrenamtliche Sozialarbeiter
Gregory Peck wieder das schwere Gitter vor der Tür.

Quelle: „zivil, Zeitschrift für Frieden und Gewaltfreiheit", Ausgabe 3/97

6.5 Kontakte mit Zuhause

Das Aufrechterhalten der Kontakte zu
Familie, Freunden und Verwandten ist
für die meisten Auslandsdienstleistenden sehr wichtig. Für einige gehört das
Überprüfen des (elektronischen) Brief-
kastens, um zu sehen, ob man Post
erhalten hat, sogar zu den Höhepunkten eines Tages.

Bei Briefen, die man selbst verfaßt,
geht es nicht nur darum, darüber zu
berichteten, was man gerade so unter-
nimmt. Neben dem schönen Effekt,
dass man die Daheimgebliebenen
durch das Schreiben von Briefen in
einer gewissen Weise an seinem Dienst
mit teilhaben läßt, kann man bei ihnen
auch Verständnis und Interesse für das
Gastland wecken. Dass dabei in
Deutschland allerdings nicht immer
das ankommt, was der Dienstleistende
eigentlich wollte, weiß Jörg Philipps,
der seinen Dienst in Zaire leistete,
bildhaft zu berichten:

„Hier am Äquator zeigt sich der
Mond in einer ganz besonderen Per-
spektive. Je nachdem, ob ab- oder
zunehmend, ist er eine Schale oder
eine Haube, eine Sichel ist er jeden-
falls nie. Natürlich sehen wir alle nur
einen Mond, und das Phänomen ist

leicht zu erklären: Wir sehen hier den
Mond und die Sterne einfach um 55
Grad gedreht, so als würde ich mich in
Deutschland auf den Boden legen und
den Mond am Horizont betrachten.
Das Bild muss also erst um 55 Grad
zurückgedreht werden, damit das
„gewohnte" Bild vom Mond entsteht.
Genauso ist es auch mit den Briefen,
Rundbriefen und überhaupt allen Informationen. Mir ist oft aufgefallen, dass
ich hier eine Sache schreibe, aber eine
andere in Deutschland ankommt. Vielleicht nicht genau das Gegenteil, aber
so eine Verdrehung um 55 Grad wie
beim Mond. Deshalb sind die Briefe
mit Vorsicht zu genießen. Die Perspek-
tive hier ist anders als die in Deutschland, und es ist schwer bis unmöglich,
zwischen beiden zu vermitteln. Eine
gewisse Verzerrung läßt sich nie vermeiden. Dazu kommt noch, dass die
Auswahl dessen, was ich berichte, zu
Mißverständnissen führt.

Deshalb will ich erst einmal einige
Verallgemeinerungen korrigieren. Ich
bin nicht in „Afrika". Ich bin auch
nicht in „Zaire". Noch nicht einmal
über das ganze Gebiet der Äquatorre-
gion kann ich etwas sagen. Schon der
Begriff „Zaire" und vielmehr noch
„Afrika" ist so weit gefaßt und beinhaltet so viele unterschiedliche Men-

schen, Gedanken, Sprachen und Kulturen, dass ich darüber ungefähr soviel sagen kann wie ein Wurm in einer Affenbrotfrucht über den ganzen Affenbrotbaum. Wenn ich etwas berichte, dann kann das nur für Bolenge, Mbandaka und Umkreis gelten, mehr nicht."
Über die verschiedenen technischen Möglichkeiten des Informationsaustausches wurde bereits im Kap. 5.10. eingegangen.

Erfahrungsbericht – Neuseeland

Jörg Fricker leistete den ADiA in Neuseeland in einer Einrichtung für Behinderte:
Hohepa Homes ist eine Lebensgemeinschaft von geistig behinderte Menschen. Die Residents leben in verschiedenen Häusern von drei bis sieben Leuten mit einem oder mehreren Mitarbeitern zusammen. Die selbständigeren Bewohner leben in halbunabhängig geführten Wohnungen, die von einem Betreuer bei gewissen Planungen und Aufgaben unterstützt werden.(...)
Mein Arbeitstag begann morgens um sieben Uhr. Die Bewohner wurden geweckt, und gleichzeitig wurde die Medizin ausgeteilt. Während einer der Bewohner im Cottage das Frühstück richtete, halfen wir Betreuer die richtige Kleidung auszusuchen oder auf das Wechseln der Kleidung zu achten. Einem der Männer, der autistische Züge aufwies und nicht sprach, musste beim Anziehen beigestanden werden. Beim Rasieren, Haarekämmen, Schuhebinden und Bettmachen war er auf die Hilfe des Betreuers angewiesen. Um neun Uhr machten die Residents sich dann auf den Weg zum Workshop und zur Schule, manchmal auch schon früher, wenn es zur Polytechnik oder zur Farm ging. Um vier Uhr kamen sie dann wieder ins Kowhai Cottage, so dass wir gemeinsam den Abend gestalten konnten.
In Kowhai Cottage umfaßte meine Arbeit auch den Nachtdienst, da bei einem Vorfall immer zwei Betreuer zur Stelle sein mussten. Bei Bedarf brachte ich einzelne unserer Residents zu Zahnarztbesuchen, Massagen oder nahm an Besprechungen zu einzelnen Bewohnern, teils mit Ärzten und den Eltern der Residents, teil. Über die Wintermonate begleitete ich eine Gruppe von Männern und Frauen zum wöchentlichen Skitraining. Mit aktiver Teilnahme bei den einzelnen Übungen, half ich ihnen, sich auf die Skiausflüge an Wochenenden und auf die Skiferien vorzubereiten.
Die Zeit hier in Hohepa hat mir sehr gut gefallen. Es war eine ganz neue Erfahrung für mich, in einer Gemeinschaft zu leben und zu dieser aktiv etwas beitragen zu können. Ich habe sehr viel über die Arbeit mit Behinderten, aber auch über mich selbst gelernt. Durch die gute Zusammenarbeit wurden aus Mitarbei-

tern auch rasch gute Freunde, die bei auftretenden Problemen immer Zeit zum Reden hatten oder praktisch zur Seite standen. Trotz der langen Dienstzeit im so fernen Ausland bin ich froh, einer der Glücklichen gewesen zu sein, die bisher diesen „Anderen Dienst im Ausland" ableisten konnten.

Jörg Fricker

6.6 Abschied

Auch der schönste Dienst geht einmal zu Ende, und es ist der Moment gekommen, Abschied zu nehmen. Ein guter Zeitpunkt, um zurückzublicken auf eine ereignisreiche Zeit mit unvergeßlichen Erfahrungen, sowohl positiven als auch negativen. Der Abschied von „seinem" Projekt, liebgewonnenen Freunden und vertraut gewordenen Orten wird naturgemäß sehr schwer fallen. Dabei fällt besonders ins Gewicht, dass es in vielen Fällen ein Abschied für immer sein wird. Sicher, irgendwann wird man das Land vielleicht wieder besuchen und dabei alte Bekannte treffen, doch wird es nicht so sein, wie damals, als man ein Jahr seines Lebens dort verbrachte. Den beiden Autoren fiel der Abschied aus Uruguay bzw. den USA schwerer als der Abschied aus Deutschland vor Beginn ihres Dienstes. Beim Abschied daheim wusste man nämlich genau, dass man in spätestens einem Jahre wieder zu Hause sein würde, doch ist der Zeitpunkt einer Rückkehr in die „neue Heimat" beim Abschied aus dem Ausland meist ungewiss. Andererseits mischt sich in die Abschiedswehmut natürlich auch die Vorfreude, bald wieder zu Hause zu sein.

Man sollte einfach anerkennen, dass ein Lebensabschnitt vorbei ist und versuchen, ihn in guter Erinnerung zu behalten. Dabei hilft, wie schon im Kapitel „Vorbereitung" über den Abschied aus Deutschland beschrieben, ein „bewusster" Abschied. Wer ganz alltägliche Dinge wie den Weg zur Arbeit, das Essen eines landestypischen Gerichtes oder das Zusammensein mit Freunden nochmals ganz bewusst erlebt, nimmt tiefere Erinnerungen mit zurück nach Deutschland. **Tip:** Für die eigenen Unterlagen kann es wichtig sein, eine ausführliche Bestätigung der Einrichtung vor Ort zu haben, die besagt, dass der Auslandsdienst dort geleistet wurde. Zwar bekommt man auch vom Bundesamt für den Zivildienst eine Bestätigung über die Ableistung Dienstes. Aus dieser geht allerdings nicht einmal hervor, in welchem Land der Dienst verrichtet wurde. Eine Bescheinigung der Dienststelle hingegen könnte neben dem Land auch die Tätigkeitsbereiche des Freiwilligen nennen, Auskünfte über die Entwicklung seiner Sprachkenntnisse geben usw. Eine solche Bescheinigung ist aussagekräftiger als die des Bundesamtes für den Zivildienst und kann z. B. für spätere Bewerbungen verwendet werden.

Erfahrungsbericht – Südafrika

Rasmus Precht berichtet aus Südafrika, wo er den ADiA in einer Einrichtung für behinderte Kinder und Jugendliche geleistet hat:

Hier in Hermanus werden meine Aufgaben als „Dormitory Parent" und „Class Helper" bezeichnet. In der Praxis bedeutet das, dass ich für ein Jungenschlafzimmer verantwortlich bin, in dem Brandon (12), Phakamisa (15) und Ricky (15) wohnen. Ricky ist weiß und kommt aus Cape Town. Phakamisa und Brandon sind schwarz. Ersterer kommt aus einem Township in Cape Town, Brandon ist aus Äthiopien. Herkunft und Behinderung der Kinder sind sehr unterschiedlich. Einige sind wohlhabend und verwöhnt, andere dagegen sehr einfach, geradezu arm für unsere Verhältnisse. Die Krankheitsbilder reichen von simpler Lernbehinderung über Mongolismus, Epilepsie bis Autismus. Morgens um 6.30 Uhr muss ich die Kinder aufwecken und dann ständig nach ihnen sehen, weil sie sonst nicht aufstehen, geschweige denn zum Frühstück kommen. Außerdem helfe ich im Unterricht in der Junior Class I (8- bis 12jährige). Im ersten School Term habe ich im Unterricht Bäume durchgenommen, sie im Gelände studiert, sie gemalt und Baumgedichte aufgeschrieben. Wir unterrichten zu dritt: Der Lehrer, ein weiterer Helfer und ich. Mehrfach war ich schon gezwungen, die acht absolut disziplinlosen Kinder vertretungsweise allein zu unterrichten, wonach ich körperlich richtiggehend erschöpft war. Plötzlich musste ich Autorität entwickeln, was mir anfangs überhaupt nicht leichtfiel, denn diese Kinder fordern einfach mehr Geduld. Es ist nicht damit getan, sie einfach anzubrüllen, denn häufig reagieren sie dann nur mit einem verständnislosen Blick. Was mir großen Spaß gemacht hat, war ein kleines Theaterstück, das ich für das School-Festival am letzten Schultag vor den Osterferien mit den Kindern einstudiert habe. Auch am Nachmittag findet Unterricht statt, allerdings hauptsächlich in praktisch-handwerklichen Fächern: Gärtnern, Handwerken, Singen, Reiten oder Schwimmen. In der Mittagspause muss ich die Mahlzeiten zubereiten und habe sogar schon für das ganze Haus kochen müssen. Außerdem helfe ich einmal pro Woche in der Bücherei, und jeden Abend warte ich die Filteranlage des Swimmingpools. Der meist 15stündige Arbeitstag endet damit, dass ich meinen Jungens eine Geschichte vorlese und sie ins Bett bringe.(...)   Bis jetzt habe ich es nicht bereut, für einen so langen Zeitraum hierher gekommen zu sein. Mein Job ist zwar anstrengend, dafür ist die Betreuung und das Zusammenleben mit den Kindern eine sehr schöne Erfahrung.

Rasmus Precht

7. Wieder zu Hause

Nach einem solch langen Auslandsaufenthalt fällt es nicht leicht, sich wieder in der alten Umgebung zurechtzufinden. Die Eingewöhnung geht nicht auf einen Schlag sondern ist ein Prozeß, der sich über mehrere Monate hinzieht. Viele Dinge haben sich in der Zwischenzeit geändert, Freundschaften sich gewandelt, doch vor allem wird man feststellen, dass man sich selbst verändert hat. Den Wandel bemerkt man jedoch erst nach und nach und man wird feststellen, dass es nicht einfach ist, wieder seinen Platz in der alten Heimat zu finden. Überdies fühlen sich viele Rückkehrer zunächst zweifach „entwurzelt". Sie haben soeben das Land verlassen, welches ihnen im Laufe von einem Jahr zur Heimat wurde und mussten Abschied nehmen von der Einrichtung, in der sie gearbeitet und möglicherweise viel bewegt haben. Gleichzeitig jedoch sind sie noch nicht richtig in Deutschland wieder angekommen und fühlen sich noch etwas fremd.

Zudem geht es den meisten Rükkkehrern oft so, dass sie sich unverstanden fühlen, sei es, wenn es um die dort gemachten Erfahrungen oder die jetzige Situation geht. Die Daheimgebliebenen können die eigene Lage nur schwer nachvollziehen. Dies sollte man ihnen aber nachsehen, da sie ja keine Möglichkeit zu einer solchen Erfahrung hatten. Bedenkt und akzeptiert man dies, wird der Umgang mit der Familie und alten Freunden vermutlich leichter fallen. Dennoch kann

es sein, dass man einen Gesprächspartner vermißt, der einmal in der gleichen Situation war wie man selbst und mit dem man sich gerne über gesammelte Erkenntnisse austauschen würde. Dazu könnte eventuell der eigene Vorgänger im Projekt im Ausland die richtige Person sein. Von einigen Trägern werden auch Rückkehrerseminare (s. auch Kap. 5.3.) oder Nachtreffen angeboten, bei denen mit anderen Heimgekehrten über die erwähnten Schwierigkeiten gesprochen werden kann.

Frisch Zurückgekehrten wird nach ca. einer Woche möglicherweise auffallen, wie weit entfernt die Zeit im Ausland bereits erscheint. Dabei sollte man jedoch nicht erschrecken und glauben, der Aufenthalt, von dem man annahm, er habe einen so geprägt, sei spurlos an einem vorübergegangen. Nach einigen Wochen ist er dann nämlich oft präsenter als direkt nach der Rückkehr. Dieser Zeitraum eignet sich auch gut, um den Dienst etwas aufzubereiten, z.B. Fotoalben zu erstellen, Tagebücher zu überarbeiten. Dabei kann man die Möglichkeit nutzen und auch etwas „Öffentlichkeitsarbeit" betreiben, einen Dia-Abend für Familie und Freunde veranstalten, in der lokalen Tageszeitung nachfragen, ob Interesse an einem Bericht über den Dienst bestehe usw.

Viele Ehemalige verspüren den Wunsch, mit dem Gastland in irgendeiner Form auch in Deutschland in Verbindung zu bleiben. Wem Austausch von Briefen nicht genügt, und wer nicht die Möglichkeit hat, bald wieder „sein" Land zu besuchen, kann sich hier an eine entsprechende Deutsch-Ausländische-Gesellschaft wenden. Diese meist gemeinnützigen Vereine widmen sich dem kulturellen und manchmal auch wirtschaftlichen Austausch zwischen Deutschland und dem jeweiligen Land bzw. Kontinent. Dabei werden z.b. Vortragsreihen veranstaltet und Ausstellungen organisiert. Im Adressenverzeichnis findet sich ein Ausschnitt aus den zahlreichen Vereinigungen dieser Art, bei denen man sich auch nach einer entsprechenden Gesellschaft in seiner Nähe erkundigen kann.

Die beiden Autoren dieses Buches haben ferner eine trägerunabhängige Vereinigung ehemaliger Auslandsdienstleistender (Grenzenlos e.V., www.grenzenlos.org) ins Leben gerufen. Deren Ziel ist z.b. der allgemeine Erfahrungstausch mit anderen Ehemaligen, aber auch das Hinarbeiten auf eine gerechtere Stellung der Ersatzdienste im Ausland im Vergleich zum Zivildienst in Deutschland. (Adresse im Adressverzeichnis)

Erfahrungsbericht – Bolivien

Philipp Menzel und Nicolai Siegel leisteten den ADiA in einem Bildungszentrum in Bolivien:

Seit dem 1. September leisten wir beiden 19-jährigen Abiturienten unseren 12-monatigen Zivildienst in einem Randbezirk der bolivianischen Hauptstadt Sucre.(...)

In unserem schnell wachsenden Stadtteil Villa Armonia leben viele einheimische Indiobauern; die in den letzten vier Jahren vom Land hierher gezogen sind und oft weder lesen noch schreiben können. Sie erhoffen sich von der Nähe zur Stadt und der staatlichen Grundschule, die im Gegensatz zu vielen anderen dank deutscher Spendenhilfe in einem sehr guten Zustand ist, eine bessere Ausbildung für Ihre Kinder. (...)

Das Projekt, in dem wir arbeiten, ist Teil des Vorortes und besteht aus einer Schule mit 550 Schülern, einer Tischlerei und Spielzeugwerkstatt, einer Kindertagesstätte, einer Näh- und Strickwerkstatt, einer Backstube und einem Gesundheitsposten.

In den Werkstätten arbeiten hauptsächlich heimentlassene Waisenkinder (Alter: 20-35 Jahre). Fünf von ihnen essen mit uns täglich außer sonntags zu Mittag, so dass sich Gelegenheiten zur Unterhaltung ergeben. Zwei von ihnen arbeiten in der Spielzeugwerkstatt und die anderen drei jungen Männer in der Schreinerei. (...)

Zu unseren Aufgaben gehört es, das Schulfrühstück (eine kleine Tüte Milch und eine Art Brötchen), das aus deutschen Spendengeldern mitfinanziert wird in der nahe gelegenen Grundschule zu verteilen, um den teilweise unvorstellbar armen Indiokindern wenigstens eine nährstoffreiche Mahlzeit pro Tag anzubieten. Wenn uns die im Durchschnitt 30 Schüler pro Klasse mit unseren gefüllten Plastikwannen kommen sehen, kann die unterrichtende Lehrerin die zum Teil noch Halbwilden nicht mehr bändigen. Sie rufen im Chor: „leche, leche" (Milch), als Ausdruck ihrer großen Freude über ihr Frühstück. Außerdem helfen wir bei der Büroarbeit, verrichten Erledigungen in der Stadt und machen Kopien. Auch geben wir den zurückgebliebenen Schulkindern auf freiwilliger Basis Nachhilfe im Schreiben, Rechnen und Lesen. Den Kindern bereitet es viel Spaß, mit uns zu lernen, da sie zu Hause als eines von vielen Kindern nur wenig Aufmerksamkeit bekommen. Ihre Eltern verbringen meist den ganzen Tag damit, die Familie mit dem Lebensnotwendigen zu versorgen.

Philipp Menzel

8. Einen Träger selbst anerkennen lassen

Folgendes Kapitel bezieht sich ausschließlich auf die Anerkennung für Träger des ADiA nach §14b ZDG!

von Folkard Wohlgemuth

Allen, die trotz intensiver Suche keinen passenden Trägerverein gefunden oder keine geeignete Stelle bekommen haben, aber dennoch unbedingt den Anderen Dienst im Ausland leisten möchten, bleibt eine letzte Möglichkeit. Man kann einen bisher noch nicht anerkannten Verein oder eine Gesellschaft als Träger für den ADiA bei den zuständigen Stellen anerkennen lassen und dann über diesen den ADiA leisten. Diese Option kann auch für diejenigen interessant sein, die bereits engere Kontakte zu einer sozialen Einrichtung im Ausland unterhalten und dort möglicherweise ihren ADiA leisten wollen. Der zukünftige Träger muss seinen Sitz innerhalb Deutschlands haben und – neben der grundsätzlichen Bereitschaft, überhaupt ADiA-Träger werden zu wollen – eine Reihe von Unterlagen beim **Bundesministerium für Familie, Senioren, Frauen und Jugend** (BMFSFJ) einreichen, die im folgenden kurz besprochen werden sollen.

Interrail – Preiswert durch Europa

http://shop.interconnections.de

8.1 Anerkennung des Trägervereins

Gemeinnützigkeitsbescheinigung:
Wichtigste Voraussetzung für die Anerkennung ist die Gemeinnützigkeit des Trägers gemäß der §§ 51 bis 68 der Abgabenordnung. Damit entfällt in aller Regel schon mal die Möglichkeit, einen Träger zur Durchführung seines eigenen ADiA zu gründen, denn die Gründungsformalitäten und vor allem die Anerkennung der Gemeinnützigkeit durch das Finanzamt verzögern den ohnehin schon langen Vorlauf um mehrere Monate.

Für den zukünftigen Träger kommen damit im wesentlichen nur folgende juristische Personen in Betracht:

✔ eingetragener Verein (e.V.)
✔ Kirchengemeinde
✔ Stiftung
✔ Partei
✔ Körperschaft öffentlichen Rechts (z.B. Krankenhäuser, Kindergärten, ...).

Zwar existieren auch gemeinnützige GmbHs und Aktiengesellschaften, deren Zahl jedoch im Verhältnis zu den anderen Organisationsformen und insbesondere gegenüber Vereinen sehr gering ist. Im folgenden wird daher „Verein" als Synonym für alle gemeinnützigen Träger verwandt, auch wenn die Kirchen und konfessionellen Organisationen bisher beim ADiA die größte Zahl der Träger stellen. Ist der Verein noch nicht als gemeinnützig anerkannt, so ist die Bescheinigung der Gemeinnützigkeit zunächst beim zuständigen Finanzamt zu beantragen. Dazu benötigt man mindestens die Satzung, Name und Anschrift der Vorstandsmitglieder und einen aktuellen Vereinsregisterauszug. Einzelne Finanzämter können aber noch weitergehende Anforderungen stellen.

Die Gemeinnützigkeit des Trägers muss dem BMFSFJ durch eine beglaubigte Bescheinigung des zuständigen Finanzamtes nachgewiesen werden. Die Beglaubigung erfolgt entweder durch das Finanzamt selbst oder jede andere Stelle, die ein Dienstsiegel führt, wie z.b. eine staatliche Behörde, Polizei, Notar, Kirche usw.

Registerauszug:
Ebenso benötigt das BMFSFJ einen beglaubigten, aktuellen Auszug aus dem einschlägigen Register. In der Regel also dem Vereinsregister, welches beim zuständigen Amtsgericht geführt wird. Damit ist für das BMFSFJ auch ersichtlich, wer den Träger nach außen hin juristisch vertritt und wer zum Beispiel den Antrag auf Anerkennung unterschreiben darf.

Satzung:
Durch Vorlage der aktuellen Satzung des Trägers wird nachgewiesen, dass die Vorhaben des Trägers „den Interessen der Bundesrepublik Deutschland dienen", sprich dieser fest auf dem Boden der Freiheitlich Demokratischen Grundordnung steht. Diese Klausel ist aber kein Problem, da dies vom Finanzamt im Rahmen der Gemeinnützigkeitsbescheinigung ohnehin geprüft wird. Schwierigkeiten

entstehen hier nur für religiöse und weltanschauliche Splittergruppen (z.B. Sekten).

Antrag:
Die oben genannten Unterlagen sind zusammen mit einem Antrag, der vom BMFSFJ angefordert werden kann, bei diesem einzureichen. In der Regel wird man den Antrag auf Trägerschaft mit einem Antrag auf Anerkennung eines Projektes (s. dazu nächstes Kapitel) kombinieren, so dass sich die Dauer der Genehmigung des Antrags auf Trägerschaft auch nach der Art des Projekts richtet. Hierbei sind Wartezeiten von mindestens zwei Monaten bis zu einem halben Jahr einzukalkulieren.

Verpflichtungen des Trägers:
Weiter oben wurde die „grundsätzliche Bereitschaft, überhaupt ADiA-Träger zu werden" erwähnt – dieser Aspekt soll hier noch einmal etwas ausführlicher behandelt werden, nicht zuletzt, da in dem Antragsformular des BMFSFJ auf die Verpflichtungen des Trägers eingegangen wird, die aus der Trägerschaft entstehen. Darunter fallen vor allem die Versicherungsleistungen, die der Dienstleistende vom Träger erwarten darf und die allgemeinen Fürsorgepflichten, die aus dem Vertragsverhältnis zwischen Träger und Dienstleistenden resultieren. Daneben benötigt ein ADiA-Projekt auch eine auf Dauer angelegte Betreuung durch den Träger. Es reicht nicht aus, lediglich den Antrag zu schreiben und nach dessen Genehmigung dem Dienstleistenden zu sagen, wo er wann im Ausland seine Arbeit beginnen soll. Vielmehr muss die Region – insbesondere in politisch instabilen Ländern – dauerhaft überwacht werden. Außerdem

sollte ein regelmäßiger Kontakt mit Dienstleistenden und Verantwortlichen vor Ort bestehen, um eventuell sich anbahnende Probleme schnellstmöglich zu regeln. Nicht zuletzt sollte ein neuer Träger sich auch auf eine große Zahl an Interessenten für seine Stelle(n) gefaßt machen, da die Nachfrage sehr hoch ist. Muss eine Stelle neu besetzt werden, ist zudem aus der oft großen Zahl an Bewerbern die geeignetste Person auszuwählen, was ebenfalls viel Arbeit und eventuell auch interne Querelen um die richtige Besetzung mit sich bringen kann.

8.2 Anerkennung des Projekts im Ausland

Ist der Verein, über den man gerne seinen ADiA leisten möchte, als Träger zur Durchführung solcher Programme vom BMFSFJ anerkannt, so besteht der nächste Schritt in der Zulassung eines geeigneten Projektes. Denn nur wer seinen ADiA in einem anerkannten Projekt bei einem anerkannten Träger verbringt, kann von diesem Träger eine Bescheinigung für das Bundesamt für Zivildienst erhalten, welches dann von der Verpflichtung zur Ableistung des Zivildienstes befreit. Zur Anerkennung eines Projektes muss beim BMFSFJ ein formloser Antrag eingereicht werden, der neben Name, Anschrift, Telefonnummer und Ansprechpartner des deutschen Trägervereins (DT) folgende Angaben enthalten muss:

Projektträger:
Zunächst braucht man einen zweiten

Träger, der sich im Ausland befindet. Dieser Projektträger (PT) muss eine eigenständige Organisation sein, d.h. es darf kein juristisch unselbständiger Ableger einer deutschen Organisation sein. Der PT muss im sozialen Bereich tätig sein. In Frage kommen hier z.b. Kinderheime, Krankenhäuser, Förderprojekte für sozial unterprivilegierte Gruppen, Kirchengemeinden usw. Von diesem PT benötigt man dann neben Name, Anschrift und Telefon-/Fax-Nummer eine möglichst umfassende Darstellung seiner Tätigkeit. Wichtig ist, dass die Tätigkeit des Trägers der Allgemeinheit zugute kommt. Ein Hausmeisterposten in einem Internat für Kinder der reichen Oberschicht beispielsweise wird wohl kaum akzeptiert. Sofern der PT dem DT nicht bekannt ist, sollte nach Möglichkeit irgendein Nachweis erbracht werden, dass der PT auch wirklich existiert (z.B. durch einen Auszug aus dem Vereinsregister im Ausland, der von der deutschen Botschaft beglaubigt wird). Referenzen von geeigneten Persönlichkeiten oder Institutionen vor Ort über den zukünftigen PT können helfen, eine vertrauensvolle Zusammenarbeit aufzubauen. Schließlich soll im Rahmen des ADiA eine mehrjährige Partnerschaft begründet werden.

Ansprechpartner:
Ein Ansprechpartner findet sich in der Regel recht einfach. Im Zweifelsfall ist es der Leiter des PT oder sein Stellvertreter. Neben Namen und Position innerhalb des PT benötigt man eine Kontaktadresse und -telefonnummer, die identisch mit der des PT sein kann (und häufig auch sein wird). Es ist sinnvoll zu klären, in welcher Sprache man mit dem Ansprechpartner kommu-

nizieren kann, um zum einen eventuell schon zu Beginn entstehende Probleme zu klären, und zum anderen, damit der DT weiß, wie offizielle Informationen ausgetauscht werden können.

Stellenbeschreibung:
Der entscheidende Teil des Antrags ist die Stellenbeschreibung. Hierbei ist darzulegen, dass der Dienstleistende eine „sozialpraktische" Tätigkeit erbringt, die das friedliche Zusammenleben der Völker fördert. Der Begriff „sozialpraktisch" schränkt eine mögliche Stelle sehr treffend ein.

„Sozial" heißt, es müssen Dienstleistungen sein, die direkt zumindest einem Teil der Gesellschaft des Gastlandes zugute kommen. Nicht zulässig sind also z.B. Tätigkeiten in der gewerblichen Produktion, gleiches gilt für Handlungen, die der Verbreitung oder Ausübung weltanschaulicher oder religiöser Ansichten und Praktiken dienen (z.B. Missionstätigkeiten, Mitarbeit bei Gottesdiensten).

„Praktisch" bedeutet, dass der Dienstleistende keine Verwaltungs- oder Bürotätigkeit ausüben darf. Ein gewisses Maß von Papierkram hängt natürlich mit jeder Beschäftigung zusammen, muss sich aber auf das Notwendige beschränken. Eine Tätigkeit als Bürobote – die ja im Prinzip eher praktischer Natur ist – wäre beispielsweise unzulässig. Eine Ausnahme von dieser Regel bilden Tätigkeiten, die im Rahmen einer Dokumentation, Auswertung oder Verarbeitung des Holocaust durchgeführt werden. Wichtig ist ferner ein Bezug zur Förderung des Zusammenlebens der Völker, der aus der ursprünglichen Konzeption eines Friedens- und Völkerverständigungsdienstes mit den Siegermächten

des zweiten Weltkriegs, sowie Israel resultiert. Aus der Formulierung geht nicht hervor, dass notwendigerweise die Beziehungen zwischen der Bevölkerung des Gastlandes und Deutschlands gefördert werden soll, es reicht auch eine Verbesserung der Beziehung des Gastlandes zu anderen Ländern oder zwischen ethnischen Gruppen innerhalb des Gastlandes aus. Nun dient sicherlich die Entsendung eines jungen Deutschen an sich schon der Völkerverständigung, schließlich beinhaltet ein derartiger Aufenthalt gegenseitiges Kennenlernen und den Abbau von Vorurteilen. Trotzdem sollte jede Stellenbeschreibung einen zusätzlichen internationalen oder interethnischen Aspekt beinhalten.

Anzahl der Stellen:
Natürlich will das BMFSFJ wissen, wie viele Kriegsdienstverweigerer gleichzeitig in dem Projekt tätig sein wollen. Diese Frage ist natürlich zuallererst vom Projektträger zu beantworten, da nur dieser abschätzen kann, wie viele Personen dort sinnvollerweise gleichzeitig beschäftigt werden können. Gerade wenn vom PT zusätzliche Leistungen erbracht werden, können für diesen mehrere Personen schnell teuer werden. Wer nun ein Projekt mit einer Stelle nur für sich selbst oder nur für eine bestimmte Person organisieren möchte, sollte sich gut überlegen, ob er nicht doch mindestens eine zweite Stelle beantragen kann. Wie bereits im Kapitel sechs „Vor Ort" beschrieben, kann nämlich ein elfmonatiger Aufenthalt in einem fremden Land nicht nur durch die Arbeit, sondern auch durch kulturelle Unterschiede sehr belastend sein. Wer noch nicht über Erfahrungen mit längeren Auslandsaufenthalten ver-

fügt, wird es sicherlich bald zu schätzen wissen, wenn er nach der Arbeit jemanden hat, der die gleichen Höhen und Tiefen durchlebt und mit dem man seine Freuden und Sorgen in derselben Sprache und ohne kulturelle Unterschiede teilen kann. Die letzte Entscheidung über die Zahl der Stellen muss aber dem PT überlassen werden, denn schließlich hat keiner etwas davon, wenn einer immer nur gelangweilt herumsitzt, weil es für ihn nichts zu tun gibt.

Kontinuität der Stelle:
Grundsätzlich kann eine Stelle nur an einem Projekt anerkannt werden, d.h. es darf während der Dienstzeit kein Wechsel der Einrichtung vorgesehen sein. Ergibt sich während der Laufzeit des ADiA, dass der ursprüngliche PT nicht weiter zur Verfügung steht – etwa wegen Geldmangel oder Unruhen im Einsatzgebiet – so kann nach Genehmigung durch das Bundesamt für den Zivildienst, der Dienst auch in einem anderen Projekt fortgesetzt werden. Träger, bei denen diese „Ausnahmesituationen" zur Regel werden (etwa um ihren Dienstleistenden mehrere Tätigkeiten oder gar den Besuch verschiedener Länder zu ermöglichen) riskieren eine Aberkennung ihrer Trägerschaft durch das BMFSFJ.

Beginn der Tätigkeit:
Es ist sicherlich sinnvoll, im Antrag auf Anerkennung eines Projektes im Ausland, einen angestrebten Zeitpunkt für den geplanten Dienstbeginn des ersten Dienstleistenden anzugeben. Man sollte sich aber nicht der Illusion hingeben, mit einem bald geplanten Ausreisedatum des Dienstleistenden eine beschleunigte Bearbeitung des

Antrages zu erwirken. Schließlich müssen die Projektanträge ihren geordneten Gang bei den zuständigen Stellen durchlaufen. Diese Stellen sind grundsätzlich das Bundesfamilienministerium in Zusammenarbeit mit dem Auswärtigen Amt. Ist das Projekt in einem Land vorgesehen, welches nicht Mitglied der Europäischen Union ist, muss auch noch das Bundesministerium für wirtschaftliche Zusammenarbeit und Entwicklung zustimmen. Alles in allem kann – gerade im zweiten Fall – eine Projektgenehmigung bis zu einem halben Jahr dauern.

Anlagen, die den PT näher beschreiben (z.B. Prospektmaterial, Registerauszüge, Referenzen) müssen nicht beigefügt werden. Der Antragsteller (also der Trägerverein in Deutschland) ist aber für die Richtigkeit seiner Angaben verantwortlich. Um eine gedeihliche Zusammenarbeit mit dem PT vor Ort zu ermöglichen, sollten dem DT zusätzliche Angaben vorliegen, die aber nicht Bestandteil des Antrags an das BMFSFJ sein müssen. Hierunter fallen vor allem:

✔ Wie finanziert sich der PT? (Ist eine langfristige Zusammenarbeit wahrscheinlich?)
✔ Ist absehbar, wie lange der PT Stellen anbieten kann?
✔ Welche Voraussetzungen stellt die Stellenbeschreibung an die Dienstleistenden? (insbesondere Sprach-/Fachkenntnisse, körperliche Leistungsfähigkeit, Altersgrenzen, ...)
✔ Will der PT in die Auswahl des/der Dienstleistenden mit einbezogen werden und wenn ja, wie?
✔ Welche Leistungen erbringt der PT – insbes. Unterkunft, Verpflegung, Zuschuß zu den Lebenshaltungskos-

ten (der Projektträger darf ein „angemessenes" Taschengeld zahlen) Beteiligung an den Reisekosten, Versicherung, ...?

✔ Sind Probleme bei der Erteilung von Visa absehbar?

Ist ein Projekt erst mal genehmigt, geht das BMFSFJ davon aus, dass es nunmehr kontinuierlich mit Kriegsdienstverweigerern in der beantragten Zahl besetzt wird. Stellt der DT fest, dass mehr Dienstleistende gebraucht werden, so ist ein formloser Änderungsantrag zu stellen, dessen Genehmigung allerdings im Regelfall sehr viel schneller als der Originalantrag verläuft. Soll die Anzahl der Stellen reduziert oder das Projekt ganz aufgegeben werden, ist eine entsprechende Meldung an das BMFSFJ zu schreiben.

Stellen dürfen für eine gewisse Zeit unbesetzt bleiben, allerdings muss dann absehbar sein, wann die Stelle voraussichtlich wieder besetzt wird. Umgekehrt darf die Anwesenheit der Dienstleistenden sich um bis zu drei Monate überschneiden. Diese Regelung dient vor allem dazu, neue Dienstleistende durch die Erfahrenen einzuarbeiten, mit den Personen und der Umgebung vertraut zu machen und gegebenenfalls Arbeitsmaterialien zu übergeben.

Wie man sieht ist die Anerkennung eines deutschen Trägervereines und eines Projektes im Ausland zwar mit einigen Mühen verbunden, kann sich aber für diejenigen lohnen, die unbedingt den ADiA leisten möchten und bei einem bereits anerkannten Träger keine geeignete Stelle gefunden haben.

9. Abbruch des Dienstes

Gründe für einen vorzeitigen Abbruch des Auslandsdienstes kann es mehrere geben: Möglicherweise wird man durch eine langwierige Krankheit, die vor Ort nicht behandelt werden kann, zur frühzeitigen Heimreise gezwungen. Ein weiterer Grund für einen Abbruch kann sein, dass sich die politischen und sozialen Verhältnisse im Einsatzland so ändern, dass eine sichere Weiterführung des Dienstes nicht mehr gewährleistet ist, so z.B. während der Golfkrise 1991, als etliche Auslandszivis ihren Dienst in Israel vorzeitig abbrechen mussten.

Doch meist wird der Dienst wegen sozialer Probleme nicht bis zum offiziellen Dienstende weitergeführt. Diese ergeben sich meist dann, wenn der Dienstleistende vor Ort ein Umfeld vorfindet, in dem er sich nicht wohl fühlt. Gründe hierfür können Differenzen mit der Einrichtung sein, Probleme mit den Mitarbeitern, das Gefühl ausgenutzt zu werden oder, dass die eigene Arbeit nicht anerkannt wird. Probleme im sozialen Bereich ergeben sich aber auch dann, wenn der Freiwillige Schwierigkeiten beim Einleben hat, keine Kontakte knüpfen kann, Freunde und Familie zu Hause vermißt und ihn das klassische Heimweh ereilt.

Die Entscheidung, den Dienst abzubrechen ist sehr schwierig und muss gut überlegt sein. Der Dienstleistende sollte sich fragen, ob es sich bei der momentanen Krise nicht vielleicht um ein vorübergehendes Tief handelt oder ob es um Dinge geht, die sich bis zum Ende der offiziellen Dienstzeit wirklich nicht ändern lassen. Manchmal kann es schon helfen, mit jemandem vor Ort offen

über seine Probleme zu sprechen. Letztlich kann aber nur der Dienstleistende selbst die Entscheidung für oder gegen einen Abbruch treffen.

Hat er sich dann tatsächlich zu einem Abbruch entschlossen, sollte neben der Einrichtung vor Ort der Träger in Deutschland benachrichtigt werden, der sich dann mit dem Bundesamt für den Zivildienst in Verbindung setzt. Die im Ausland zurückgelegte Dienstzeit ist dann, soweit sie zwei Monate übersteigt, auf den Zivildienst anzurechnen, der dann in Deutschland weitergeleistet werden muss (gilt für ADiA nach § 14b ZDG genauso wie für FSJ nach § 14c ZDG). Beispiel: Wird der Dienst nach fünf Monaten im Ausland abgebrochen, so werden drei davon angerechnet; bei der derzeitigen (2006) Zivildienstdauer von neun Monaten sind also noch sechs Monate in Deutschland zu leisten.

Die restriktive Praxis, nach der die im Ausland geleistete Dienstzeit nur auf den Zivi in Deutschland angerechnet wird, sofern der Dienst aus Gründen abgebrochen wurde, „die der anerkannte Kriegsdienstverweigerer nicht zu vertreten hat" (so ein Halbsatz in einer früheren Fassung des § 14 b ZDG) ist zum Glück aufgehoben worden. Nur in Ausnahmefällen wird man eine andere Stelle im Ausland finden, um den Dienst dann dort fortzusetzen. Da es im Verhältnis zu den Bewerberzahlen sowieso nur sehr wenige Plätze gibt, käme höchstens eine Einrichtung desselben Trägers in Frage. Auch in diesem Fall muss das Bundesamt für den Zivildienst seine Einwilligung geben.

10. Anhang

10.1 Gesetzestext

Nachfolgend der vollständige Gesetzestext zum Anderen Dienst im Ausland (§ 14 b Zivildienstgesetz):

§ 14 b Andere Dienste im Ausland
(1) Anerkannte Kriegsdienstverweigerer werden nicht zum Zivildienst herangezogen, wenn sie

1. sich gegenüber einem nach Abs. 3 anerkannten Träger zur Leistung eines vor Vollendung des 23. Lebensjahres anzutretenden Dienstes im Ausland, der das friedliche Zusammenleben der Völker fördern will und der mindestens zwei Monate länger dauert als der Zivildienst, den sie sonst zu leisten hätten, vertraglich verpflichtet haben und
2. diesen Dienst unentgeltlich leisten.

Die Träger sind verpflichtet, dem Bundesamt das Vorliegen sowie den Wegfall der Voraussetzungen für die Nichtheranziehung von anerkannten Kriegsdienstverweigerern zum Zivildienst anzuzeigen.

(2) Weisen anerkannte Kriegsdienstverweigerer bis zur Vollendung des 24. Lebensjahres nach, dass sie Dienst vor der in Abs. 1 Nr. 1 genannten Mindestdauer geleistet haben, so erlischt ihre Pflicht, Zivildienst zu leisten; das gilt nicht für den Zivildienst im Verteidigungsfall. Wird der Dienst vorzeitig beendet, so ist die in dem Dienst zurückgelegte Zeit, soweit sie zwei Monate übersteigt, auf den Zivildienst anzurechnen.

(3) Als Träger eines Dienstes nach Abs. 1 können juristische Personen anerkannt werden, die

1. ausschließlich, unmittelbar und selbstlos steuerbegünstigten Zwecken im Sinne der §51 bis 68 der Abgabenordnung dienen,
2. Gewähr dafür bieten, dass ihre Vorhaben den Interessen der Bundesrepublik Deutschland dienen,
3. ihren Sitz in der Bundesrepublik Deutschland haben.

Über die Anerkennung eines Trägers entscheidet auf dessen Antrag das Bundesministerium für Familie, Senioren, Frauen und Jugend im Einvernehmen mit dem Auswärtigen Amt. Es kann die Anerkennung auf bestimmte Vorhaben des Trägers beschränken. § 4 Abs.1 Satz 3 und Abs.2 gelten entsprechend.

Nachfolgend der **vollständige Gesetzestext zum FSJ / FÖJ** statt Zivildienst, (§ 14 c Zivildienstgesetz), § 14 c Freiwilliges Jahr:

(1) Anerkannte Kriegsdienstverweigerer werden nicht zum Zivildienst herangezogen, wenn sie sich nach ihrer Anerkennung als Kriegsdienstverweigerer zu einem freiwilligen Dienst nach dem Gesetz zur Förderung eines freiwilligen sozialen Jahres oder nach dem Gesetz zur Förderung eines freiwilligen ökologischen Jahres schriftlich verpflichtet haben. Der Dienst ist spätestens ein Jahr nach der Verpflichtung sowie vor Vollendung des 23. Lebensjahres anzutreten und hat eine ganztägige, auslastende Hilfstätigkeit über mindestens zwölf Monate einschließlich einer pädagogischen Begleitung mit einer Dauer von 25 Tagen sowie 26 Tagen Urlaub (Vollzeittätigkeit) zu umfassen. Die Verpflichtung ist gegenüber einem Träger zu übernehmen, der nach dem Gesetz zur Förderung eines freiwilligen sozialen Jahres oder nach dem Gestz zur Förderung eines freiwilligen ökologischen Jahres anerkannt ist.

(2) Die Träger nach Absatz 1 Satz 3 sind verpflichtet, dem Bundesamt das Vorliegen sowie den Wegfall der Voraussetzungen für die Nichtheranziehung von anerkannten Kriegsdienstverweigerern zum Zivildienst anzuzeigen.

(3) Weisen anerkannte Kriegsdienstverweigerer bis zur Vollendung des 24. Lebensjahres nach, dass sie Dienst gemäß Absatz 1 geleistet haben, so erlischt ihre Pflicht, Zivildienst zu leisten; das gilt nicht für den Zivildienst im Verteidigungsfall. Wird der Dienst vorzeitig beendet, so ist die im Dienst zurückgelegte Zeit, soweit sie zwei Monate übersteigt, auf den Zivildienst anzurechnen.

(4) Die Träger nach Absatz 1 Satz 3 erhalten für höchstens zwölf Monate auf Antrag vom Bundesamt für den Zivildienst vierteljährlich nachträglich einen Zuschuss zu den Kosten, die ihnen aufgrund der pädagogischen Begleitung, eines angemessenen Taschengelds und der Sozialversicherungsbeiträge für die anerkannten Kriegsdienstverweigerer entstehen. Der Träger hat keinen Anspruch auf Kostenerstattung, soweit er seine Verpflichtungen gegenüber den anerkannten Kriegsdienstverweigerern oder seine sonstigen Verpflichtungen als anerkannter Träger nicht einhält. Liegen die Voraussetzungen des Satzes 1 nicht vor, entfallen sie später oder wird der Dienst des anerkannten Kriegsdienstverweigerers vorzeitig beendet, sind überzahlte Beträge von den Trägern zu erstatten.

(5) Das Nähere insbesondere zu den Voraussetzungen einer Vollzeittätigkeit gemäß Absatz 1, den Anzeigen gemäß Absatz 2, zum Nachweis nach Absatz 3 Satz 1, zur Höhe und zur Verwendung des Zuschusses nach Absatz 4 sowie zur Schaffung neuer Plätze für anerkannte Kriegsdienstverweigerer als Voraussetzung für den Zuschuss kann das Bundesministerium für Familie, Senioren, Frauen und Jugend durch Rechtsverordnung regeln, die nicht der Zustimmung des Bundesrates bedarf. Die Rechtsverordnung kann die Verpflichtung der Träger zu Angaben über die Rentenversicherung, die Tätigkeit und den Einsatzort der Dienstleistenden vorsehen.

10.2 Politische Stellungnahmen zum Ersatzdienst im Ausland

Vor dem Hintergrund, dass der Ersatzdienst im Ausland, insbesondere nach § 14b ZDG, teilweise deutlich schlechtere Rahmenbedingungen als der Zivildienst im Inland aufweist (etwa hinsichtlich der Sozialversicherungen, der Dauer, der Vergütung), wurden alle im Deutschen Bundestag vertretenen Parteien um eine Stellungnahme gebeten, die noch vor dem Regierungswechsel 2005 verfasst wurde. Antwort erhielten wir lediglich von zwei Parlamentariern der SPD und der CDU/CSU.

Andreas Weigel
(SPD, www.andreas-weigel.info, andreas.weigel@bundestag.de) schreibt:

Das Ende von Wehrpflicht und Zivildienst wird kommen
– Freiwilligendiensten gehört die Zukunft
Ein baldiger Abschied von Wehrpflicht und Zivildienst erscheint in Deutschland immer wahrscheinlicher. Freiwilligendiensten gehört die Zukunft. Schon heute sind sie ein wichtiger Baustein unserer Zivilgesellschaft. Programme wie das „Freiwillige Soziale Jahr" können auf eine bemerkenswerte Erfolgsgeschichte zurückblicken.

Unter Rotgrün wurden im Jahr 2002 Änderungsgesetze verabschiedet, um die Rahmenbedingungen für Freiwilligendienste im In- und Ausland zu flexibilisieren. Eine gleichzeitig beschlossene Erweiterung des Zivildienstgesetzes macht es heute möglich, einen Freiwilligendienst anstelle des Zivildienstes abzuleisten (gemäß ZDG § 14c). Hinsichtlich der Auslandsdienste wurde diese Praxis zwar schon zuvor geduldet (gemäß ZDG § 14b), die Freiwilligen waren aber gegenüber Zivildienstleistenden deutlich schlechter gestellt. Nach der Neufassung durch die Koalitionsfraktionen werden nun auch diejenigen Freiwilligendienste mit Bundesmitteln gefördert, die anstelle eines Zivildienstes geleistet werden.

Auch die 2004 beschlossene Erweiterung der „Dritte-Geschwister-Regelung" im Zivildienstgesetz ist ein Zeichen der politischen Anerkennung für Freiwilligendienste. Zuvor war ein junger Mann nur dann von der Wehrpflicht befreit worden, wenn zwei seiner älteren Brüder bereits entweder Wehr- oder Zivildienst geleistet hatten. Die neue Regelung sieht hingegen eine Dienstbefreiung auch für den Fall vor, dass zwei ältere Geschwister einen Freiwilligendienst geleistet haben.

In Richtung einer Stärkung der rechtlichen Grundlage für Freiwilligendienste zielt außerdem ein von SPD und Grünen initiierter Antrag, der im April 2005 im Bundestag verabschiedet wurde. Es ist zu begrüßen, dass dieser Antrag fraktionsübergreifend Zustimmung fand. Dieser Konsens ist ein wichtiges Signal für Freiwilligendiensten, denen es bis heute an einer ausreichend breiten gesellschaftlichen

Wahrnehmung mangelt. Die konkreten Forderungen in dem Antrag sollen zum Abbau dieses Defizits beitragen.

Einerseits wird die Regierung dazu aufgefordert, der hohen Nachfrage in den bereits existierenden Freiwilligenprogrammen besser Rechnung zu tragen. Andererseits sollen neue Zielgruppen und Einsatzfelder für Freiwilligendienste erschlossen werden. Die Einrichtung von Modellprojekten ist dazu ein erster Schritt, der bereits umgesetzt wird.

Hervorzuheben sind in diesem Zusammenhang auch die internationalen Freiwilligendienste. Bei den Auslandsdiensten ist die Nachfrage nach Freiwilligenplätzen besonders hoch, das Angebot aber begrenzt. Eine Anhebung des Fördervolumens wäre wünschenswert. Denn die Erfahrung zeigt: Gerade im Sinne intensiver interkultureller Begegnung leisten die internationalen Freiwilligendienste schon jetzt Pionierarbeit.

Maria Eichhorn
(CSU, www.mariaeichhorn.de, maria.eichhorn@bundestag.de) schreibt:
Dass zwischen dem Zivilen Ersatzdienst nach § 14 b) Zivildienstgesetz (ZDG) und dem Dienst nach § 14 c) ZDG eine Ungleichbehandlung zu Lasten der nach 14 b) Tätigen besteht, liegt auf der Hand. Die CDU/CSU-Bundestagsfraktion hat bei den verschiedenen Änderungen des Gesetzes und zuletzt auch im Zusammenhang mit dem von uns unterstützten Bemühungen der Koalitionsfraktionen um eine Stärkung der Freiwilligendienste immer wieder darauf hingewiesen – leider bislang ohne Erfolg.

Ich will nicht verschweigen, dass wir aus grundsätzlichen Überlegungen bei der Einführung des § 14 c) ZDG kritisch waren. Zivildienst als Folge der Wehrpflicht auf der einen Seite und Freiwilligendienst auf der anderen sind zwei verschiedene Paar Schuhe. Die Ungleichbehandlung resultiert letztlich aus der Konstruktion des § 14 c). Wir teilen ausdrücklich das Vorhaben, Freiwilligendienste auch im Ausland zu stärken. Das kann aber nicht im Zivildienstgesetz geschehen.

Generell bleibt die Unionsfraktion bei ihrer Haltung, dass die Allgemeine Wehrpflicht und damit in Folge auch der Zivildienst erhaltenswert sind. Freilich steht die Politik in der Pflicht, dem Wehrdienst unter veränderten sicherheitspolitischen Gegebenheiten ein anderes Profil zu geben und dieses in eine Neustrukturierung der Bundeswehr einzuarbeiten. Wir haben hierzu im Rahmen der Diskussion um die Zukunft der Bundeswehr auch Vorschläge unterbreitet.

Da auf Grund der verfassungsrechtlichen Vorgaben der Zivildienst der Wehrpflicht folgt, haben wir es stets abgelehnt, einseitig Änderungen im Zivildienstgesetz vorzunehmen, weil das Fehlen eines Gesamtkonzepts unter Einbezug des Wehrdienstes stets den Makel in sich trägt, die Änderungen beim Zivildienstgesetz resultierten in erster Linie aus haushalterischen Überlegungen und zielten letztlich durch bewusste Fortschreibung von Wehrungerechtigkeiten auf eine Aushöhlung der Wehrpflicht.

10.3 Zivil- / Wehrdienstsituation in Deutschland und im Ausland

Staat	Wehrpflicht	Ersatzdienst / Zivildienst
Belgien	Nein	
Dänemark	4 – 12 Monate, Durchschnitt 9 Monate	4 – 12 Monate, Durchschnitt 9 Monate
Deutschland	9 Monate	9 Monate
Estland	8 – 11 Monate	12 Monate
Finnland	180 Tage	395 Tage
Frankreich	Nein	
Griechenland	12 Monate	30 Monate
Großbritannien	Nein	
Irland	Nein	
Italien	10 Monate	10 Monate
Lettland	12 Monate	24 Monate
Litauen	12 Monate	18 Monate
Luxemburg	Nein	
Malta	Nein	
Niederlande	Nein	
Österreich	8 Monate	12 Monate
Polen	12 Monate	18 Monate
Portugal	4 Monate	4 Monate
Schweden	7,5 Monate	7,5 Monate
Slowakei	12 Monate	24 Monate
Slowenien	Nein	
Spanien	Nein	
Tschechische Republik	12 Monate	18 Monate
Ungarn	9 Monate	18 Monate
Zypern	26 Monate	42 Monate waffenloser Wehrdienst

11. Adressenverzeichnis

Zu Kapitel 3.3 und 4.2:

Bundesamt für den Zivildienst
Sibille-Hartmann-Straße 2-8
50964 Köln
Tel.: 02 21 / 36 73- 4475/4560
Fax: 02 21 / 36 73- 4661/4681
service@baz.bund.de
www.zivildienst.de

Bundesministerium für Familien, Senioren, Frauen und Jugend
Alexanderplatz 6
10178 Berlin
Tel.: 01 88 8/555 - 0
Fax: 01 88 8/555 - 41 03
info@bmfsfjservice.bund.de
www.bmfsfj.de

Sozialministerium Baden-Württemberg
Postfach 10 34 43
70029 Stuttgart
Tel: 07 11 / 123-0 oder -36 88
Fax: 07 11 / 123-39 99
poststelle@sm.bwl.de
www.sozialministerium.baden-wuerttemberg.de

Bayerisches Staatsministerium für Arbeit und Sozialordnung, Familie und Frauen
Winzererstr. 9
80792 München
Tel: 089 / 12 61-0 oder -13 51
Fax: 089 / 12 61-16 38
poststelle@stmas.bayern.de
www.stmas.bayern.de

Senatsverwaltung für Bildung, Jugend und Sport
Beuthstr. 6-8
10117 Berlin
Tel: 030 / 90 26-7 oder -55 41
Fax: 030 / 90 26-50 26
dieter.wilde@sensjs.berlin.de
www.sensjs.berlin.de

Ministerium für Bildung, Jugend und Sport des Landes Brandenburg
Postfach 90 01 61
14437 Potsdam
Tel: 03 31 / 866-0 oder -39 16
Fax: 03 31 / 866-38 51
poststelle@mbjs.brandenburg.de
www.mbjs.brandenburg.de

Senator für Arbeit, Frauen, Gesundheit, Jugend und Soziales der Freien Hansestadt Bremen
Contrescape 72
28195 Bremen
Tel: 04 21 / 361-0 oder -68 78
Fax: 04 21 / 361-21 55
office@soziales.bremen.de
www.bremen.de/sozialsenator/

Freie und Hansestadt Hamburg Behörde für Soziales und Familie
Postfach 76 01 06
22051 Hamburg
Tel: 040 / 428 63-0 oder -24 61
Fax: 040 / 428 63-32 00
poststelle@bsf.hamburg.de
www.bsf.hamburg.de

Hessisches Sozialministerium
Postfach 31 40
65021 Wiesbaden
Tel: 06 11 / 817-0 oder -32 37
Fax: 06 11 / 817-32 60
j.stolze@hsm-ks.hessen.de
www.sozialministerium.hessen.de

Sozialministerium Mecklenburg-Vorpommern
Postfach
19048 Schwerin
Tel: 03 85 / 588-0 oder -94 00
Fax: 03 85 / 588-90 99
lb@sozial-mv.de
www.sozial-mv.de

Niedersächsisches Ministerium für Soziales, Frauen, Familie und Gesundheit
Postfach 141
30001 Hannover
Tel: 05 11 / 120-0 oder -29 73
Fax: 05 11 / 120-99 29 73
poststelle@ms.niedersachsen.de
www.ms.niedersachsen.de

Ministerium für Schule, Jugend und Kinder des Landes Nordrhein-Westfahlen
Völklinger Str. 49
40221 Düsseldorf
Tel: 02 11 / 896-03
Fax: 02 11 / 896-45 55
ulrich.leikefeld@msjk.nrw.de
www.bildungsportal.nrw.de / bp /
ministerium / msjk

Ministerium für Arbeit, Soziales, Familie und Gesundheit des Landes Rheinland-Pfalz
Bauhofstr. 9
55116 Mainz

Tel: 061 31 / 16-0 oder -53 24
Fax: 061 31 / 16-17 53 24
marion.harth@masfg.rlp.de
www.masfg.rlp.de

Ministerium für Justiz, Gesundheit und Soziales
Postfach 10 24 53
66024 Saarbrücken
Tel: 06 81 / 501-00 oder -31 62
Fax: 06 82 / 501-31 39
b.liedtke@justiz-soziales.saarland.de
www.justiz-soziales.saarland.de

Sächsisches Staatsministerium für Soziales
Postfach 10 09 41
01076 Dresden
Tel: 03 51 / 564-0 oder -55 26
Fax: 03 51 / 564-57 84
friedemann.beyer@sms.sachsen.de
www.sms.sachsen.de

Ministerium für Gesundheit und Soziales des Landes Sachsen-Anhalt
Postfach 39 11 55
39135 Magdeburg
Tel: 03 91 / 567-01 oder -40 63
Fax: 03 91 / 567-40 35
bunte@ms.lsa-net.de
www.ms.sachsen-anhalt.de

Ministerium für Arbeit, Soziales, Gesundheit und Verbraucherschutz des Landes Schleswig-Holstein,
Postfach 11 21
24100 Kiel
Tel: 04 31 / 988-0 oder -55 48
Fax: 04 31 / 988-54 58
holger.schmidt@sozmi.landsh.de
www.landesregierung.schleswig-holstein.de

Thüringer Ministerium für Soziales, Familie und Gesundheit
Postfach 10 12 52
99012 Erfurt
Tel: 03 61 / 37 98-0 oder -441
Fax: 03 61 / 37 98-840
walkes@tmsfg.thueringen.de
www.thueringen.de / de / tmsfg

Zu Kapitel 5.3:

fid – Service und Beratungsstelle in der Arbeitsgemeinschaft Entwicklungshilfe (AGEH) e.v.
Ripuarenstraße 8
50679 Köln
Tel.: 02 21 / 88 96-126/127
Fax: 02 21 / 88 96-100
fid@ageh.org
www.fid-freiwilligendienste.de

Zu Kapitel 7:

Grenzenlos e.V. – Vereinigung ehemaliger und aktiver Auslandsdienstleistender
Unkeler Str. 24
50939 Köln
info@grenzenlos.org
www.grenzenlos.org

Deutsch-Ausländische Gesellschaften (Auswahl)

Afrika-Club
Robert Wimmer
Kapuzinerstraße 171/2
97070 Würzburg
Deutsch-Amerikanische Gesellschaft e.V.
Kronprinzenstraße 1
54295 Trier

Tel.: 06 51 / 44 006
Fax: 06 51 / 44 007

Deutsch-Ibero-Amerikanische-Gesellschaft
Gräfstraße 83
60486 Frankfurt am Main
Tel.: 069 / 77 93 95
Deutsch-Ibero@t-online.de
http://verein.rhein-main.net/Diag

Deutsche Gesellschaft für Osteuropa
Schaperstraße 30
10719 Berlin
Tel.: 030 / 21 47 84 12
Fax: 030 / 21 47 84 14
info@dgo-online.org
www.dgo-online.org

Deutsch-Rumänische Gesellschaft
Rodigallee 55 A,
D-22043 Hamburg
Tel. / Fax: 040 / 65 38 96 00
g-tontsch@t-online.de
www.deutsch-rumaenische-gesellschaft.de

Deutsch-Israelische Gesellschaft
Martin -Buber Strasse 12
14163 Berlin
Tel.: 030 80 90 70 28
Fax: 030 80 90 70 31
hildegard.radhauer@digev.de
www.deutsch-israelische-gesellschaft.de

Stellenbörse – ADiA
und Zivildienst
www.zivi.org

12. Die Autoren

Jörn Fischer

- Jahrgang 1976
- 1996: Abitur an der Waldorfschule Darmstadt
- 1996/97: Zivildienst in Montevideo/Uruguay
- 1998–2005: Studium Diplom-Regionalwissenschaften Lateinamerika (Universität zu Köln)
- seit 2005: Tätigkeit am Lehrstuhl für Vergleichende Politikwissenschaft an der Uni Köln
- Gründer und Vorsitzender von Grenzenlos e.V. – Vereinigung ehemaliger und aktiver Auslandsdienstleistender

- Autor der Bücher „Zivi weltweit" (1999), „Internationale Freiwilligendienste" (2001) und „Freiwilligendienste in Deutschland" (2004)
- verschiedene Tätigkeiten im Bereich internationaler und nationaler Freiwilligendienste (Sachverständiger, Gutachter, Mitgliedschaft in diversen Gremien, Referent auf Berufsorientierungsveranstaltungen)

Den ADiA leistete Jörn Fischer 1996/97 im Colegio Novalis in Montevideo/Uruguay, wo seine Qualitäten als internationales Element, Handwerker, Spielgefährte, Küchenhilfe, Sekretär, Alleinunterhalter, Gärtner, Lehrer, Nachtwächter, Anstreicher, Maskottchen, Bodyguard, Elektriker, Blockflötenspieler und Vorbild gefragt waren.

Für die moralische, materielle und organisatorische Unterstützung rund um den ADiA möchte ich meiner Familie; insbesondere meiner Mutter, danken.

Ferner folgenden Personen dafür, dass sie dazu beigetragen haben, meinen Aufenthalt in Uruguay zu einem unvergeßlichen Erlebnis werden zu lassen:

Meinen drei „mamás" Ana, Ramona und Susana; meinen drei „hermanitas uruguayas" Fernanda, Gabriela und Patricia; sowie Adriana, Alba, Alejandro, Augusto, Carolina, Dieter und Maya, Eduardo, Frederick, Helga und Rudi, Joris, Leena, Liliana, Luciano, Manfred und Sigrun, Michaela und Georg, Nader und Dagmar, Nicolás, Patricia, Patrick, Rodrigo, Sibylle, Veit, Wally mit Familie und Zivny. Gracias, che!

Mein besonderer Dank gilt Astrid Bühl und Gisela Medina sowie den Mitarbeitern, Schülern und Eltern des Colegio Novalis.

Für die mir auf Reisen entgegengebrachte Gastfreundschaft möchte ich danken: Anne (Florianopolis/Brasilien), Augusto (Punta del Este/Uruguay), César (Cutral-Có/Argentinien), Daniel (Buenos Aires/Argentinien), Diego und Rodrigo (Neuquén/Arg.), Fabio und Julio (Villa Regina/Arg.), Johannes (Buenos Aires/Arg.), Kiran und Michael (Del Viso/Arg.), Laura und Sergio (Mendoza/Arg.), Luís (Cauquenes/Chile) und Miguel (La Plata/Arg.).

Und für intensiven Briefkontakt bedanke ich mich bei meiner Familie, Frederick, Jochen, Roland, Silja und Till.

Oliver Gräf

ist am 12. April 1976 in Lindenfels geboren und wohnt in Rimbach / Südhessen. Er treibt gerne Sport (Schwimmen, Badminton, Joggen), spielt Gitarre und ist Übungsleiter im Geräteturnen. Den ADiA leistete er an der Merriconeag Waldorf School in Maine / USA als Hausmeister und Aushilfslehrer. Nach seiner Rückkehr besuchte er in Darmstadt eine Technikerschule, Fachrichtung Maschinenbau. Jetzt arbeitet er bei einer großen deutschen Fluggesellschaft im technischen Bereich.

Seine große Sehnsucht, die Welt kennenlernen zu wollen und gleichzeitig die Pflichten dem Staate gegenüber zu erfüllen, hat er mit dem Ersatzdienst in ausgezeichneter Weise in Einklang gebracht. Diese Zeit war eine Lehre für sein Leben.

Ohne Unterstützung wäre die Ausführung des ADiA nicht möglich gewesen.

Bei der Durchführung halfen: die Familie Günter, Ursula, Jens und Natascha Gräf, sowie Thomas Horst, Tatiana und Ricarda Quick, die Gastfamilie Andrew, Niko und Charlie Tonks, Patricia Hart, die Freunde, Freundinnen und Lehrkräfte an der Schule Paula Lane De-Lorme, Sandy, Julia, Jean und Ben Pearson, Cynthia, Brook, Ross, Page und Lucy Taliaferro, John Saccone, Lucricia Pascarelli sowie alle anderen der Merriconeag Waldorf School.

Gefreut habe ich mich über Briefe von: Ramona Petermann, Karin, Dieter, Angela und Corinna Rettig, Melanie Rayer, Nicole Jakob, René Guiard, László Michel, Kerstin Helfert, Sandra Kreuzer, Nicole Lenhardt, Isabella Luley und Birgit Mattil.

Weiterhin danken wir folgenden Personen ganz herzlich für die Unterstützung bei der Arbeit an der ersten Auflage dieses Buches:

Folkard Wohlgemuth für das Verfassen des Kapitels „Einen Trägerverein selbst anerkennen lassen", sowie für konstruktive Kritik; Pfarrer **Hans Michael Germer** (Beauftragter der Evangelischen Kirche Hessen-Nassau für die Seelsorge an Kriegsdienstverweigerern) für die inhaltliche Überarbeitung des Kapitels „Der Weg zum Anderen Dienst im Ausland; **Philipp Rößler** für das Verfassen des Kapitels „Aufbau eines Unterstützerkreises"; **Monika Matuszak** und **Rüdiger Löhle** vom Bundesamt für den Zivildienst sowie **Frau A. Breyer** vom Ministerium für Familie, Senioren, Frauen und Jugend für die gute Zusammenarbeit; **Philine Scholze** für die Hilfe bei der Suche nach Erfahrungsberichten; **Hella Fischer** und **Peer Schilling** für die Durchführung der Fragebogenaktion; **Oliver Suhai** für Softwarearbeiten; **Günter Gräf** für die konstruktive Kritik; **Stephan Brües** von der DFG-VK und **Klaus Hagemann,** SPD (MdB) für das Verfassen einer Stellungnahme zum Anderen Dienst im Ausland; den Zeitschriften **„zivil" (Werner**

Schulze) und **„ZiviZeit"** (**Johannes Stücker-Brüning**) für ihr Einverständnis zum Abdruck ihrer Artikel in diesem Buch.

Für Erfahrungsberichte danken wir: Carsten Beta, Christoph Durt, Jörg Fricker, Eberhard Frieß, Michael Goebel, Benjamin Gundlach, Stefan Ihrig, Jens Kopczak, Konrad Lehmann, Philipp Menzel, Hanno Paul, Konrad Petrovsky, Rasmus Precht, Dominik Rigoll, Benjamin Roßbach, Christian Schossig, Wolfram Spreer

Für Fotos danken wir: Benjamin Gundlach, Jens Kopczak, Philipp Menzel, Joris Murmann, Rasmus Precht

Des weiteren danken wir: Marcel Barth, Götz Feeser, Alexander Frese, Jens Gräf, Achim Heine, Bastian Helfert, Thomas Horst, Sandra Kreuzer, Birgit Mattil, Hans-Jochen Oertmann, Jörg Philipps, Angela Rettig, Corinna Rettig, Bernd Ruf, Florian Schindelmann, Franz Späth, Pascal Stienissen, Leonard Unglaub, Christoph Vatter, Jörg Wolf.

Queremos agradecer especialmente a *Carolina y a Carrie* por su paciencia durante las semanas antes de terminar este libro.

We´d especially like to thank *Carrie and Carolina* for their patience during the weeks before finishing this book.

Für ihre inhaltliche Unterstützung bei der Bearbeitung der vierten Auflage bedanken wir uns bei Hartmut Brombach, Claudio Jax und Matthias Lindel. Christian Lamp, Sebastian Liewer, Bastian Michael und Jochen Schmidt sei gedankt für Fotos und der Zeitschrift „contacts" (Constanze Blenig, Rachel Eltrop, Katahrina Engels) für Ihr Einverständnis zum Abdrucken ihres Artikels.

Ein besonderer Dank auch an die Bundestagsabgeordneten Maria Eichhorn und Andreas Weigel für ihre Stellungnahmen zum Ersatzdienst im Ausland.

Reiseführer zum Mitmachen

www.ReiseTops.com | www.BookTops.com

Manuskripte gesucht zur Veröffentlichung als Buch oder im Internet
Jobs, Praktika, Sprachen, Bildung, Reise u.a. interessante Themen

Work Experience in London

In der Gastronomie und Hotellerie bestehen stets gute Aussichten auf eine Stelle.

Siehe www.interconnections.de
"Jobs", "Work & Study Neuseeland" bzw. "Jobs", "Jobs in England"

Index

Eine alphabetische Liste der Trägervereine findet sich in Kapitel 4.4

Eine alphabetische Liste der Trägervereine findet sich in Kapitel 4.4

Noch Fragen zum Auslandszivi?!
Der direkte Draht zu den Experten:
Individuelle Beratung durch die Autoren unter © 0900 510 257 78
(0,89 EUR/Minute aus dem Festnetz der Deutschen Telekom)